Vor

Juliane Degner

Vorurteile

haben immer nur die anderen

 Springer

Juliane Degner
Institut für Psychologie
Universität Hamburg
Hamburg, Deutschland

ISBN 978-3-662-60571-4   ISBN 978-3-662-60572-1   (eBook)
https://doi.org/10.1007/978-3-662-60572-1

Die Deutsche Nationalbibliothek verzeichnet diese Publikation in der Deutschen Nationalbibliografie; detaillierte bibliografische Daten sind im Internet über http://dnb.d-nb.de abrufbar.

Einbandabbildung: © Another77/shutterstock.com

Lektorat: Marion Kraemer/Frank Wigger
Springer ist ein Imprint der eingetragenen Gesellschaft Springer-Verlag GmbH, DE und ist ein Teil von Springer Nature.
Die Anschrift der Gesellschaft ist: Heidelberger Platz 3, 14197 Berlin, Germany

Inhaltsverzeichnis

1

Worum es in diesem Buch geht (und wie Sie es lesen sollten)

In unserer Alltagssprache verwenden wir die Begriffe Vorurteil, Stereotyp, Ressentiment, Klischee, Stigma und Schubladendenken oft synonym. Wir bezeichnen damit bestimmte Arten von Intoleranz, Voreingenommenheit oder Vorverurteilungen von Personen, oft weil sie bestimmten sozialen Gruppen angehören. Wir meinen damit meist negative, abwertende oder feindselige Einstellungen gegenüber Minderheiten. Wir implizieren, dass solche Einstellungen unbegründet oder nachweislich falsch und daher irrational sind. Und wir gehen davon aus, dass solche Einstellungen zur Ungleichbehandlung und Diskriminierung von Menschen führen.

Wer Stereotype und Vorurteile hat – so nehmen wir an –, ist rassistisch, fremdenfeindlich, sexistisch, homophob, antisemitisch, behindertenfeindlich, rechts oder vielleicht sogar rechtsextrem, wehrt sich gegen Asylbewerberheime in der Nachbarschaft, gegen Frauen in Führungsetagen oder gegen osteuropäische „Sozialschmarotzer",

© Springer-Verlag GmbH Deutschland, ein Teil von Springer Nature 2022
J. Degner, *Vorurteile*,
https://doi.org/10.1007/978-3-662-60572-1_1

macht Witze über Menschen im Rollstuhl oder benutzt das Wort „schwul" als Schimpfwort. Wir haben oft klare Ideen darüber, wer solche Einstellungen hegt und warum. Solche „intoleranten Persönlichkeiten", so nehmen wir oft an, sind auch ansonsten recht unerträgliche Mitmenschen, intellektuell begrenzt, fies, gemein und ohne Empathie, und sie scheren sich weder um die Rechte noch die Bedürfnisse oder die Würde anderer.

Aber vielleicht ist diese Sicht etwas zu einfach?

Ich vermute, dass Sie, die Sie dieses Buch zu Hand genommen haben, sich nicht zu den Menschen zählen, die Vorurteile, Stereotype und Diskriminierung gutheißen. Ich vermute, dass Sie tolerante Grundeinstellungen hegen und Ungleichbehandlung anderer Menschen prinzipiell ablehnen. Ich vermute, dass Sie daran glauben, dass jeder Mensch individuell und einzigartig ist, dass jeder und jede die gleichen Chancen verdient und sich frei von Einschränkungen und Diskriminierung entfalten können sollte.

Und ich vermute, dass Sie dieses Buch zur Hand genommen haben, weil Sie sich fragen, warum manche Menschen Ihre toleranten Überzeugungen nicht teilen oder sie gar als „Gutmenschentum" verspotten. Weil es Sie interessiert, warum Menschen überhaupt Stereotype und Vorurteile gegenüber anderen hegen. Und vor allem, was man dagegen tun kann.

Die Sozialpsychologie ist *eine* der wissenschaftlichen Disziplinen, die einige Antworten auf diese Fragen geben können. In unserer Forschung untersuchen wir Sozialpsycholog:innen die Entstehung, Wirkungsweise und Konsequenzen von Einstellungen und Verhalten von Menschen im Kontext sozialer Kategorien und Gruppenzugehörigkeiten. Dabei nutzen wir unterschiedlichste Methoden, die das ganze Spektrum von beobachtenden Feldstudien und einfachen Befragungen bis hin zu komplizierten Laborexperimenten abdecken. Meine Subsparte dieses Faches, die sogenannte

Social Cognition oder soziale Kognitionsforschung, beschäftigt sich dabei vor allem mit den grundlegenden Prozessen und Mechanismen der sozialen Informationsverabeitung, die dabei eine wichtige Rolle spielen. Mein Ziel ist es, mit diesem Buch nicht nur die Erkenntnisse meines Faches mit Ihnen zu teilen, damit Sie daraus Antworten auf Ihre Fragen ableiten können, sondern Ihnen auch einen Eindruck davon zu vermitteln, wie diese wissenschaftliche Forschung durchgeführt wird.

Dabei wird schnell deutlich werden, dass die meisten der alltagspsychologischen Annahmen, die ich gerade beschrieben habe, eher untauglich sind, mitunter gänzlich irrig oder zumindest fragwürdig vereinfachend: Kein Stereotyp ist hundertprozentig falsch und keines hundertprozentig richtig. Vorurteile können sowohl positiv als auch negativ sein, können Betroffene sowohl benachteiligen und ihnen schaden als ihnen auch nützen und wohltun. Nicht jede Abwertung impliziert Feindseligkeit und nicht jede positive Meinung führt zu Respekt oder Gleichberechtigung. Schubladendenken bzw. soziale Kategorisierung, wie wir es nennen werden, ist weder irrational noch böswillig, sondern eine prinzipiell hochgradig adaptive Fähigkeit, die es uns ermöglicht, in unserer komplexen sozialen Umwelt effizient zu funktionieren. Auch schlaue, nette und empathische Menschen haben Vorurteile und Stereotype und zeigen diskriminierendes Verhalten. Und wer rassistisch handelt, ist nicht automatisch ein Rassist.

Dieses Buch wird auf viele der breit geteilten Alltagsannahmen eingehen und diskutieren, ob bzw. in welchem Umfang Erkenntnisse aus der psychologischen Forschung sie bestätigen, erweitern oder widerlegen – und am Ende neue Fragen aufwerfen.

Mein Übersetzungsversuch wissenschaftlicher Erkenntnisse ist nicht erschöpfend, sondern fällt notgedrungen einseitig aus. Dafür gibt es mehrere Gründe: Zum einen arbeitet die psychologische Forschung meist mit quantitativen Untersuchungsansätzen. Das heißt, unsere wissenschaftlichen Studien und Experimente sind so angelegt, dass sie numerische Daten liefern. Das sind sogenannte Rohdaten, die statistisch ausgewertet und dann interpretiert werden müssen, um daraus Schlussfolgerungen ableiten zu können. Ich werde versuchen, diese Interpretationen und Schlussfolgerungen so nachvollziehbar wie möglich darzustellen. Dafür werde ich Sie das eine oder andere Mal zu einem kurzen Ausflug in die Statistik einladen, da ich glaube, das einige Grundkenntnisse sehr hilfreich sind, um die Bedeutung und Interpretierbarkeit von Forschungsdaten einordnen zu können. Es liegt jedoch in der Natur der Sache, dass Interpretationen nicht nur von theoretischen Annahmen, sondern auch von eigenen Identitäten, Ansichten und Einstellungen beeinflusst sind. So sehr wir auch danach streben mögen: Wissenschaft ist kein Ort vollständiger Objektivität, sondern ein Ort, an dem – basierend auf der jeweiligen wissenschaftlichen Methode – diskutiert, gestritten und um Erkenntnis gerungen wird.

Da ich dieses Buch als alleinige Autorin schreibe, spiegelt es vor allem meine Interpretationen des Standes der Forschung wider. Obwohl ich versuche, mich auf den Konsens innerhalb meines Faches zu konzentrieren, werden sich für jede meiner Interpretationen möglicherweise andere Forschende finden, die anderer Meinung sind.

Zum anderen werde ich mich auf die Forschung in „meinem" Fach konzentrieren. Das ist die kognitive Sozialpsychologie, die sich vor allem mit den basalen mentalen Strukturen und Prozessen beschäftigt, die der Verarbeitung sozialer Informationen zugrunde liegen. Darum werde ich auch oft den Begriff des „kognitiven Apparats" bemühen. Ich wähle diesen etwas umständlichen Begriff statt „Gehirn" im Sinne der Abgrenzung von reiner „Gehirnforschung", also neuropsychologische oder neurowissenschaftlicher Forschung, aus der sich - meiner Meinung nach - aktuell noch keine ausreichend gesicherten Kenntnisse zu den neuro-psychologischen Grundlagen der sozialen Informations-verarbeitung im Kontext von Gruppeneinstellungen und -Verhalten ableiten lassen. Zumindest kenne ich mich in dieser Forschung nicht ausreichend gut aus, um ihre Erkennt-nisse zu erläutern. Zwar werde ich den ein oder anderen kleinen Abstecher in Nachbardisziplinen unternehmen, aber keine erschöpfende Betrachtung aller relevanten Aspekte liefern können. Um jedoch Vorurteile, Stereotype und Dis-kriminierung als Aspekte von Sexismus, Rassismus oder Extremismus zu verstehen, ist es immer auch nötig, die jeweiligen historischen, ökonomischen, (macht-)politischen und anderen kulturellen und soziologischen Bedingungen, deren Gesetzmäßigkeiten und Besonderheiten zu betrachten. Dies geschieht in anderen wissenschaftlichen Feldern, unter anderem in der Soziologie, Politikwissenschaft, Erziehungs-wissenschaft, in der Verhaltensökonomik, Geschichts-wissenschaft, Kriminologie, um nur einige aufzuzählen. Diese werde ich jedoch oft ausblenden – nicht, weil ich sie für weniger relevant halte, sondern weil sie nicht mein Feld der Expertise sind. Das impliziert auch, dass die jeweiligen Besonderheiten, geschichtlichen und gesellschaftliche Unter-schiede zwischen unterschiedlichen Ideologien und Gruppen-einstellungen wenig Betrachtung finden werden und zum Beispiel oft keine spezifische Unterscheidung zwischen rassistischen oder sexistischen Vorurteilen und Stereotypen vorgenommen wird. Der sozial-kognitive Forschungsansatz ist sehr reduktionistisch und fokussiert vor allem auf die grund-legenden mentale Repräsentation sozialer Kategorien und blendet viele gesellschaftlichen Dimensionen dieser Kate-gorisierungen aus. Kurzum: zum Thema dieses Buches gibt es deutlich mehr zu sagen und zu lesen, als dieses Buch leisten kann. Dennoch halte ich die psychologische, sozial-kognitive Perspektive, die ich Ihnen näherbringen will, für hochgradig relevant: Denn sie lehrt uns, dass stereotypes und vorurteilsbehaftetes Denken, Urteilen und diskriminierendes Handeln oft aus ganz normalen und grundlegend funktionalen Verarbeitungsprozessen resultieren, anhand derer unser Gehirn Sinn aus sozialen Informationen unserer Umgebung macht.

Verstehen Sie mich nicht falsch: Diese Normalität macht Stereotype, Vorurteile und Diskriminierung per se weder richtig noch falsch, weder gut noch schlecht, weder erwünscht noch unerwünscht. Sie macht sie lediglich gewöhnlich, häufig und alltäglich. Wenn wir Begriffe wie *Alltags*rassismus oder *Alltags*sexismus gebrauchen, meint das nicht *alltäglich* im Sinne von banal, belanglos oder bedeutungslos, sondern *alltäglich* im Sinne von häufig, wiederkehrend und beständig.

Ich verfechte in diesem Buch die These, dass niemand frei von Vorurteilen ist. Und dass, wer glaubt, dies zu sein, einer Illusion unterliegt. Und wenn Sie jetzt glauben, dass das wohl für die meisten Menschen zutreffen mag, aber nicht für Sie, dann halte ich das überhaupt nicht für erstaunlich sondern für ebenso normal, wie illusorisch. Ich hoffe, dass ich Sie, lieber Lesende, mit diesen Aussagen ausreichend provoziere, sodass Sie weiterlesen wollen. Denn natürlich will ich diese These erklären, begründen und mit Erkenntnissen aus der wissenschaftlichen Forschung belegen. Für einen eigenen Blick in diese Forschung finden Sie die jeweiligen Referenzen am Ende dieses Buches.

Ich habe dabei eine Bitte an Sie: Während Sie lesen, nehmen Sie sich die Zeit und die Ruhe, den Blick auf sich selbst zu richten, sich an die eigene Nase zu fassen, wie man so schön sagt. Dieses Buch braucht Ihre Bereitschaft, das eigene Denken, Fühlen und Verhalten unvoreingenommen und ohne moralische Bewertung zu betrachten. Ich werde

Ihnen dafür die eine oder andere Übung oder ein Gedanken-experiment anbieten und bitte Sie, mit Offenheit und Neu-gier daran teilzunehmen. Blättern Sie nicht direkt zum Ergebnis weiter, weil Sie glauben, sowieso zu wissen, worum es geht, oder erwarten, dass Sie „richtig" geantwortet hätten. Meist gibt es gar keine eindeutig richtigen oder falschen Reaktionen oder Antworten. Sie werden vielleicht manchmal überrascht sein, vielleicht auch enttäuscht, vielleicht werden Sie sich auch betroffen oder sogar schuldig fühlen.

Ich erwarte solche Reaktionen, weil ich a) davon ausgehe, dass Sie dieses Buch lesen, weil Sie grundlegend tolerante und egalitäre Grundeinstellungen und Motive hegen, und b) weil ich davon ausgehe, dass Ihr Denken, Fühlen und Handeln diesen hehren Vorsätzen nicht immer entspricht. Ich muss Sie dafür nicht persönlich kennen und auch keinem psychologischen Testverfahren unterziehen. Ich muss einfach nur davon ausgehen, dass Sie eine ganz normale Person sind, deren Gehirn so funktioniert wie das der meisten Menschen. Ganz normale Menschen denken, fühlen und handeln ständig auf eine Art und Weise, die sie nicht beabsichtigen, nicht verstehen oder vielleicht manchmal auch doof finden. Stellen Sie sich also auf eine kleine Portion Selbsterfahrung und Selbsterkenntnis ein und lassen Sie diese zu. Sie müssen weder mir noch sich selbst etwas beweisen. Vielleicht gewinnen Sie aber die Einsicht, dass unser tatsäch-liches Denken, Fühlen und Handeln sich oft davon unter-scheidet, wie wir gern denken, fühlen und handeln würden.

Die wichtigsten Begriffe vorab

Um zu verstehen und zu erforschen, wie Stereotype und Vorurteile funktionieren, ist es zunächst notwendig, diese Begriffe etwas genauer zu definieren. Das ist vor allem deshalb relevant, weil diese Begriffe in der Alltagsprache und in den verschiedenen wissenschaftlichen Disziplinen manchmal unterschiedlich gebraucht werden.

Wikipedia definiert ein Vorurteil beispielsweise als ein Urteil, das vor einer gründlichen und umfassenden Untersuchung, Abklärung und Abwägung getroffen wird [1]. Damit kommt Wikipedia der alltagssprachlichen Benutzung des Wortes „Vorurteil" sehr nah. Demnach ist das Vorurteil also das Ergebnis der *Vor*verurteilung: wenn wir uns eine Meinung über etwas oder jemanden bilden, bevor wir alle notwendigen Informationen kennen und darum falsch liegen. Und das kann einzelne Personen, Gruppen von Personen, aber auch Dinge, Situationen oder Sachverhalte betreffen. Ein Beispiel: Ich hatte schon immer ein Vorurteil gegenüber Freizeitparks – aber nachdem mir meine erste Achterbahnfahrt so viel Spaß gemacht hat, habe ich meine frühere uninformierte Meinung geändert. Oder: Ich hatte immer das Vorurteil, Menschen aus Hamburg seien kühl und reserviert – aber seit ich hier lebe, weiß ich, dass das gar nicht stimmt und das hier übliche „Moin" ist zum schönsten Gruß geworden, den ich mir im Alltag vorstellen kann.

Wie meine Beispiele illustrieren, lassen sich Vorurteile im Wikipedia-Sinne leicht verändern bzw. richtigstellen. Ich muss nur mehr Informationen haben, etwas selbst ausprobieren oder jemanden selbst kennenlernen, und schon sind die vorschnellen falschen Urteile berichtigt. Dass das aber nicht so einfach geht, werden wir später erfahren. Darum hilft uns die Wikipedia-Definition des Vorurteils nicht wirklich weiter. Damit wir aber angesichts der zahlreichen Begriffe, die uns noch begegnen werden, nicht durcheinanderkommen, werde ich hier und im nachfolgenden Kapitel mit ein paar Definitionen beginnen müssen.

In der Sozialpsychologie werden Vorurteile, Stereotype und Diskriminierung als verschiedene Aspekte von

Einstellungen gegenüber sozialen Gruppen angesehen. Was heißt das genau?

Als *soziale Gruppe* gilt jede Menge von Menschen, die aufgrund geteilter Eigenschaften als Einheit oder Kategorie wahrgenommen werden, sei es durch Aussehen oder Herkunft, Geschlecht, Sprache, Nationalität, Berufsgruppe, soziale Schicht, Musikgeschmack oder ein anderes Merkmal. Hierbei ist es erst einmal unwesentlich, wie groß die Gruppe ist, ob es sich um eine Minorität oder Majorität, also Minderheit oder Mehrheit handelt und ob es diese Gruppe tatsächlich gibt bzw. ob sich die Mitglieder dieser Gruppe auch als solche selbst definieren oder nicht. So ist sich die Wissenschaft darüber einig, dass es keine genetische Grundlage dafür gibt, von unterschiedlichen Rassen von Menschen zu sprechen [2]. Trotzdem sind rassifizierte Gruppen hochgradig relevante sozial geschaffene Kategorien, die für viele Menschen einen Großteil ihres Lebensalltags fundamental beeinflussen. Ähnliches gilt für die Gruppierung basierend auf Migrationshintergründen. Diese werden offiziell aus einer nicht deutschen eigenen Staatsbürgerschaft oder Staatsbürgerschaft der Eltern abgeleitet, in der Praxis aber meist eher aufgrund von ethnischen Merkmalen oder wahrgenommener Fremdheit des äußeren Erscheinungsbildes zugeschrieben.

Vorurteile und *Stereotype* werden in der sozialkognitiven Forschung vor allem dadurch definiert, dass es sich um Beurteilungen von Personen oder Gruppen von Personen handelt, die ausschließlich auf deren Zugehörigkeit zu sozialen Kategorien beruhen und nicht auf den individuellen Merkmalen der jeweiligen Person. In der Sozialpsychologie wird der Begriff *Stereotyp* definiert als eine Bezeichnung für Wissen und Überzeugungen über Merkmale und Eigenschaften von sozialen Gruppen und deren Mitgliedern. Dazu werden quasi alle Informationseinheiten gezählt, die unser Gedächtnis im

Zusammenhang mit sozialen Kategorien abgespeichert hat. Stereotype finden sich zum Beispiel in Aussagen wie „Niederländer sind groß, Inder sind klein", „Asiaten vertragen keinen Alkohol", „Männer spielen besser Fußball als Frauen", „Berliner sind so liebenswert direkt", „Ossis sind rechtsradikal", „Spanier haben Rhythmus im Blut", „Frauen mögen Blumen" oder „kleine Männer haben oft Komplexe", denn sie beziehen sich auf generalisierte Eigenschaftszuschreibungen zu sozialen Kategorien. In dieser Definition ist es unerheblich, ob es sich um rein äußerliche Beschreibungen (groß, klein) oder Zuschreibungen innerer Eigenschaften wie Kompetenzen oder Präferenzen (schlau, nett) handelt. Ebenso wenig spielt es eine Rolle, ob es sich um positive, negative oder neutrale Informationen handelt und ob sie (relativ) richtig oder (relativ) falsch sind – auch dazu später mehr.

Als *Vorurteil* bezeichnet die Sozialpsychologie Bewertungen und emotionale Reaktionen gegenüber sozialen Gruppen bzw. deren Mitgliedern, wenn diese ausschließlich auf deren Gruppenzugehörigkeit beruhen. Vorurteile können sowohl positiv als auch negativ sein. Negative Gruppenbewertungen wie „Ich mag die Bayern nicht." oder Emotionen wie „Ich fühle mich unwohl, wenn im Bus neben mir eine Frau mit Kopftuch sitzt." gelten daher genauso als Vorurteile wie positive Bewertungen wie „Ich liebe die Franzosen." und Emotionen wie „Ich bewundere Opernsängerinnen." Es ist also weder die Negativität noch die scheinbare Grundlosigkeit oder Vorverurteilung, die eine Bewertung zum Vorurteil werden lässt, sondern allein die Tatsache, dass sich die Bewertung ausschließlich auf soziale Gruppenzugehörigkeiten bezieht. Eine Aussage wie „Ich habe diesen Klaus noch nie getroffen, aber nach allem, was ich von ihm gehört habe, kann ich ihn jetzt schon nicht leiden." beschreibt zwar auch eine Vorverurteilung, würde in diesem Sinne aber nicht als Vorurteil gelten, weil sie sich auf Klaus' scheinbare individuelle Eigenschaften bezieht und nicht auf seine soziale Gruppenzugehörigkeit. Eine Aussage wie „Ich habe diesen Klaus noch nie getroffen, aber dass er aus Sachsen kommt, macht ihn mir schon mal (un)sympathisch" würde in diesem Sinne allerdings als Vorurteil gelten, denn sie bezieht sich auf Klaus' Zugehörigkeit zu den Sachsen.

Als *Diskriminierung* definiert die Sozialpsychologie dementsprechend jegliche Handlung gegenüber einer Person oder Gruppe, die ausschließlich auf deren Gruppenzugehörigkeit und nicht deren individuellen Einstellungen beruht. Und, naja, das können Sie sich jetzt schon denken: Für diese sozial-kognitive Definition ist es auch erst einmal unerheblich, ob es sich um bevor- oder benachteiligendes Verhalten handelt, von der Zielperson erwünschtes oder unerwünschtes Verhalten oder normativ als richtig oder falsch bewertetes Verhalten. Einer Person die Tür aufzuhalten, nur weil sie eine Frau ist, ist in diesem Sinne also diskriminierend; einer Frau die Tür aufzuhalten, weil sie gerade die Hände voll hat, ist es nicht. Definierend ist für die Sozialpsychologie also ausschließlich, dass es sich um gruppenbasierte Bewertungen, Überzeugungen bzw. Handlungen handelt, die von der bewertenden Person ausgehen.

Nun mögen Sie einwerfen, dass diese Definitionen nicht nur sehr abstrakt und reduktionistisch sind, sondern irgendwie am Ziel vorbeigehen. Im Alltag interessieren wir uns ja vor allem für negative Urteile, falsche Zuschreibungen und benachteiligendes Verhalten. Sollten wir uns nicht auch in der Forschung darauf konzentrieren?

Dazu gibt es mehrerlei zu antworten: Zum einen ist es mitunter gar nicht so einfach zu bestimmen, welche Bewertungen, Zuschreibungen und Verhaltensweisen wirklich positiv oder negativ, richtig oder falsch sind. Das sind moralische Bewertungen, in denen wir oft nicht übereinstimmen, die wir miteinander aushandeln und die einem gesellschaftlichen Wandel unterliegen. Das wird bereits im Beispiel der aufgehaltenen Tür deutlich: Dieses kann ich als freundliche Galanterie oder als Abwertung oder Schwächezuschreibung interpretieren. Letztendlich sollte das Urteil darüber den jeweils betroffenen Personen vorbehalten sein (ohne zu erwarten, dass alle einer Meinung sind).

Zum anderen erlauben diese reduktionistischen und wertfreien Definitionen einen ungetrübteren Blick auf grundlegende Prozesse und Mechanismen der sozialen Informationsverarbeitung, die ich hier erklären möchte. Es ist eine Prämisse der sozialpsychologischen Grundlagenforschung, dass es für viele basale Verarbeitungsprozesse im menschlichen Gehirn wenig Unterschied macht, ob es uns wahre oder falsche Informationen zur Verfügung stellt und ob diese dazu führen, dass eine Person letztendlich fair oder unfair behandelt wird. Um die grundlegenden Mechanismen der sozialen Informationsverarbeitung in unserem Gehirn zu verstehen, werden diese Unterscheidungen oft nicht benötigt.

Dies soll nicht heißen, dass diese Unterschiede keine realen Konsequenzen haben. Es ist aber wichtig zu erkennen, dass faktisch wahre Stereotype oder positive Vorurteile ebenso reale Konsequenzen haben wie faktisch falsche Stereotype oder negative Vorurteile. Das bedeutet auch, dass prinzipiell jedes Verhalten als diskriminierend verstanden werden kann, wenn sich dieses Verhalten ausschließlich auf die soziale Gruppenmitgliedschaft einer anderen Person bezieht statt auf ihre individuellen Eigenschaften und eine Ungleichbehandlung impliziert. Ich werde später etwas ausführlicher diskutieren, warum auch wohlwollendes Verhalten als diskriminierend angesehen werden kann, genauso wie eine freundlich aufgehaltene Tür, das interessierte Nachfragen, woher jemand „wirklich" kommt, oder das Kompliment, wie gut jemand (Hoch-) Deutsch spricht. Selbst wenn solch ein Verhalten gespeist ist durch den Wunsch, Interesse an der Person zu zeigen, ein Kompliment auszusprechen und Toleranz zu beweisen, konzentriert es sich auf die soziale Kategorie der Person und nicht auf ihre Individualität und ist durch diese maßgeblich bestimmt.

Was können Sie von diesem Buch erwarten?

Nachdem Sie sich auf den ersten Seiten bereits durch ein paar grundlegende Definitionen gearbeitet haben, diskutiere ich in den kommenden Kapiteln zuerst gängige Argumente und Annahmen, die in Diskussionen und Debatten über Stereotype, Vorurteile und Diskriminierung immer wieder auftauchen:

1. Vorurteile und Stereotype beziehen sich ausschließlich auf negative, abwertende oder feindselige Einstellungen gegenüber Mitgliedern von Minoritäten.
2. Bestimmte Menschen neigen aufgrund ihrer Persönlichkeitsstruktur dazu, Vorurteile und Stereotype zu haben und deshalb diskriminierend zu handeln. Das sind alles Fieslinge und/oder Idioten.
3. Vorurteile und Stereotype sind falsch und irrational. Sie können daher argumentativ widerlegt und dadurch abgeschafft werden.

Gerade weil diese Grundannahmen so weit verbreitet sind und immer dann auftreten, wenn wir über Stereotype, Vorurteile und Diskriminierung diskutieren, soll in dieser Einführung ein kleiner Überblick gegeben werden, welche Erkenntnisse die sozialpsychologische Forschung zu solchen Annahmen beizusteuern hat. Dabei werden wir uns mit einem scheinbaren Paradox unserer schein-

bar toleranten Gesellschaft beschäftigen: einer Gesellschaft, in der sich der Großteil der Bevölkerung zwar für
Gleichstellung, Toleranz und Fairness ausspricht, Diskriminierung aber trotzdem alltäglich und häufig ist.
Hier werde ich noch einmal vertieft auf unterschiedliche
theoretische Konzeptionen und Begrifflichkeiten eingehen und diskutieren, welche Arten von Einstellungen,
Bewertungen und Handlungen aus welchen Gründen als
diskriminierend definiert werden können.

Erst danach tauchen wir tiefer in die sozial-kognitive
Forschung ein. Ich werde einen kleinen Überblick über
Modelle geben, wie Informationen in unserem kognitiven
Apparat, also unserem Gehirn, repräsentiert und gespeichert
werden, und basale Wahrnehmungs- und Informationsverarbeitungsprozesse erläutern. Dabei wird deutlich, dass die
soziale Kategorisierung eine fundamental wichtige Rolle
einnimmt und wir davon ausgehen können, dass unser
Denken, Fühlen und Handeln mitunter stark durch automatische Verarbeitungsprozesse beeinflusst wird. Akzeptieren
wir die Rolle dieser normalen Informationsverarbeitungsprozesse, so kann es uns leichter fallen, zu verstehen, dass
auch Stereotype und Vorurteile normale Aspekte der sozialen
Informationsverarbeitung sind und dass Diskriminierung
als normale Konsequenz daraus folgt. Ich halte dieses Verständnis für essenziell, um einen angemessenen Umgang mit
dem eigenen Denken, Fühlen und Urteilen zu finden und
Einsicht darin zu erlangen. Auch zeigt es, dass individuelles
Handeln nie ausschließlich als Produkt der individuellen
Einstellungen verstanden werden kann, sondern immer
durch gesellschaftlichen Kontext und dessen Strukturen
geprägt ist. Letztendlich hilft uns das auch zu verstehen,
warum viele wohlmeinende Aktivitäten, Strategien und
Kampagnen zum Abbau von Stereotypen und Vorurteilen
zum Scheitern verurteilt sind und wir andere Wege gehen
müssen, um eine faire und tolerante Gesellschaft zu schaffen.

2

Gibt es ein Paradox der toleranten Gesellschaft?

Wir leben in einem Land der Aufklärung, des Wohlstandes und der Toleranz, auch wenn wir mit Sorge auf manche gesellschaftlichen Entwicklungen und Normverschiebungen der letzten Jahre schauen und uns vor Wahlergebnissen gruseln, bei denen Parteien mit explizit gruppenfeindlichen Aussagen zweistellige Stimmanteile erhalten. Bei aller – berechtigten – Sorge können wir uns auch vor Augen führen, dass der viel größere Teil der Bevölkerung solchen Einstellungen und Aussagen nicht zustimmt und solche Parteien nicht wählt. So steht beispielsweise laut der aktuellen Mitte-Studie, einer von der Friedrich-Ebert-Stiftung geförderten repräsentativen Erhebung zur Verbreitung demokratischer Einstellungen in Deutschland für 88 % der Befragten die Würde und Gleichheit aller in einer Demokratie an erster Stelle [3].

Diese Studie zeigte auch, dass eindeutig und offen rechte und rechtsextreme Einstellungen vom Großteil der

© Springer-Verlag GmbH Deutschland, ein Teil von Springer
Nature 2022
J. Degner, *Vorurteile*,
https://doi.org/10.1007/978-3-662-60572-1_2

Bevölkerung abgelehnt werden und über die Gesamtgesellschaft betrachtet rückläufig sind. In ihrer großen Mehrheit lehnen die Befragten offenen Rassismus ab. Im Vergleich zu früheren Erhebungen ist die Verbreitung von Antisemitismus und Fremdenfeindlichkeit besonders deutlich gesunken; 88 % bzw. 74 % der Befragten lehnen diese klar ab. Zunehmende Ablehnung zeigt sich für jegliche Form gruppenbasierter Menschenfeindlichkeit, seien es Antisemitismus, Rassismus, Ausländerfeindlichkeit, Sexismus, Transfeindlichkeit, Muslimfeindlichkeit, Antiziganismus, Anti-Asyl-Einstellungen oder negative Einstellungen gegenüber Arbeitslosen und Obdachlosen. Ein immer geringerer Anteil in der Bevölkerung stimmt abwertenden und diskriminierenden gruppenbasierten Einstellungen zu und eine beeindruckende Mehrheit von 85 % der Befragten sagt von sich: „Ich behandle alle Menschen gleich."

Das sollte uns doch optimistisch stimmen, oder? Seien Sie versichert, ich zähle all diese Statistiken nicht auf, weil ich Sie davon überzeugen will, dass es keinen Grund zur Sorge gäbe oder wir uns auf eine „Mehrheit der Anständigen" verlassen könnten – und schon gar nicht, weil ich Sie aufrufen will, sich „nicht einreden zu lassen, dass wir rassistisch sind", wie es die Bildzeitung im Sommer 2018 tat [4]. Ich zähle diese Statistiken auf, weil ich auf ein scheinbares Paradox hinweisen möchte: Wir leben in einem Land, in dem der überwiegende Teil der Bevölkerung tolerante und diversitätsbejahende Grundeinstellungen teilt und überzeugt ist, dass alle Menschen, egal welcher Herkunft, welchen Geschlechts, Alters, religiösen Glaubens oder welcher sexueller Orientierung, die gleichen Chancen verdienen.

Und doch ist dies gleichzeitig ein Land in dem Diskriminierung alltäglich ist. Ein Land, in dem Personen mit ausländisch klingendem Namen bei gleicher Qualifikation um 10–20 % geringere Chancen haben, zu einem

Bewerbungsgespräch eingeladen zu werden, als Personen
mit deutsch klingendem Namen [5, 6]. Ein Land, in dem
Frauen signifikant weniger Gehalt verdienen als Männer –
eine Lücke, die sich nicht schließt, wenn für Unterschiede
in Ausbildung und Arbeitszeit kontrolliert wird. Ein Land,
in dem Menschen aus Ostdeutschland mehr als 30 Jahre
nach der Wiedervereinigung bei gleicher Tätigkeit immer
noch geringer bezahlt werden als Menschen, die in West-
deutschland leben. Ein Land, in dem es für Menschen,
denen ein Migrationshintergrund zugeschrieben wird,
deutlich schwerer ist, eine Wohnung zu mieten, in einen
Club eingelassen zu werden oder bei Behördengängen mit
Höflichkeit und Respekt behandelt zu werden.

Es sind nicht nur Debatten und Bewegungen in den
sozialen Medien, die die unzähligen Erfahrungen von Diskriminierung dokumentieren, die viele Menschen alltäglich
erleben. Auch die Studien der Antidiskriminierungsstelle
des Bundes [7] geben Einsicht in erschreckend hohe Zahlen
an Diskriminierungserfahrungen in allen Lebensbereichen: bei der Arbeitssuche, in der Ausbildung oder
am Arbeitsplatz, in Freizeit und öffentlichem Leben,
bei der Wohnungssuche, auf Ämtern und Behörden, im
Gesundheits- und Bildungswesen sowie im Kontakt mit
Polizei und Justiz. Dabei ist die Art der Diskriminierungserfahrungen von Menschen in Deutschland hochgradig
verschieden und vielfältig: Sie beziehen sich nicht nur
auf offene Herabwürdigungen, Beleidigungen und Über-
griffe, sondern werden häufig als verwehrter Zugang
oder als Leistungsverweigerung in Form von geringeren
Chancen durch schlechtere Behandlung und stereotype
Zuschreibungen empfunden. Nicht selten sind es Regeln,
Gesetze oder eingeschliffene Verwaltungspraxen, die
Menschen bestimmter sozialer Gruppen diskriminieren.

Da passt offensichtlich irgendetwas nicht zusammen. In einem Land der mehrheitlichen Toleranz kann Diskriminierung doch keine Alltagserfahrung sein. Wie lässt sich das erklären?

Sind es etwa die 10 bis 20 % der Bevölkerung mit den offen rassistischen, sexistischen oder anders menschenfeindlichen Einstellungen, die solch enorme Entscheidungsmacht haben, dass sie Arbeits- und Wohnungsmarkt, Behörden, Gesundheits- und Bildungswesen, Polizei und Justiz und sogar den Einlass in Diskotheken und Clubs kontrollieren? Und dabei systematisch und gezielt bestimmte soziale Gruppen benachteiligen? Man müsste schon sehr anfällig für verschwörungstheoretische Überzeugungen sein, um das anzunehmen.

Oder müssen wir die oben aufgelisteten Umfrageergebnisse anzweifeln und davon ausgehen, dass die meisten Menschen nach wie vor hochgradig intolerant eingestellt sind, diese Einstellungen aber auch in anonymen Befragungen nicht zugeben, sondern sozial erwünscht antworten? Oder müssen wir die Daten zu Diskriminierungserfahrungen gar anzweifeln? Sind diese Erfahrungen übertrieben? Oder haben diskriminierende Handlungen am Ende wenig damit zu tun, welche Einstellungen und Überzeugungen die Handelnden hegen?

Mit diesen scheinbaren Widersprüchen haben sich Forschende in der Sozialpsychologie bereits in den 1980er und 1990er Jahren vor allem in den USA beschäftigt. Seit der Bürgerrechtsbewegung in den 1960er Jahren hatten sich gesellschaftliche Normen dort deutlich verändert. Die offene Zustimmung zu rassistischen Einstellungen und zu gesellschaftlicher Segregation hatten deutlich abgenommen und wurden von einer breiten Masse der Gesellschaft als unerwünscht angesehen. Auch wenn Deutschland keine vergleichbare Bürgerrechtsbewegung erlebt hat, so zeichnet sich auch hier (mit einiger Verspätung) ein gesellschaftlicher Wandel ab, der dazu führt, dass Toleranz, Gleichberechtigung, Anti-Rassismus und Anti-Sexismus mittlerweile zum Mainstream gehören.

Die gesellschaftliche Ungleichbehandlung blieb jedoch bestehen, Schwarze hatten und haben in den USA nach wie vor nicht die gleiche Lebensqualität wie Weiße [8]. So wie auch in Deutschland Ungleichbehandlungen verschiedenster Art nach wie vor zum Alltag gehören. Eine nähere Betrachtung zeigte, dass mit dem Wandel sozialer Normen hin zur mehr Akzeptanz von Gleichheit seit den 1960er Jahren rassistische Einstellungen nicht etwa abnahmen, sondern sich in ihrer Ausdrucksform wandelten und subtiler, indirekter und schwer identifizierbar wurden.

In den 1980er und 1990er Jahren schlugen US-amerikanische Forschende in der Sozialpsychologie daher neue theoretische Konzepte vor, um diese Veränderungen zu erfassen; benannt beispielsweise als moderner, symbolischer oder aversiver Rassismus oder ambivalenter Sexismus. All diese Einstellungsformen vereint, dass soziale Gruppeneinstellungen weniger durch offene Feindseligkeit oder „Anti"-Haltungen charakterisiert sind, sondern – oberflächlich betrachtet – mit toleranten Fairnessnormen vereinbar sind. Diese theoretischen Konzepte sind zwar in der psychologischen Rassismus- und Sexismusforschung in den USA entstanden und entsprechend benannt. Allerdings zeigen sich vergleichbare Einstellungsformen gegenüber vielen benachteiligten sozialen Gruppen in vielen Gesellschaften, sie sind daher auch auf den deutschen Kontext übertragbar. Darum werde ich im Folgenden einen kurzen Überblick über Konzepte von modernen, ambivalenten bzw. aversiven Vorurteilen geben.

Moderne Vorurteile: „Ich habe nichts gegen die, aber …"

Es mag widersprüchlich klingen, von *modernem Rassismus* [9] oder *modernem Sexismus* [10] zu sprechen, verbinden wir mit Moderne doch üblicherweise erwünschten gesellschaftlichen Fortschritt, während Rassismus und Sexismus uns als rückschrittlich, primitiv und alles andere als zeitgemäß erscheinen. Tatsächlich zeigt sich moderner Rassismus jedoch gerade bei Menschen, die ein modernes, liberales Bild von sich selbst und der Gesellschaft haben. Sie hegen weder offene Feindseligkeiten, noch stimmen sie abwertenden Stereotypen über Minderheiten zu.

Moderner Rassismus speist sich aus der Grundüberzeugung, dass gesellschaftliche Ungerechtigkeit vor allem ein Problem der Vergangenheit war und Ungleichheit sozialer Gruppen längst überwunden ist: Früher gehörten Frauen an den Herd – heutzutage können sie alles werden, was sie wollen, selbst Bundeskanzlerin. Homosexualität galt früher als kriminell – heute gibt es Gay-Pride-Paraden und die Ehe für alle. Ein Kind mit Behinderung wurde früher vor allem als Last gesehen und versteckt – heute gibt es Inklusion und Barrierefreiheit. Früher mussten „Zugewanderte" am Rande der Gesellschaft leben – heute zeigt das Fernsehen Moderator:innen und Nachrichten-Sprecher:innen mit Migrationshintergrund und einen afrodeutschen Promi-Koch. Wenn das nicht zeigt, dass wir Diversität und Gleichstellung erreicht haben, was denn noch?

Die Annahme, dass Diskriminierung ein überwundenes Problem der Vergangenheit sei und wir in einer fairen Gesellschaft lebten, in der alle alles erreichen können, wenn sie sich nur anstrengen, impliziert zweierlei: zum einen, dass selbst schuld ist, wer es nicht schafft, die allen gleichermaßen verfügbare soziale Leiter nach oben zu klettern, und zum anderen, dass es nicht notwendig ist, bestimmte Gruppen zu fördern bzw. vergangene Benachteiligung wiedergutzumachen. Moderne Vorurteile äußern sich oft in Zuschreibungen von Andersartigkeit in Bezug auf Kultur und Werte, die nicht den Werten entsprechen, die es braucht, um erfolgreich zu sein, und die oft als befremdlich oder gar bedrohlich wahrgenommen werden [11].

Diese „modernen" Einstellungen beinhalten also weniger negative Äußerungen über soziale Gruppen oder offensichtliche Diskriminierung, sondern vielmehr die Nicht-Anerkennung von Diskriminierungserfahrungen anderer und die Ablehnung politischer Maßnahmen die als unbegründete „Sonderbehandlungen" oder „Bevorteilungen" wahrgenommen werden: als unsinnig angesehene Frauenquoten, die hart arbeitende Männer ihrer Chancen berauben, Asylrecht, das „sozialschmarotzende" „Wirtschaftsflüchtlinge" oder „terrorismusverdächtige Muslime" in unser Land holt, oder Arbeitslosengeld für „arbeitsfaule Osteuropäer" etc. Als Konsequenz wird den Mitgliedern benachteiligter Gruppen oft vorgeworfen, zu viele und ungerechtfertigte Forderungen zu stellen, im Vergleich zur Mehrheitsgesellschaft zu sehr gefördert zu werden und damit Gerechtigkeits- oder Leistungsprinzipien außer Kraft zu setzen. Weil sich Menschen mit modernen Vorurteilen selbst jedoch meist als liberal, aufgeschlossen und tolerant ansehen, ist es schwer, sie auf bestehende Diskriminierung und ihren Anteil daran hinzuweisen. Das führt oft direkt zu negativen Zuschreibungen – von Undankbarkeit, Maßlosigkeit oder dem Vorwurf, sich durch das Ziehen der Rassismus- oder Sexismus-Karte ungerechte Vorteile erschleichen zu wollen.

Solche modernen Formen von Vorurteilen und stereotypen Überzeugungen sind anhand der offenen Leugnung bestehender Diskriminierung leicht identifizierbar: Nicht selten sind sie an einem ausgesprochenen oder gedachten „aber" erkennbar, wie in „Ich bin absolut für Toleranz und Gleichstellung, *aber* …" oder „Ich habe nichts gegen xyz, *aber* …": Ich habe nichts gegen Flüchtlinge, *aber* sie könnten etwas mehr Demut, Dankbarkeit und Gehorsam zeigen, statt immer nur Forderungen zu stellen [12]. – Ich bin der Letzte, der etwas gegen Gleichstellung von Frauen sagen würde, *aber* diese Genderschreibweisen machen Texte einfach zu lang und unverständlich [13]. – Ich habe Hochachtung vor Frauen, *aber* sexualisierende Werbung hat in der Realität ohnehin keine große Bedeutung [14] und sie zu verbieten ist an „Spießigkeit kaum zu überbieten" [15]. – Ich habe nichts gegen Schwule, *aber* ich finde, das ist Privatsache und darüber muss man nicht ständig reden und das muss man auch nicht immer so laut vor sich hertragen. – Ich habe nichts gegen Schwule, *aber* ich sehe keinen Grund, warum in den Textaufgaben eines Mathebuches für die Grundschule homosexuelle Paare vorkommen sollten. – Ich habe nichts gegen Transsexuelle, *aber* haben wir denn nichts Wichtigeres zu tun, als über öffentliche Toiletten für ein drittes Geschlecht zu sprechen?

Diese leichtere Erkennbarkeit moderner Vorurteile macht den Diskurs allerdings nicht leichter, denn Personen mit modernen Vorurteilen weisen es strikt von sich, rassistische, sexistische oder fremdenfeindliche Einstellungen zu hegen, jemals geäußert zu haben oder mit ihren Äußerungen diskriminiert oder diskriminierendes Verhalten provoziert zu haben. Sie selbst halten ihre Aussagen für vollkommen vereinbar mit einem liberalen, aufgeklärten und egalitären Selbstbild. Und darum finden sich solche Einstellungen auch vor allem bei Menschen, die selbst einer privilegierten Mehrheit angehören. Wer systematische Benachteiligung nicht selbst erfahren hat, dem fällt es leichter, Gesellschaft als fair und gerecht wahrzunehmen.

Ambivalente Vorurteile: Feindseligkeit und Wohlwollen als zwei Seiten derselben Medaille

Stereotype und Vorurteile sind nicht immer und nicht zwingend negativ oder feindselig. Oft enthalten sie ebenso positive Eigenschaftszuschreibungen und scheinbar wertschätzender Einstellungen Bewertungen.

In der Sexismusforschung wurde dafür der Begriff des ambivalenten Sexismus [16] geprägt. Danach kann Sexismus zwei einander ergänzende Formen annehmen: eine feindselige (hostile) Form, die negative Bewertungen und Stereotype über ein Geschlecht beinhaltet (zum Beispiel die Annahme, Frauen seien inkompetent und Männern intellektuell unterlegen), und eine wohlwollende (benevolente) Form, die positive Bewertungen und Stereotype beinhaltet (zum Beispiel, Frauen seien fürsorglicher und emotional kompetenter als Männer). Nicht nur die Einstellungen gegenüber Frauen und Männern sind durch solche Zwiespältigkeit gekennzeichnet, sie finden sich in Einstellungen gegenüber vielen von Vorurteilen und Stereotypen betroffenen Gruppen [17].

Oft zeigt sich diese Zwiespältigkeit auf zwei komplementären Dimensionen. Dabei wird die wahrgenommene geringe Kompetenz (Fähigkeit, Fertigkeit, Status) von Mitgliedern sozialer Gruppen durch wahrgenommene Wärme (Vertrauenswürdigkeit, Freundlichkeit, Liebenswürdigkeit) kontrastiert bzw. kompensiert [18]. Wohlmeinende Einstellungen sind daher oft schwerer als Vorurteile oder Stereotype zu enttarnen, da sie eine positive Wertschätzung ausdrücken. Was ist verwerflich daran, einer Frau ein Kompliment für ihr Aussehen zu machen oder ihr die Tür aufzuhalten? Was ist abwertend daran, Südeuropäer:innen um ihre besonders herzlichen Familienbindungen zu beneiden oder Menschen in prekären Lebenssituationen für arm, aber glücklich zu halten?

Nicht selten werden solche Einstellungen auch von den Mitgliedern der jeweiligen Gruppe selbst geteilt. Das ist vor allem in der Sexismusforschung gut belegt. Die Zustimmung zu wohlwollend sexistischen Aussagen wie „Frauen sollten von Männern umsorgt und beschützt werden" fällt bei Frauen mitunter gleich und zum Teil sogar höher aus als bei Männern [254]. Auch gibt es nicht wenige Frauen, die „ritterliche Gentlemen" mit wohlwollend-sexistischen Einstellungen anderen Männern gegenüber bevorzugen [255]. Positive Bewertungen sind schmeichelhaft und Menschen erhalten gern Komplimente – selbst wenn sie nicht auf individuellen Eigenschaften, sondern nur auf der Zugehörigkeit zu einer Kategorie beruhen.

Trotzdem können solch ambivalente Einstellungen problematische Konsequenzen haben: Zum Einen suggerieren sie, dass negative Einstellungen und Benachteiligung durch positive Einstellungen und Bevorteilung in der Summe ausgeglichen würden. Halte ich beispielsweise Frauen zwar für schwächer, dümmer und weniger durchsetzungsfähig, gleichzeitig aber auch für attraktiver, fürsorglicher und emotional kompetenter als Männer, scheinen sich die darauf begründeten Benachteiligungen und Bevorteilungen die Waage zu halten. So entsteht der Eindruck, Frauen seien gar nicht besonders benachteiligt, sondern eben nur anders benachteiligt als Männer, und am Ende gleiche sich alles irgendwie aus. Wen interessieren 20 % weniger Gehalt, wenn Frauen dafür so viel mehr Zuneigung, Liebe und Glück erleben können? Sind sie nicht dadurch eigentlich reicher als Männer?

Zum Zweiten hängen wohlmeinende und feindselige Einstellungen häufig eng zusammen. So zeigt sich beispielsweise, dass je wohlwollender und ritterlicher die Einstellungen zu Frauen im Allgemeinen ausfallen, desto feindseliger werden die Einstellungen gegenüber Frauen, die von traditionellen Rollenvorstellungen abweichen.

Zum Dritten sind die Konsequenzen wohlwollender, positiver Stereotype und Vorurteile mitunter alles andere als gutartig. Zum Beispiel weil auch wohlmeinende Handlungen, die aus sympathisierenden Einstellungen resultieren, als herablassend und diskriminierend empfunden werden, oder wenn Hilfe angeboten oder aufgedrängt wird, die nicht gebraucht oder gewünscht ist oder zwar scheinbar unterstützend, aber herabsetzend wirkt. Solche paternalistischen Hilfestellungen können ihrerseits dazu führen, dass die Mitglieder der derart gesehenen Gruppen allgemein als schwach, hilflos oder inkompetent wahrgenommen werden und in diesen Rollen festgeschrieben werden. Rigide, stereotypbasierte Rollenfestschreibungen – auch positive – schränken Individuen ein: Wohlwollende Einstellungen gegenüber Frauen sind immer noch eine Basis für die Ungleichbehandlung von Geschlechtern. So lässt sich der Verzicht auf die berufliche Karriere für Frauen leichter mit positiven Stereotypen begründen, zum Beispiel dadurch, dass sie wärmer und fürsorglicher seien, also die besseren Fähigkeiten zur Kinderbetreuung hätten. Dies sorgt für weniger Widerstand, als wenn dies durch negative Stereotype begründet wird, beispielsweise dadurch, dass Frauen die Fähigkeiten zur Führungskraft abgesprochen werden. Auch aktivieren positive Stereotype oft gleichzeitig entsprechende Erwartungen. Werden diese Erwartungen dann nicht erfüllt, wird häufig mit starker Ablehnung reagiert [19]. Da Frauen beispielsweise eine höhere Warmherzigkeit und Fähigkeit zu Empathie zugeschrieben wird, reagieren Menschen oft verwirrt und ablehnend, wenn sich eine weibliche Vorgesetzte genauso sachlich oder gar streng wie ihr männlicher Kollege verhält. Sie wird dann schnell als kaltherzige Zicke verschrien [20].

Eine vor Kurzem veröffentlichte Studie zeigt auch, dass Frauen, die weniger als ein Jahr Elternzeit nehmen und damit dem aufopfernden Mütterstereotyp widersprechen, als egoistisch, feindselig und kaltherzig wahrgenommen werden und als Konsequenz seltener zu Vorstellungsgesprächen eingeladen werden [21]. Sie werden also für diese fehlende Passung zum positiven mütterlichen Stereotyp bestraft.

Ein weiteres Beispiel für wohlwollende Diskriminierung ist die Frage „Wo kommst du her?", die Personen oft gestellt wird, die der oder die Fragende als nicht-weiß oder nicht-deutsch aussehend kategorisieren. Oft wird diese Frage mit der eigenen Offenheit und Interesse an der individuellen Lebensgeschichte des oder der Befragten begründet. Im Lichte des wohlwollenden Rassismus wird in dieser scheinbar positiven Kontaktaufnahme aber vor allem sichtbar, dass einer Person aufgrund eines äußeren Erscheinungsbildes Andersartigkeit bzw. Fremdheit zugeschrieben wird, die es zu erklären und rechtfertigen gilt – vor allem wenn eine Antwort, die einen deutschen Wohnort benennt, nicht akzeptiert wird und so lange mit „Wo kommst du *wirklich* her?" weitergebohrt wird, bis als „echte" Herkunft das Geburtsland der Urgroßeltern außerhalb Europas identifiziert werden kann. Das scheinbar wohlwollende Interesse bezeugt also primär Zuschreibung von Fremdheit. Das Gleiche gilt übrigens für das fragwürdige Kompliment, dass man fließend Deutsch spreche.

Die Kehrseite der wohlwollenden Diskriminierung zeigt sich unter anderem darin, dass Fragende Ärger, Missverständnis und Ablehnung empfinden, wenn auf ihre vermeintlich positive Behandlung von den Befragten nicht dankbar und freundlich reagiert wird. Oder wenn die fragende Person beharrlich darauf besteht, dass wenn eine Äußerung oder Handlung nicht als Beleidigung oder Benachteiligung *gemeint* war, sie auch nicht so aufgefasst werden dürfe. Positive Einstellungen oder Überzeugungen gegenüber bestimmten Gruppen und ihren Mitgliedern zu hegen ist jedoch alles andere als ein Garant für Gleichbehandlung und auch kein persönlicher Nachweis für Toleranz und moralische Überlegenheit.

Aversive Vorurteile: Wie Toleranz zu Vermeidung und Benachteiligung führen kann

Ich gehe davon aus, dass es Ihnen bis hierher nicht besonders schwerfiel, an Äußerungen oder Handlungen anderer Personen zu denken, die in das Schema dieser modernen oder ambivalenten Vorurteile passen. Und vermutlich fällt es Ihnen bis hierher leicht, sich selbst von *modernen* oder *ambivalenten* Vorurteilen zu distanzieren. Am Ende geht es darum, bestehende Diskriminierung als solche anzuerkennen und auf gruppenbasierte Zuschreibungen zu verzichten, egal ob positive oder negative. Und genau das ist ja der Kern von Toleranz und Akzeptanz. Sein Leben an egalitären Normen auszurichten klingt nun nicht gerade nach einer moralischen Herausforderung, oder?

Tolerante und egalitäre Grundeinstellungen immunisieren uns jedoch nicht gegen Stereotype, Vorurteile und diskriminierendes Handeln – selbst dann nicht, wenn wir sie zu unseren innersten und wichtigsten Grundwerten zählen. Gleichheit und Fairness, Toleranz und Akzeptanz sind erst einmal recht abstrakte moralische Werte. Diese Werte leiten uns an, Diversität und Andersartigkeit zu respektieren und zu schätzen und offene Ablehnung, Feindseligkeit oder gar Hass gegenüber anderen, sowie offensichtliche Benachteiligung und Diskriminierung zu vermeiden bzw. uns aktiv dagegen einzusetzen. Wir sind auch gewillt, diese Werte als eigene Werte und innere Handlungsanweisungen anzunehmen und ihnen zu folgen.

In ihrer Theorie des aversiven Rassismus [22] nehmen die Sozialpsychologen Jack Dovidio und Sam Gaertner allerdings an, dass die meisten Menschen, die diesen moralischen Werten zustimmen, trotzdem vorurteilsbehaftete Gefühle und stereotype Überzeugungen gegenüber Menschen anderer Gruppen hegen. Der Grund liegt in normalen psychologischen Mechanismen: Wir denken in sozialen Kategorien und unser kategoriales Denken ist durch kulturelle Lernprozesse mit den in unserer Gesellschaft vorherrschenden Vorurteilen und Stereotypen gegenüber sozialen Gruppen gefüllt. Dieses Wissen beeinflusst unweigerlich unser Denken, Fühlen und Handeln – ob wir das wollen oder nicht und oft, ohne dass wir uns dessen im Klaren sind. Diese Einflüsse sind oft subtil und schwer zu erkennen. Denn sie wirken vor allem in mehrdeutigen und komplexen sozialen Situationen, werden von den handelnden Personen nicht beabsichtigt und sind unerwünscht. Dennoch haben sie oft diskriminierende Wirkung.

Allerdings zeigt sich diese Form des Rassismus weniger in offenen Äußerungen oder eindeutig benachteiligenden Handlungen. Im Gegenteil: In Situationen, in denen potenzielle Diskriminierungen eindeutig identifizierbar sind und eindeutig normativ unerwünscht sind, werden sie aktiv und bewusst vermieden. Und zwar nicht, um nach außen Normen der politischen Korrektheit zu entsprechen, sondern auch und vor allem aus der persönlichen Grundüberzeugung heraus, sich selbst von Gleichheit und Chancenfairness leiten zu lassen.

Allerdings sind Diskriminierungen meist subtil und oft nicht eindeutig als solche zu erkennen, nicht nur für die Handelnden, sondern auch für diejenigen, die davon betroffen sind. Diskriminierung passiert nämlich häufig dann, wenn Situationen mehrdeutig sind, wenn keine klaren Normen oder nur vage Verhaltensanweisungen verfügbar sind oder wenn die Situation uns potenzielle Gründe dafür liefert, Ungleichbehandlung zu rechtfertigen. Für jedes einzelne Verhalten kann es immer eine Vielzahl von guten Gründen und nachvollziehbaren Rechtfertigungen geben und dadurch fällt es schwer nachzuvollziehen, ob und auf welche Art und Weise die soziale Gruppenzugehörigkeit eine Rolle spielen könnte. Stattdessen verlassen wir uns auf unser Selbstbild als tolerante egalitäre Person und gehen davon aus, dass wir selbstverständlich nicht diskriminiert haben.

Wichtig hierbei ist: Es geht bei aversiven Vorurteilen nicht darum, dass wir andere absichtlich benachteiligen, wenn immer es möglich ist, uns das aber nur trauen, wenn wir dabei nicht erwischt werden können oder gute Ausreden parat haben (es mag Leute geben, die so handeln, aber die sollen uns jetzt gerade weniger interessieren). Im Gegenteil, es geht um oft subtile, vor allem aber *ungewollte* und *unbeabsichtigte* Denkmuster und Handlungen, die aus normalen psychologischen Mechanismen resultieren. Die Forschung zu modernen Formen von Stereotypen und Vorurteilen macht eines deutlich: Diskriminierung braucht keine explizit intolerant denkenden Menschen. Ein Großteil der kommenden Kapitel dieses Buches widmet sich der Erklärung der psychologischen Mechanismen des kategorialen Denkens, die ungewollten, unbeabsichtigten oder unbemerkten Diskriminierungen zugrunde liegen.

Unsere Selbstwahrnehmung steht nicht selten im Gegensatz zum eigenen Verhalten, das oft subtile, aber immanente Alltagsdiskriminierung sichtbar macht. Als Handelnde sind wir uns oft nicht im Klaren darüber, ob bzw. in welchem Ausmaß unser Handeln durch Stereotype und Vorurteile geleitet wurde und dass es diskriminierend sein könnte. Zusätzlich erschwert unser Selbstbild als fair und tolerant es uns, eigenes diskriminierendes Verhalten als ein solches zu erkennen und uns konstruktiv und selbstkritisch damit auseinanderzusetzen.

Ich halte es für sinnvoll, unsere Selbstwahrnehmungen als fair, tolerant und egalitär eingestellte Menschen erst einmal zu akzeptieren und zu bestärken. Wir sollten uns jedoch bewusst sein, dass Fairness und Toleranz erst einmal abstrakte Einstellungen und Vorsätze sind und dass wir diese mit mal mehr, mal weniger Erfolg in unserem konkreten Handeln umsetzen.

Genauso halte ich es für sinnvoll, solch eine Selbstwahrnehmung anderer anzuerkennen, auch wenn ich in ihren Äußerungen oder Verhaltensweisen Anzeichen moderner, ambivalenter oder aversiver Vorurteile zu erkennen glaube. Denn wenn unsere gesellschaftlichen Debatten vor allem daraus bestehen, andere mit einem moralisch erhobenen Zeigefinger des Fehlverhaltens zu überführen, führt das lediglich dazu, dass diese sich genötigt sehen, den unerwünschten Rassismus-, Sexismus- oder anderen -Ismus-Vorwurf von sich zu weisen und das eigene Verhalten zu rechtfertigen. So wird es schwer, eine Debatte anzustoßen, in der man beispielsweise über erlebte Diskriminierung sensibilisieren und aufklären könnte.

Für viel wichtiger halte ich die Einsicht, dass subtile Alltagsdiskriminierungen extrem häufig stattfinden und normal sind, da sie Nebenprodukte grundlegender Prozesse der normalen sozialen Informationsverarbeitung sind. Diese Prozesse bezeichne ich als normal, weil sie im

Alltag immer wieder bei vielen Menschen ablaufen, egal für wie tolerant und gleichberechtigend sie sich selbst halten. Und weil sie durch die grundlegende kategoriale Struktur unserer Gesellschaft gefördert und gefordert sind.

Wichtig ist mir dabei auch Folgendes: Die Tatsache, dass moderne Vorurteile weit verbreitet und normal sind, heißt weder, dass es keinen „traditionellen" Rassismus mehr gäbe, noch, dass offen rassistische und extremistische Einstellungen und Handlungen unproblematisch seien.

Die Erkenntnisse der sozialpsychologischen Forschung der letzten 25 Jahre helfen, das scheinbare Paradox der toleranten Gesellschaft zu einem Teil aufzulösen: Auch wenn wir als Mehrheit unserer Gesellschaft tolerante Grundwerte haben und Ungleichbehandlung und Benachteiligung ablehnen, so ist unser Denken, Fühlen und Handeln trotzdem von Stereotypen und Vorurteilen beeinflusst. Auch wenn es meinem Selbstbild und -ideal widerspricht, muss ich einsehen und anerkennen, dass ich nicht frei von Stereotypen und Vorurteilen bin.

Einen zweiten Teil der Auflösung des Paradoxons liefern übrigens andere Disziplinen, vor allem die soziologische und kulturwissenschaftliche Forschung. Sie zeigt auf, dass historisch begründete gesellschaftliche Strukturen, Institutionen und deren Regelungen zu systematischer Ungleichbehandlung führen, die weitgehend unabhängig von den Einstellungen und Absichten des Einzelnen sind [23].

Das Ziel dieses Buches ist es, die Erkenntnisse der *sozialpsychologischen* Forschung darzustellen, die zu der Einsicht führen, dass Stereotype, Vorurteile und diskriminierende Handlungen Konsequenz des normalen menschlichen Denkens sind. Wir werden uns damit beschäftigen, was es eigentlich heißt, in Schubladen zu denken. Dafür betrachten wir genauer, wie unser Gehirn soziale Informationen speichert und verarbeitet. Wir schauen uns genauer an, wie unser Gehirn hochkomplexe

Wissensstrukturen über soziale Gruppen anlegt und aus welchen Sozialisationserfahrungen und sozialen Identitäts-prozessen diese Strukturen gespeist werden. Wir schauen uns genauer an, welche Informationsverarbeitungsprozesse dazu führen, dass Stereotype und Vorurteile unser Wahr-nehmen, Urteilen und Handeln beeinflussen. Letztend-lich beschäftigen wir uns auch damit, warum Stereotype und vorurteilsbehaftetes Denken nicht einfach mit Selbst-disziplin in Schach gehalten werden oder verlernt werden können – und betrachten Strategien, die tatsächlich erfolg-versprechend für den Abbau von Diskriminierung und Ungleichbehandlung sein können. Zuvor möchte ich jedoch zwei Aspekte betrachten, die in Debatten und Dis-kussionen um Vorurteile, Stereotype und Diskriminierung immer wieder eine Rolle spielen, vor allem, weil es dazu viele hobby-psychologischen Annahmen gibt, die sich wissenschaftlich nicht immer halten lassen. In Kap. 3 betrachte ich daher Forschung zu vorurteilsbehafteten Persönlichkeit, in Kap. 4 diskutiere ich, ob Stereotype und Vorurteile nicht doch irgendwie immer ein Körnchen Wahrheit beinhalten und ob das eigentlich relevant ist.

3

Wer hat Vorurteile? Oder: Gibt es eine vorurteilsbehaftete Persönlichkeit?

Wenn wir an Menschen mit Vorurteilen denken, kommen uns meist ganz bestimmte Bilder in den Kopf. Überlegen Sie einmal kurz: Wer hegt Vorurteile und wer nicht?

Die Annahme, dass vor allem bestimmte Personen zu intoleranten Einstellungen und diskriminierendem Verhalten neigen, ist weitverbreitet. So nehmen wir häufig an, dass Personen, die offen Stereotype und Vorurteile äußern, dumm, naiv oder ungebildet sind. In politischen Debatten wird dann oft von „einfachen" Menschen gesprochen, die von „hohlen Sprücheklopfern verführt" wurden oder „Rattenfängern ins Netz" gegangen sind und denen Bildung, Erfahrung, Weitsichtigkeit oder Fähigkeit fehlt, um über den eigenen Tellerrand hinauszuschauen. Nennen wir das einfachheitshalber die „Tellerranderklärung".

Alternativ dazu findet sich auch die Erklärung, dass es sich um besonders ängstliche, frustrierte oder von eigenen Minderwertigkeitskomplexen geplagte Menschen handele.

© Springer-Verlag GmbH Deutschland, ein Teil von Springer Nature 2022
J. Degner, *Vorurteile*,
https://doi.org/10.1007/978-3-662-60572-1_3

Oft wird dann von „sozial Abgehängten", „Frustrierten" oder „Wutbürgern" gesprochen. Bestimmte Parteien werden als „Partei der Ängstlichen" bezeichnet. Oder es wird angenommen, dass Sexismus nur ein Problem von Männern sei, die den Macker raushängen lassen müssen, um sich ihre eigene Männlichkeit zu beweisen. Nennen wir das einfachheitshalber die „Angsthasenerklärung".

Und dann gibt es noch die allereinfachste Erklärung, dass Menschen mit Vorurteilen und Stereotypen einfach grundlegend fies und bösartig sind oder ihnen die Fähigkeit zu Mitgefühl und Sympathie fehlt. Nennen wir das einfachheitshalber die „Fieslingserklärung".

In den sozialen Medien kochen auch in Deutschland seit einigen Jahren die Debatten hoch. Und auch hier spiegeln sich die Annahmen der Tellerrand-, Angsthasen- und Fieslingserklärungen wider – nur werden oft weniger höfliche Begriffe benutzt.

In all diesen Äußerungen finden sich gemeinsame Grundannahmen darüber, wer warum zu Vorurteilen und Stereotypen neigt: Das hat was mit Intelligenz und Bildung zu tun, mit Erfahrungen und der Weite des eigenen Horizonts und mit Charakter, nämlich damit, ob man grundsätzlich ein empathischer, netter und hilfsbereiter Mensch ist oder gemein, egoistisch oder gar narzisstisch ist.

Ist das so? Gibt es so etwas wie eine tolerante oder intolerante Persönlichkeit? Gibt es Personeneigenschaften, die beeinflussen oder gar bestimmen, wer eher zu Vorurteilen und Diskriminierung neigt und wer nicht? Und wenn ja, wie lässt sich das erklären?

Vorurteile, Persönlichkeit und Intelligenz

Eine Vielzahl an groß angelegten und repräsentativen psychologischen Studien zeigt ein konsistentes Ergebnis: Wer offen rassistische und fremdenfeindliche Einstellungen äußert, neigt auch oft dazu, sich sexistisch, antisemitisch und islamfeindlich zu äußern oder Feindseligkeit gegenüber Homosexuellen, Obdachlosen und Personen mit Behinderung auszudrücken. Negative Bewertungen gegenüber verschiedenen sozialen Gruppen hängen also oft miteinander zusammen [24]. Der Soziologe und Konfliktforscher Wilhelm Heitmeyer hat dafür den Begriff der *gruppenbezogenen Menschenfeindlichkeit* geprägt [25], der sich mittlerweile auch im Alltagssprachgebrauch und in politischen Debatten durchgesetzt hat. Er meint damit ein ganzes Syndrom generell abwertender und ausgrenzender Einstellungen gegenüber Menschen aufgrund ihrer Zugehörigkeit zu sozialen Gruppen, die als ungleichwertig zur eigenen Person oder eigenen Gruppe empfunden werden.

Dieser Befund stützt grundlegend die Annahme, dass es so etwas wie eine „vorurteilsbehaftete Persönlichkeit" gibt, scheint es doch bestimmte Personen zu geben, die generell eher Feindseligkeit gegenüber stigmatisierten Gruppen empfinden, und andere, die das nicht tun. Wenn es also eine Neigung bei bestimmten Personen gibt, gruppenbezogene Feindseligkeit zu empfinden, dann liegt die Frage nahe, *warum* diese Personen solch generell abwertende und feindselige Einstellungen hegen. Ist es, weil es ihnen an Intelligenz oder Bildung mangelt - die Tellerranderklärung? Oder zeichnen sie sich durch andere Personeneigenschaften wie mangelnde Offenheit oder hohe Ängstlichkeit aus - die Angsthasenerklärung? Oder sind sie generell einfach unverträgliche Menschen - die Fieslingserklärung?

Tatsächlich sind dies Fragen, die auch Forschende in der Sozial- und Persönlichkeitspsychologie umtreiben und die in zahlreichen groß angelegten und repräsentativen Studien untersucht wurden. Meist wird darin über Fragebögen oder Interviews abgefragt, inwiefern Personen feindseligen Aussagen über verschiedene negativ stigmatisierte Gruppen zustimmen. Zusätzlich füllen die Befragten Persönlichkeitsfragebögen aus, geben ihr Bildungsniveau an und/oder bearbeiteten Intelligenzaufgaben. Für die Auswertung berechnen die Forschenden zuerst einen generalisierten Vorurteilsindex, der sich aus den Einstellungen gegenüber allen getesteten Gruppen zusammensetzt. Anhand dieses Index lassen sich Personen als relativ hoch versus niedrig vorurteilsbehaftet einordnen und es lässt sich untersuchen, ob diese Neigung mit anderen Personeneigenschaften zusammenhängt.

Die Ergebnisse solcher Studien zeigen in der Tat oft signifikante statistische Zusammenhänge: Menschen, bei denen ein geringerer Intelligenzquotient oder geringere kognitive Fähigkeiten gemessen wurden und/oder die ein niedrigeres Bildungsniveau haben, neigen tatsächlich stärker dazu, negative Einstellungen gegenüber Mitgliedern anderer Gruppen zu äußern, vor allem gegenüber ethnischen Minoritäten [26, 27]. Auch wurden wiederholt Zusammenhänge zu basalen Persönlichkeitsdimensionen beobachtet: Menschen, die geringere Offenheit und Aufgeschlossenheit für neue Erfahrungen aufweisen oder allgemein geringere Verträglichkeit im Sinne von Rücksichtnahme, Kooperationsbereitschaft, und Empathie aufweisen, neigen eher zu generalisierten Vorurteilen als Menschen mit hoher Offenheit und hoher Verträglichkeit. Neigung zu emotionaler Labilität oder Ängstlichkeit zeigen sich übrigens durchweg als *nicht* mit Vorurteilen assoziiert – es findet sich also keinerlei Anzeichen dafür, dass „die Ängstlichen" stärker zu Stereotypen und Vorurteilen neigen als andere [28].

Sowohl kognitive Fähigkeiten und Intelligenz als auch Persönlichkeitseigenschaften wie Offenheit und Verträglichkeit gelten generell über die Lebensspanne hinweg als eher stabil und in gewissem Maße auch als angeboren. Daher legen die oben genannten Forschungsbefunde auf den ersten Blick durchaus nahe, dass es bestimmte Menschen gibt, die aufgrund ihres angeborenen Temperaments mehr oder weniger dazu neigen, anderen Gruppen gegenüber Ressentiments zu hegen oder Intoleranz zu empfinden.

Wie lässt sich das erklären?

Wie könnten solche Zusammenhänge zustande kommen? Ist geringe Intelligenz eine *Ursache* für die Entstehung von Vorurteilen? Menschen mit geringeren Denkfähigkeiten mögen sich womöglich von der Komplexität der Welt leichter überfordert oder bedroht fühlen und vereinfachen daher ihre soziale Welt unter anderem durch die Ablehnung von Diversität und Fremdheit. Auch haben Menschen mit geringeren kognitiven Fähigkeiten meist weniger Zugang zu Bildung und sammeln daher weniger Wissen und Erfahrungen, die ihren Horizont erweitern und Toleranz und Akzeptanz von Andersartigkeit fördern – das könnte doch eine Erklärung sein. Auch die persönliche Ausprägung von höherer oder geringerer Offenheit könnte Menschen mehr oder weniger dazu prädestinieren, diverse Erfahrungen zu sammeln und Toleranz zu entwickeln. Und wer generell mit geringer Verträglichkeit und Empathie ausgestattet ist, der begegnet empfundener Fremdheit und Fremden eben noch negativer als anderen Menschen.

Das sind in ihrer Einfachheit recht überzeugende Erklärungsmuster, die gut zu unseren alltagspsychologischen Annahmen der Tellerand-, Angsthasen- und Fieslingstheorien passen. Und genau darum will ich diese Befunde als auch ihre Erklärungen etwas genauer unter die Lupe nehmen.

Um den Wert dieser Erklärungsmuster beurteilen zu können, müssen wir allerdings zuerst zwei kurze Ausflüge in die Grundlagen der Statistik machen. Nur wenn man versteht, wie sozialwissenschaftliche Daten statistisch ausgewertet und interpretiert werden, kann man nachvollziehen, welche Schlussfolgerungen aus den oben aufgezählten Ergebnissen wirklich gerechtfertigt sind. So ist es zum Beispiel nicht nur informativ, *ob* es einen signifikanten Zusammenhang zwischen zwei Variablen wie der Vorurteilsneigung und dem Intelligenzquotienten von Personen gibt, sondern vor allem auch, *wie groß* dieser Zusammenhang ist. Zum Zweiten ist es relevant, ob ein beobachteter Zusammenhang als *ursächlich* interpretiert werden kann. Schauen wir uns das einmal im Einzelnen an.

Ausflug in die Statistik (1): Größe von Zusammenhängen

Die Größe eines Zusammenhangs beschreibt, vereinfachend dargestellt, den Informationswert dieses Zusammenhangs: Wie gut lässt sich die Variable X (zum Beispiel Vorurteile) durch die Variable Y (zum Beispiel Intelligenzquotient) vorhersagen? Dies wird anhand eines Korrelationskoeffizienten ausgedrückt, dessen absoluter Wert zwischen 0 und 1 liegen kann. Nimmt dieser Koeffizient den Wert 0 an, so gibt es keinen Zusammenhang, Variable X und Y sind also unabhängig voneinander. Nimmt ein Zusammenhang den Wert 1 an, so kann ich aus Variable X perfekt vorhersagen, welchen Wert Variable Y annimmt. So lassen sich positive Zusammenhänge (je größer X, desto größer Y), aber auch negative Zusammenhänge (je größer X, desto kleiner Y) einordnen.

Wie sieht das nun in der Vorurteilsforschung aus? Generell fallen alle beobachteten statistischen Zusammenhänge relativ klein aus. Für den Zusammenhang von Intelligenzmessungen und Vorurteilen liegen die Korrelationskoeffizienten um die 0.2; für Persönlichkeitseigenschaften wie Offenheit und Verträglichkeit rangieren sie üblicherweise zwischen 0.15 und 0.35. Es handelt sich also um kleine Effekte, also alles andere als hoch informative Zusammenhänge.

Was das bedeutet, wird in Abb. 3.1 sichtbar, ein sogenanntes Streudiagramm, das zeigt, wie die Verteilung von Datenpunkten einer Stichprobe aussehen würde, wenn zwei Variablen einen statistischen Zusammenhang mit einer kleinen Effektgröße von 0.25 haben [29]. Es handelt sich dabei um fiktive Daten. Auf der Y-Achse ist der Vorurteilsindex jeder Person abgetragen, die an unserer fiktiven Studie teilgenommen hat, auf der X-Achse ihr Intelligenzquotient. Jeder Punkt repräsentiert also eine

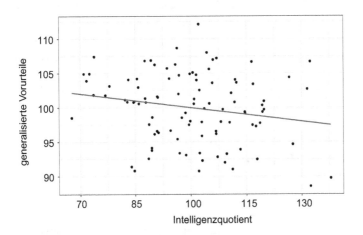

Abb. 3.1 Illustration eines statistischen Zusammenhanges zwischen Vorurteilsmessung und Intelligenzquotienten (fiktive Daten)

von 100 fiktiven Personen als Kombination ihres fiktiven Intelligenzquotienten (IQ) und ihres fiktiven Vorurteils- niveaus. Die durchgezogene Linie repräsentiert den Zusammenhang der beiden Variablen.

Wie an der durch die Punktewolke verlaufenden Geraden erkennbar, gibt es einen negativen Zusammenhang zwischen IQ und Vorurteilswert: Personen mit höherem IQ weisen *im Mittel* geringere Vorurteilswerte auf als Personen mit geringerem IQ. Die Größe des Zusammenhangs wird vor allem aus der Steigung der durchgezogenen Geraden ersichtlich. Aber wie man auch deutlich erkennt, ordnen sich die Personen nicht genau an der Linie an und es gibt ziemlich viel Gewusel ober- und unterhalb der Geraden: Da gibt es nicht wenige Personen mit relativ hoher Intelligenz, die relativ starke Vorurteile äußern, und umgekehrt eine Menge an Personen mit geringerer Intelligenz, die geringe oder keine Vorurteile äußern. Bei solch kleinen Zusammen- hängen können wir also aus der Intelligenz oder anderen Eigenschaften einer Person nur in geringem Ausmaß bzw. eingeschränkter Wahrscheinlichkeit vorhersagen, wie stark sie Vorurteilen zustimmt. Vor allem lässt sich daraus nicht schließen, dass hohe und geringe Intelligenz, Offenheit oder Verträglichkeit *dominante Ursachen* für Vorurteile sein können, denn dann müssten diese Zusammenhänge deut- lich stärker ausfallen.

Ausflug in die Statistik (2): Interpretation von Zusammenhängen

Selbst wenn die Forschung einen stärkeren statistisch signifikanten Zusammenhang finden würde, könnte daraus nicht direkt auf einen *ursächlichen* Zusammen- hang geschlossen werden – dies wäre im besten Fall eine Überinterpretation, im schlimmsten Falle eine Fehlinter- pretation der Datenlage.

Dies lässt sich an einem einfachen Beispiel erklären. So gibt es in Urlaubsorten zum Beispiel einen statistisch signifikanten Zusammenhang zwischen Eiskonsum und Sonnenbrand: Je größer der Eiskonsum, desto höher die Wahrscheinlichkeit, einen Sonnenbrand zu bekommen. Das würden wir aber nicht ursächlich interpretieren, also dass man vom Eisessen Sonnenbrand bekäme oder gar, dass sich Sonnenbrand durch den Verzicht auf ein leckeres Eis verhindern ließe. Der Zusammenhang lässt sich durch eine simple Drittvariable erklären, den Sonnenschein. Bei Sonnenschein essen Menschen mehr Eis, bekommen aber auch öfter einen Sonnenbrand.

Leider neigen wir dazu, Zusammenhänge vorschnell als ursächlich zu interpretieren; auch Forschenden unterläuft dieser Fehler mitunter. Das impliziert auch, dass die oben beschriebenen Zusammenhänge zwischen Intelligenz, Bildungsniveau oder Persönlichkeitseigenschaften und generalisierten Vorurteilen nicht direkt ursächlich verstanden werden können. Im Gegenteil: Wir wissen aus der Forschung, dass die schwachen Zusammenhänge zwischen Vorurteilen, Persönlichkeitseigenschaften und Intelligenz durch Drittvariablen erklärt werden können. In diesem Fall sind es zwei Arten von Weltanschauungen. Es ist also nicht die hohe oder geringe Intelligenz, Bildung oder Offenheit, die jemanden tolerant oder intolerant werden lässt, sondern Menschen unterscheiden sich darin, ob sie bestimmten Weltanschauungen zustimmen, und diese wiederum hängen sowohl mit ihrer Persönlichkeit als auch mit ihren Vorurteilsneigungen zusammen. Personen mit geringeren kognitiven Fähigkeiten und geringerer Offenheit haben eine höhere Neigung, konservativen Grundeinstellungen zuzustimmen; vor allem tendieren sie zu Dominanzorientierung und autoritären Einstellungen. Soziale Dominanzorientierung bezieht sich auf die generelle Haltung zu Beziehungen zwischen sozialen

Gruppen. Hier unterscheiden sich Menschen darin, ob sie eher gleichgestellte, egalitäre oder im Gegensatz dazu abgestufte, hierarchische Beziehungen mit klarer Über- und Unterordnung von Gruppen auf einer sozialen Leiter bevorzugen. Autoritarismus beschreibt die Bereitschaft, Autorität (zum Beispiel von Institutionen, Respektspersonen, Würdenträgern oder Experten) als etabliert und legitim anzusehen und sich ihr unterzuordnen. Menschen mit autoritären Einstellungen sind eher bereit, sich selbst an gesellschaftliche Konventionen und Normen zu halten und davon abweichenden Menschen feindselig bzw. strafend gegenüberzutreten.

Warum ist das wichtig zu wissen?

Man könnte argumentieren, dass die Forschung zu Drittvariablen im Ende nur eine Personeneigenschaft (zum Beispiel Intelligenz) durch eine andere (zum Beispiel sozial-dominante Weltanschauung) ersetzt. Allerdings gibt es hier einen wichtigen Unterschied: Intelligenz und Persönlichkeit sind relativ stabile Eigenschaften von Personen, Unterschiede zwischen Personen sind teilweise genetisch bedingt und wir haben nur eingeschränkt Einfluss darauf, dass bzw. wie sie sich verändern. Weltanschauungen oder Ideologien hingegen sind Einstellungsmuster, die erlernt werden, veränderbar sind und auf soziale Kontexteffekte reagieren. Personen stimmen solchen Weltanschauungen zu unterschiedlichen Zeiten und in unterschiedlichen Situationen in verschiedenem Ausmaß zu, und das spricht eher *gegen* die Annahme von stabilen vorurteilsbehafteten Persönlichkeiten. Im Gegenteil, Gesellschaften und soziale Normen, die eine soziale Dominanzorientierung und Autoritarismus fördern, fördern auch Intoleranz und Diskriminierung.

Was wir noch beachten sollten

Die aktuelle Forschung liefert noch einen weiteren Grund, warum wir die allgemeine Vorurteilsneigung von Personen nicht als Persönlichkeitseigenschaft betrachten sollten. Zu Erläuterung muss ich wiederum ein wenig ausholen: In der klassischen Forschung zu gruppenbasierter Feindseligkeit werden üblicherweise Vorurteile und Stereotype gegenüber bestimmten Gruppen erfasst, vor allem gegenüber benachteiligten Gruppen und Minoritätem mit geringem gesellschaftlichem Status. Das ist nachvollziehbar, denn darin spiegelt sich unser gesellschaftliches Interesse wider, Benachteiligungen zu verstehen und abzubauen.

Allerdings sollte man sich vor Augen halten, dass sich daher nur eingeschränkt Schlussfolgerungen zu *generellen* zugrunde liegenden psychologischen Mechanismen ziehen lassen. In aktuellen Studien [30] zeigt sich nämlich, dass Menschen mit hoher Intelligenz genauso viele und genauso negative Vorurteile hegen wie Menschen mit geringer Intelligenz. Der Unterschied zwischen „Dummen" und „Schlauen" liegt lediglich darin, gegenüber *welchen Gruppen* die Vorurteile gehegt werden: Während Menschen mit geringerer Intelligenz vor allem Ressentiments gegenüber ethnischen Minderheiten hegten, wandten sich Menschen mit höherer Intelligenz beispielsweise stark gegen Konservative, Manager und Großunternehmer, christliche Fundamentalisten oder Militärs.

Ein ähnliches Ergebnis zeigte sich auch im Zusammenhang mit der Persönlichkeitseigenschaft Offenheit [31]: Menschen mit geringer Offenheit für neue Erfahrungen äußern sich eher negativ gegenüber Gruppen mit geringem Status und liberalen Normen. Menschen mit hoher Offenheit dagegen äußern eher negative Einstellungen gegenüber Gruppen mit hohem Status und konservativen Werten. Es zeigt sich also, dass so gut wie *alle* Personen dazu neigen, Vorurteile gegenüber Gruppen zu empfinden, und zwar umso mehr, je unähnlicher sie diese Gruppen in ihren Werten und Überzeugungen zu den eigenen Werten und Überzeugungen sehen [32, 33].

Wenn aber weder Intelligenz noch Offenheit einen Einfluss darauf hat, *ob* jemand Vorurteile hat, sondern nur darauf, *gegenüber wem* jemand Vorurteile hat, dann können Intelligenz und Offenheit keine gute Erklärung für die Entstehung von Vorurteilen bieten. Diese Ergebnisse weisen also darauf hin, dass weder eine geringe Denkfähigkeit noch eine geringe Offenheit für Erfahrungen *Ursache* für die Bildung von negativen Vorurteilen über soziale Gruppen sein kann. Sowohl unsere Tellerrand-, als auch die Angsthasen-Erklärung lassen sich also eher verwerfen und es ist also weder die allgemeine Denkfähigkeit noch eine bestimmte Persönlichkeit, die Menschen „anfällig" dafür macht, Vorurteile und Stereotype gegenüber Gruppen zu empfinden.

Die einzige Personeneigenschaft, die Vorhersagen erlaubt, wer mehr und wer weniger Vorurteile hegt, ist die allgemeine Verträglichkeit. Wer generell kaum jemanden leiden kann, wenig kooperationsfreudig ist und wenig Empathie für andere empfindet, empfindet so eben nicht nur gegenüber Einzelpersonen, sondern auch gegenüber Mitgliedern aller sozialer Gruppen. An der Fieslingserklärung ist also doch etwas dran, allerdings ist gerade der Zusammenhang zwischen Vorurteilen und Verträglichkeit sehr klein, entsprechend klein ist der Erklärungswert dieser „Theorie".

Warum wir einfache trotzdem Erklärungsmuster lieben

Zusammenfassend zeigt die Forschung zwar, dass Vorurteile gegenüber Mitgliedern von Minoritäten bzw. stigmatisierten Gruppen mit bestimmten Persönlichkeitseigenschaften, Intelligenz und dem Bildungsniveau einer Person zusammenhängen. Wir wissen aber auch, dass diese Zusammenhänge klein sind und nicht ursächlich interpretiert werden können.

Allgemeine Annahmen, Personen seien vorurteilsbehaftet, *weil* sie dumm, naiv oder ungebildet, ängstlich, frustriert, fies oder gemein seien, sind viel zu vereinfachende Erklärungsmuster. Trotzdem nutzen wir sie im Alltag gern und häufig. Das hat sicher auch damit zu tun, dass solche Erklärungsmuster der Bestätigung unseres Selbstwertgefühles dienen: Wir selbst sehen uns ja üblicherweise als schlau, offen, verständig und verträglich an. Nicht nur das, wir neigen meist sogar dazu, uns als *überdurchschnittlich* schlau, offen, verständig und verträglich anzusehen. Zumindest sind wir uns sicher, dass wir weder dumm und naiv, ängstlich und frustriert oder fies und gemein sind. Wenn wir Stereotype und Vorurteile auf solche unerwünschten Charaktereigenschaften anderer schieben, können wir das als Garant dafür nutzen, dass wir zu „den Guten" gehören, wir sind nämlich keine Dummköpfe, Angsthasen oder Fieslinge, und wir brauchen daher auch nicht weiter über unser eigenes Urteilen und Handeln nachzudenken. Solche vereinfachenden Erklärungsmuster sind auch in gesellschaftlichen Debatten sehr bequem, denn es macht es so schön einfach, mit dem Finger auf andere zu zeigen. Statt ein spezifisches Verhalten anderer beispielsweise als rassistisch oder sexistisch zu verurteilen, wird häufig die handelnde Person als

Rassist oder Sexist bezeichnet. Wir erklären ihr Verhalten also zu ihrer Charaktereigenschaft und stellen die gesamte Person an den Pranger. Nicht erstaunlich auch, dass ein Vorwurf, sich rassistisch oder sexistisch verhalten zu haben, oft mit Charakterzeugnissen abgewehrt wird. Dann beteuern Bekannte, Freund:innen oder Kolleg:innen, dass es gar nicht vorstellbar sei, dass XYZ ein Rassist oder Sexist sein könnte, weil er oder sie ja ein allgemein überaus netter, aufgeschlossener, fairer und freundlicher Mensch sei. Wenn wir aber primär damit beschäftigt sind, die moralische Unangreifbarkeit unseres Charakters zu verteidigen, hindert uns das daran, uns wirklich mit der Bedeutung unseres Denkens und Handelns auseinanderzusetzen, eigene Fehler einzusehen und einzugestehen und uns zu verändern. Für echtes Verständnis und gesellschaftliche Veränderung ist das jedoch wenig hilfreich.

4

Das Körnchen Wahrheit (?)

Es ist eine weitverbreitete alltagspsychologische Grundannahme über Stereotype und Vorurteile, dass diese vor
allem deshalb schädlich sind, weil sie nachweisbar falsch
sind. Oder zumindest, weil sie unberechtigte Übergeneralisierungen enthalten. Definieren wir Vorurteile in
diesem Sinne als unüberlegte oder unzutreffende Vorverurteilungen, ergibt sich daraus auch eine recht einfache
Maßnahme, um gegen Vorurteile vorzugehen: Aufklärung
und Richtigstellung.

Wenn wir Vorurteile und Stereotype widerlegen und
richtigstellen, und unser zukünftiges Urteilen und Handeln
gegenüber anderen Menschen also auf korrektem Wissen
über soziale Gruppen beruht, können wir Ungleichbehandlung und Benachteiligung vermeiden, so die Annahme.
Nun gibt es aber echte, messbare und nachweisbare Unterschiede zwischen sozialen Gruppen. Und natürlich bilden
sich diese Unterschiede auch in unseren Einstellungen und

© Springer-Verlag GmbH Deutschland, ein Teil von Springer
Nature 2022
J. Degner, *Vorurteile*,
https://doi.org/10.1007/978-3-662-60572-1_4

Überzeugungen diesen Gruppen gegenüber ab. Sind das dann korrekte Urteile und Einstellungen, die wir gar nicht als Stereotype und Vorurteile bezeichnen sollten?

Mit dem relativen Wahrheitsgehalt von Stereotypen und Vorurteilen zu argumentieren ist aus mehreren Gründen schwierig. Erstens lässt sich oft nicht oder nur sehr schwer feststellen, ob bzw. in welchem Ausmaß ein Stereotyp oder ein Vorurteil tatsächlich zutrifft. Das ist für wissenschaftliche Studien bereits eine Herausforderung, für unsere Alltagsbeobachtungen quasi unmöglich.

Zweitens sind echte Unterschiede zwischen Gruppen meist deutlich kleiner, als wir glauben. Nicht nur das; oft sind die Unterschiede zwischen Gruppen deutlich kleiner als die Unterschiede zwischen einzelnen Personen innerhalb dieser Gruppen – was den meisten Menschen schwerfällt zu verarbeiten.

Schauen uns diese zwei Aspekte etwas genauer an.

Lässt sich der Wahrheitsgehalt von Stereotypen überprüfen?

Prinzipiell schon. Verlassen Sie sich dabei aber bitte nicht auf Alltagsbeobachtungen, die tendieren zu Ungenauigkeiten. Gehen Sie die Sache systematisch an. Um zum Beispiel das einfache Klischee zu überprüfen, dass Männer besser einparken könnten als Frauen, führen Sie am besten eine „kleine" Beobachtungsstudie durch. Dafür beobachten Sie eine repräsentative, aber zufällig gezogene große Menge an Männern und Frauen in verschiedenen repräsentativen Verkehrssituationen beim Einparken. Vorher müssen Sie natürlich nachvollziehbare und objektiv erfassbare Kriterien definieren, was gutes von schlechtem Einparken unterscheidet: die benötigte

Zeit zum Einparken gemessen in Sekunden? Die Anzahl
der benötigten „Züge", um eine ideale Parkposition zu
erreichen? Die durchschnittliche Anzahl von Fahrzeug-
beschädigungen oder der Absolutwert der dabei ver-
ursachten Reparaturkosten? Der subjektiv empfundene
Stress von Beifahrer:innen? Der mittlere Grad an Genervt-
heit bei anderen Verkehrsteilnehmenden?

Idealerweise sollten Sie ein Kriterium finden, das allgemein als Indikator guter Einparkkünste anerkannt
wird; in der psychologischen Methodenausbildung wird
das als *abhängige Variable* bezeichnet. Diese messen Sie
dann, möglichst objektiv und durch unvoreingenommene
Beobachtende. Aus diesen Messungen bilden Sie dann
den Mittelwert des Einpark-Qualitäts-Kriteriums für alle
Frauen und für alle Männer und vergleichen, ob sich diese
Mittelwerte unterscheiden oder nicht. Hilfreich dafür ist
ein gutes Verständnis von Statistik (wie es beispielsweise
als Teil des Psychologiestudiums vermittelt wird).

Wichtig ist hierbei, dass Sie möglichst objektiv und
systematisch vorgehen, denn wenn Sie sich einfach auf
Alltagsbeobachtungen verlassen, ist das Risiko hoch, dass
es zu verzerrten Ergebnissen kommt. So müssen Sie beispielsweise bei der Auswahl Ihrer Versuchspersonen darauf
achten, dass Sie tatsächlich vergleichbar sind, nicht dass
sich unter den beobachteten Männern versehentlich mehr
Fahranfänger und unter den beobachteten Frauen dafür
mehr erfahrene Berufsfahrerinnen sind. Sie sollten auch
nicht versehentlich die eine Gruppe im großstädtischen
Berufsverkehr und die andere Gruppe samstagvormittags
auf der Landstraße beobachten – auch das könnte zu Verzerrungen führen. Und natürlich, sollten die Personen,
die die Messung vornehmen keine spezifischen Ergeb-
niserwartungen haben, zum Beispiel, weil sie die Überzeugung teilen, dass Männer bessere Auto-Einparker
sind als Frauen, oder weil sie im Gegenteil am liebsten

beweisen wollen, dass dem gerade nicht so ist. Solche Erwartungen könnten beispielsweise beeinflussen, wie genau die Beobachtenden beim Bedienen der Stoppuhr sind [256]. Bei der Durchführung von Verhaltensbeobachtungen gibt es viele Möglichkeiten, gewollt oder ungewollt verzerrte Testergebnisse zu produzieren. Das notwendige Maß an Objektivität ist auch für professionelle Forschende in den Sozialwissenschaften immer wieder eine große Herausforderung. Prinzipiell sind solche Beobachtungen aber möglich.

Was bedeuten echte Gruppenunterschiede?

Wenn Sie Ihre Beobachtungsergebnisse vorliegen haben, können Sie daraus eine Aussage über den Unterschied zwischen den zwei beobachteten Gruppen treffen, also zum Beispiel ob die beobachteten Männer anhand Ihrer objektiv erfassten Einpark-Qualitäts-Kriterien tatsächlich signifikant – also überzufällig häufig – besser eingeparkt haben als die beobachteten Frauen und ob das für alle oder nur für bestimmte Verkehrssituationen gilt. Und schon wissen Sie, ob das Vorurteil wahr oder falsch ist. Oder?

So einfach ist es dann eben doch nicht. Mittelwertsvergleiche zu interpretieren bedeutet nämlich mehr, als nur abzulesen, ob einer größer oder kleiner als der andere ist.

Im einfachsten und eindeutigsten Fall beobachten Sie einen Unterschied, der für *alle* Mitglieder der zwei Gruppen zutrifft. Wenn beispielsweise alle beobachteten Männer genau 2 Sekunden schneller eingeparkt haben als alle beobachteten Frauen und Sie die von Ihnen beobachteten Männer und Frauen für repräsentativ für die autofahrenden Männer und Frauen dieser Welt halten, können Sie schließen, dass Männer schneller einparken als Frauen. Mir sind allerdings keinerlei Unterschiede zwischen sozialen Gruppen bekannt, die dieses Kriterium erfüllen und tatsächlich auf *alle* Gruppenmitglieder zutreffen.

Üblicherweise gibt es auch innerhalb von Gruppen Unterschiede und zwischen Gruppen gibt es Gemeinsamkeiten. Verdeutlichen wir uns das an einem Unterschied zwischen Männern und Frauen, der sich leicht objektiv feststellen lässt: Männer sind üblicherweise größer als Frauen. Männer in Deutschland sind im Mittel 1,80 m groß, Frauen im Mittel 1,65 m; der mittlere Größenunterschied beträgt also 15 cm [34]. In der Statistik lässt sich ein solcher Unterschied anhand der sogenannten Effektstärke beschreiben: Damit können wir nämlich zusätzlich beurteilen, wie relevant so ein Unterschied tatsächlich ist [35]. Der Gruppenvergleich der Körpergrößen von Männern und Frauen ergibt beispielsweise eine Effektstärke von Cohens $d = 1.72$. Schauen wir uns diesen Unterschied einmal grafisch in Abb. 4.1 an [36].

In der Abbildung sind die Häufigkeitsverteilungen der Körpergrößen einer großen Stichprobe aus Männern und Frauen illustriert. Auf der X-Achse ist die Körpergröße

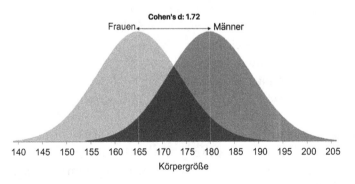

Abb. 4.1 Effektstärken der Mittelwertsvergleiche zwischen Männern und Frauen in der Körpergröße

abgetragen und anhand der Y-Achse lässt sich die relative Menge von Personen ablesen, bei denen eine bestimmte Körpergröße gemessen wurde.

Wenig überraschend ist, dass nicht alle Frauen und auch nicht alle Männer gleich groß sind, die Körpergröße variiert zwischen einzelnen Personen und ihre Verteilung nimmt eine Glockenform an, eine sogenannte Normalverteilung. Und vermutlich sind Sie auch nicht erstaunt darüber, dass sich diese Verteilungen überlappen, denn es gibt einige große Frauen, die größer sind als einige Männer bzw. einige kleine Männer, die kleiner sind als einige Frauen. Der beobachtete Effekt für den Gruppenunterschied zwischen Männern und Frauen gilt trotz dieser Überlappung als *groß*. Sie können daraus beispielsweise ableiten, dass die Wahrscheinlichkeit hoch ist, dass irgendein zufällig ausgewählter Mann größer ist als irgendeine zufällig ausgewählte Frau (die Wahrscheinlichkeit beträgt 89 %, um genau zu sein) oder dass 96 % aller Männer größer sind als eine durchschnittlich große Frau. Wenn unsere Stereotype über Männer und Frauen also beinhalten, dass die einen größer sind als die anderen, so sind diese *relativ richtig* und erlauben uns *relativ akkurate* Vorhersagen. Allerdings wäre dieses Stereotyp natürlich nicht hundertprozentig richtig, denn es gibt ja nicht wenige Frauen, die gleich groß oder größer sind als nicht wenige Männer.

Psychologische Unterschiede zwischen Gruppen sind allerdings viel viel kleiner als die Unterschiede in der Körpergröße (auch wenn es Menschen gibt, die erfolgreich Bücher verkaufen, indem sie behaupten, Männer kämen von einem anderen Planeten als Frauen, und obwohl die gesamte Karriere mancher Komiker fast ausschließlich darauf zu beruhen scheint, Witze über diese Unterschiede zu machen).

Nehmen wir das Beispiel Intelligenz: Da glaubt ja der eine oder die andere, Männer seien insgesamt schlauer als Frauen. Wie sonst ließe sich beispielsweise erklären, dass unter den 975 Einzelpersonen, die seit Einführung des Nobelpreises bis 2021 als geniale Forschende gekürt wurden, nur 58 Frauen zu finden sind [37]?

Dazu lässt sich zuerst bemerken, dass es in der allgemeinen Intelligenz keine signifikanten Unterschiede zwischen Männern und Frauen gibt [38]. Allerdings lassen sich tatsächlich statistische Unterschiede in bestimmten Einzelfähigkeiten beobachten: Frauen schneiden bei verbalen Fähigkeiten und Gedächtnisleistungen im Mittel besser ab als Männer. Männer wiederum schneiden in visuell-räumlichen Aufgaben im Mittel besser ab als Frauen. Und schon hätten wir eine gute Begründung, warum Männer besser einparken können sollten als Frauen.

Schauen wir uns nun auch diese Unterschiede in Abb. 4.2 einmal genauer an. Ich habe zur Illustration die Daten einer beispielhaften Studie genutzt, in der 188 Männer und 248 Frauen eine riesige Testbatterie mit Aufgaben zu 42 verschiedenen mentalen Fähigkeiten bearbeitet haben und die im renommierten Journal *Intelligence* erschienen ist [39]. Die größten Unterschiede zwischen Männern und Frauen wurden in dieser Studie für Rechtschreibung und Buchstabieren und das mentale Rotieren gefunden. Letzteres gehört zur räumlich-visuellen Intelligenz und bezieht sich darauf, wie gut man sich bei komplexen Gegenständen vorstellen kann, wie sie aus einer anderen Perspektive aussehen würden (wenn man sie also in Gedanken dreht). Um genau zu sein, zeigt sich beim Schreiben und Buchstabieren ein Leistungsvorteil der Frauen mit einer Effektgröße von 0.6–0.7; beim mentalen Rotieren zeigen die Männer einen Leistungsvorteil mit einer Effektstärke von 0.9–1.0. Diese Unterschiede sind *deutlich* kleiner als die Unterschiede der Körpergrößen von Männern und Frauen.

Wir können anhand der oberen Kurven ablesen, dass 82 % aller Männer eine bessere Fähigkeit zur mentalen

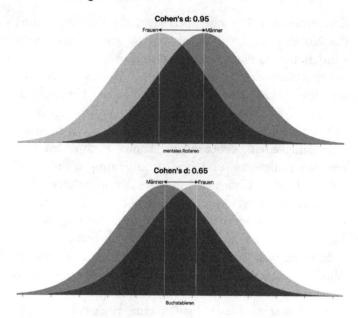

Cohen's d: 0.95
Frauen ← → Männer
mentales Rotieren

Cohen's d: 0.65
Männer ← → Frauen
Buchstabieren

Abb. 4.2 Effektstärken der Mittelwertsvergleiche zwischen Männern und Frauen für mentales Rotieren (oben) und Buchstabieren (unten)

Rotation aufweisen als der Mittelwert aller Frauen. An den unteren Kurven können wir ablesen, dass 73 % aller Frauen eine bessere sprachliche Intelligenz aufweisen als der Mittelwert aller Männer. Das klingt doch nach korrekten Stereotypen, oder?

Wenn Sie auf die Abbildungen schauen, fällt aber vor allem auf, dass die Überlappung zwischen beiden Gruppen sehr groß ist: Sie beträgt 76 % bei den verbalen Fähigkeiten, 65 % bei den räumlichen Fähigkeiten. Ich erinnere noch einmal daran, dass es sich hier um zwei der *größten* psychologischen Unterschiede handelt, die zwischen Männern und Frauen messbar sind, die meisten Gruppenunterschiede sind deutlich kleiner.

Aus den verfügbaren Daten zu Intelligenzunterschieden können wir Folgendes ableiten für den relativen Wahrheitsgehalt von Geschlechterstereotypen: Vergleichen wir zwei zufällig ausgewählte Personen, einen Mann und eine Frau, miteinander, so wird die Frau mit 66-prozentiger Wahrscheinlichkeit eine irgendwie höhere sprachliche Intelligenz aufweisen als der Mann und der Mann mit 74-prozentiger Wahrscheinlichkeit eine irgendwie höhere räumliche Intelligenz als die Frau. Würden wir unsere Stereotype und Vorurteile über soziale Gruppen als solche Wahrscheinlichkeitsaussagen repräsentieren, so könnten wir sie als *relativ korrekt* ansehen.

Leider sind Menschen notorisch schlecht im Umgang mit Wahrscheinlichkeiten: Wir spielen Lotto, obwohl es extrem unwahrscheinlich ist, jemals eine bedeutende Summe zu gewinnen. Wir haben Angst vorm Fliegen, aber nicht vor Hausarbeit, obwohl die (sehr geringe) Wahrscheinlichkeit, bei einem Unfall im Haushalt ums Leben zu kommen, 120-mal größer ist als die (noch geringere) Wahrscheinlichkeit, bei einem Flugzeugabsturz zu sterben.

Und weil uns das Denken in Wahrscheinlichkeiten so schwerfällt, repräsentieren wir beobachtete Gruppenunterschiede stattdessen oft als absolut. Wir leiten beispielsweise die vereinfachende Regel ab, dass Frauen irgendwie besser mit Sprache umgehen können und Männer irgendwie besser in Mathe sind und vergessen dabei die Größe – bzw. die Kleinheit – dieser Unterschiede. Stereotype und Vorurteile sind daher immer in gewissem Sinne eine Übergeneralisierung und ihr Zutreffen auf ein einzelnes Individuum bleibt ungewiss.

Übrigens sagt die reine Beschreibung von Gruppenunterschieden rein gar nichts über die Ursache dieser Unterschiede aus. Haben Frauen eine höhere sprachliche Intelligenz und Männer eine höhere numerisch-mathematische Intelligenz, *weil* sie Frauen und Männer sind? Gibt es genetische, angeborene Gründe? Oder unterscheiden sie sich, weil Mädchen und Jungen von Geburt an unterschiedlich behandelt werden, unterschiedliche Sozialisationserfahrungen machen und lernen, unterschiedlichen Erwartungen zu entsprechen? Aus reinen Gruppenvergleichen lässt sich keinerlei Aussage dazu ableiten.

Debatten um den relativen Wahrheitsgehalt und die Widerlegbarkeit von Stereotypen oder die rationale Begründbarkeit von Vorurteilen sind meiner Meinung nach oft wenig zielführend, vor allem wenn sie kein gesichertes Wissen um potenzielle Gründe von Unterschieden beinhalten. Letztendlich gibt es keine einzige soziale Gruppe, die so homogen ist, dass sich vollkommen akkurate Stereotype ableiten ließen. Und es gibt kein einziges Vorurteil, das hundertprozentig richtig oder hundertprozentig falsch ist. Für jedes quasi-falsche Vorurteil findet sich mindestens ein Gruppenmitglied, auf das es doch zutrifft. Für jedes quasi-richtige Vorurteil findet sich mindestens ein Gruppenmitglied, auf das es eben nicht zutrifft. Gemeinsamkeiten und Unterschiede zwischen Gruppen zu verstehen ist zwar wichtig, zum Beispiel wenn politische Entscheidungen über Maßnahmen getroffen werden, die diese Gruppen unterschiedlich treffen könnten. Dafür reicht es jedoch nicht, Unterschiede festzustellen, sondern wir müssen deren Effektgröße und Bedeutsamkeit erkennen und deren Ursachen verstehen.

Im Umgang mit einzelnen Personen geben uns selbst relativ akkurate Stereotype und Vorurteile im Sinne von Wahrscheinlichkeitsaussagen wenig sinnvolle Handlungsanweisungen. Im Einzelfall weiß ich eben nicht, ob es sich um eine Person handelt, auf die ein Stereotyp zutrifft oder nicht. Letztendlich sollte es immer dem Individuum selbst überlassen werden, sich zu definieren, statt unserer Wahrnehmung ihrer Gruppenzugehörigkeit.

Auch wenn innerhalb der Forschungsgemeinschaft immer mal wieder Debatten zu dem Thema auf-
flammen, so ist es selten das Ziel der sozialpsychologischen
Forschung, Aussagen über den relativen Wahrheitsgehalt
von Stereotypen oder die rationale Begründbarkeit von
Vorurteilen zu machen. Stattdessen versucht die Forschung
zu erklären, wie Menschen soziale Informationen generell
verarbeiten, wie daraus Gedächtnisrepräsentationen über
soziale Gruppen entstehen und wie sie unser Denken,
Fühlen und Handeln beeinflussen – egal ob sie relativ
wahr oder relativ falsch sind. Und die Erkenntnisse dieser
Forschung erkläre ich in den folgenden Kapiteln.

5

Leistungen und Grenzen des menschlichen Denkens

Wenn wir verstehen wollen, wie unser Gehirn, dieser enorm leistungsfähige Denkapparat, soziale Informationen verarbeitet und aufbereitet, dann müssen wir uns mit ein paar Grundlagen von Wahrnehmungs- und Denkprozessen auseinandersetzen. Dies hilft zu verstehen, wie Stereotype und Vorurteile überhaupt entstehen und wie sie unser Denken und Handeln beeinflussen.

Starten wir mit einem Gedankenexperiment: Ich möchte Ihnen kurz über Linda erzählen. Linda ist 31 Jahre alt und lebt als Single in Berlin. Sie ist extravertiert, offen und sehr intelligent. Linda hat Philosophie studiert und sich während ihres Studiums intensiv mit Fragen sozialer Gerechtigkeit und Diskriminierung auseinandergesetzt. In dieser Zeit hat sie auch an Anti-Atomkraft-Demonstrationen teilgenommen.

Können Sie sich ein Bild von Linda machen und sich beispielsweise vorstellen, ein Gespräch mit ihr zu führen? Stellen Sie sich vor, in diesem Gespräch erfahren Sie

© Springer-Verlag GmbH Deutschland, ein Teil von Springer Nature 2022
J. Degner, *Vorurteile*,
https://doi.org/10.1007/978-3-662-60572-1_5

mehr über Lindas aktuelle Tätigkeiten. Welche könnten das sein? Überlegen Sie einmal kurz, welche der untenstehenden sieben Aussagen am ehesten auf Linda zutreffen könnten:

Bringen Sie nun diese sieben Aussagen in eine Rangliste danach, wie wahrscheinlich sie Ihrer Meinung nach auf Linda zutreffen: also Rang 1 für die Beschreibung, die Ihrer Meinung am ehesten zutrifft, und Rang 7 für diejenige Beschreibung, die am ehesten nicht zutrifft. Tragen Sie den jeweiligen Rang in das nebenstehenden Feld ein.

A   Linda ist Grundschullehrerin   ____
B   Linda ist Bibliothekarin und Yoga-Lehrerin   ____
C   Linda ist aktive Feministin   ____
D   Linda ist Bankangestellte   ____
E   Linda arbeitet als Sozialarbeiterin   ____
F   Linda arbeitet als Versicherungsmaklerin   ____
G   Linda ist Bankangestellte und aktive Feministin ____

Bitte urteilen Sie spontan und ohne zu lange nachzugrübeln, und lesen Sie erst weiter, wenn Sie Ihre Rangfolge fertig haben.

Schauen Sie sich Ihre Rangreihe nun einmal an. Es wird uns jetzt gar nicht interessieren, welche Beschreibung bei Ihnen auf Rang 1 gelandet ist. Es interessiert eigentlich nur, wo Sie die Optionen D und G eingeordnet haben. Wenn Sie wie die meisten Personen auf dieses Gedankenexperiment reagieren, dann haben Sie vermutlich D irgendwo nach G gesetzt, vielleicht sogar ganz ans Ende. Das heißt, Sie glauben, dass es wahrscheinlicher ist, dass Linda feministische Bankangestellte ist, als dass sie einfach „nur" Bankangestellte ist. Das glauben tatsächlich die meisten Menschen.

Wenn Sie so geantwortet haben, ergibt sich allerdings ein formallogisches Problem: Die Wahrscheinlichkeit, dass Linda feministische Bankangestellte ist, kann nach rein formaler Logik nämlich gar nicht größer sein als die Wahrscheinlichkeit, dass Linda „nur" Bankangestellte ist. Das hat nichts mit Lindas Eigenschaften, Ausbildung oder Einstellungen zu tun, auch nichts mit Bankangestellten oder Feminismus per se, sondern mit formaler Logik und Mengenlehre. Um das aufzuklären, nehmen wir Bankangestellte und Feministinnen einmal als zwei Gruppen an Personen an. Wer in einer Bank angestellt ist *und* feministische Einstellungen hat, gehört beiden Gruppen an. Schauen wir uns das mal in einfachen Mengendiagrammen an wie Sie auf der folgenden Seite sehen können (Abb. 5.1):

Es wird klar, dass die Menge feministischer Bankangestellter nicht größer sein kann als die Gesamtmenge aller Bankangestellten, denn bei den feministischen Bankangestellten handelt es sich notwendiger Weise um eine Teilmenge der Bankangestellten. Dementsprechend kann auch die Wahrscheinlichkeit, dass eine Person eine feministische Bankangestellte ist, formallogisch nicht größer sein als die Wahrscheinlichkeit, dass sie nur Bankangestellte ist. Selbst wenn wie in der linken Abbildung beide Mengen sehr stark überlappen würden, wir also davon ausgehen könnten, dass sehr viele oder fast alle Bankangestellte feministische Einstellungen haben, wäre die Wahrscheinlichkeit, dass Linda nur Bankangestellte ist, immer noch größer als die Wahrscheinlichkeit, dass sie feministische Bankangestellte ist. Lediglich wenn wir annehmen, dass alle – aber auch wirklich alle – Bankangestellten aktive Feministinnen wären, kann die Wahrscheinlichkeit gleich groß sein. Es ist formallogisch aber unmöglich, dass die Wahrscheinlichkeit, Linda sei feministische Bankangestellte, *größer* ist als die Wahrscheinlichkeit, Linda sei nur Bankangestellte.

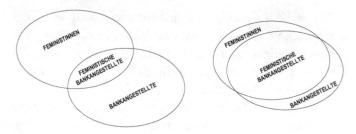

Abb. 5.1 Mengendiagramme für feministische Bankangestellte

Nun werden Sie in diesem Gedankenexperiment vermutlich gar nicht über Wahrscheinlichkeitsrechnung und mathematische Beziehungen von Teilmengen nachgedacht haben. Sie haben vermutlich auch nicht überlegt, wie wahrscheinlich es ist, dass *irgendwer* feministische Bankangestellte ist, sondern wie wahrscheinlich es ist, dass die oben beschriebene *Linda* feministische Bankangestellte ist – intuitiv scheint dies ein Unterschied zu sein (formallogisch übrigens nicht). Vermutlich haben Sie die recht alltagsuntaugliche Frage „Wie wahrscheinlich sind folgende Aussagen …" übersetzt in die viel leichter zu beantwortende Frage „Was passt am besten zu meinem Bild von Linda?". Und zur Beantwortung dieser Frage haben Sie vermutlich die vorangestellte Beschreibung von Linda als extravertierte Philosophiestudentin mit einigen linksliberalen Interessen und Einstellungen in Ihre Entscheidungen einbezogen und dann überlegt, wie gut dieses Bild zum Bild einer typischen Bankangestellten passt (eher weniger) und wie gut es zum Bild einer typischen Feministin passt (schon eher). Obwohl feministische Einstellungen in der Beschreibung von Linda überhaupt nicht vorkamen, passen sie irgendwie ganz gut in das allgemeine Bild von Linda. Zumindest erscheint die Passung höher als für das Bild einer typischen Bankangestellten.

Dieses kleine Gedankenexperiment greift auf Studien aus den 1970er und 1980er Jahren zurück, bei denen die beiden Psychologen Amos Tversky und Daniel Kahneman beobachteten, dass die meisten aller getesteten Personen – um die 90 % – ein und denselben Fehler machten [40, 41]. Erklären lässt sich das damit, dass wir im Alltag selten auf formale Logik zurückgreifen, sondern stattdessen eher einfache Heuristiken zur Entscheidungsfindung benutzen. Das sind mentale Abkürzungen, Daumenregeln, die uns helfen, schnell und effektiv Entscheidungen zu treffen, ohne groß nachdenken zu müssen, vor allem wenn wir nicht alle relevanten Informationen verfügbar haben (zum Beispiel nicht wissen, ob Linda überhaupt eine Ausbildung zur Bankkauffrau absolviert hat oder nicht bzw. ob Linda feministische Einstellungen hat oder nicht). Mithilfe von Heuristiken erzielen wir schnelle und intuitive Entscheidungen, weil wir komplexe, schwere Fragen durch irgendwie verwandte, aber einfachere Fragen ersetzen.

Im Fall von Linda, unserer feministischen Bankangestellten, handelt es sich um die sogenannte Repräsentativitätsheuristik. Dabei ersetzen wir die schwierige Frage „Wie wahrscheinlich ist es …?" durch die einfacheren Fragen „Wie plausibel scheint es …", „Wie typisch ist es …?" oder „Wie gut kann ich mir das vorstellen?". Solche Fragen lassen sich deutlich leichter beantworten. Wir greifen dabei nämlich auf bekannte Schemata und Stereotype zurück, zum Beispiel unsere Bilder von bestimmten Gruppen von Personen (wie Bankangestellte oder Feministinnen), und machen dann die wahrgenommene Ähnlichkeit zwischen Stereotyp und Einzelfall zum Entscheidungskriterium. Da die Beschreibung von Linda dem Typus „aktive Feministin" eher entspricht als dem Typus „Bankangestellte", halten wir es auch für wahrscheinlicher, dass Linda, wenn schon Bankangestellte, dann doch wenigstens feministische

Bankangestellte ist. Wir begehen also nicht einfach nur *irgendeinen* formallogischen Fehler, sondern wir nutzen stereotypes Wissen für unsere Entscheidung – und das tun wir ganz automatisch und ohne uns dessen wirklich bewusst zu sein.

Damit haben wir eine der wichtigsten psychologischen Funktionen von Stereotypen und Vorurteilen kennengelernt. Der Hauptgrund, warum unser Gehirn sie überhaupt anlegt, ist, um uns Informationen für das schnelle Denken und Entscheiden bereitzulegen. Damit folgt unser Denkapparat einem generellen Prinzip, nämlich dem, vergangene Erfahrung und Vorwissen für aktuelle Wahrnehmung und Informationsverarbeitung zu nutzen und dadurch effizientes Entscheiden und adaptives Handeln zu unterstützen. Prinzipiell ist dies eine herausragende Leistung unseres Gehirns, die auf hochgradig komplexen psychologischen Mechanismen beruht.

Um einen Einblick in die Grundprinzipien der Verarbeitungsprozesse unseres Gehirns zu erhalten, machen wir im folgenden Abschnitt einen kleinen, hoffentlich unterhaltsamen Ausflug in die allgemeine Wahrnehmungspsychologie. Wenn wir ein Grundverständnis davon haben, wie unser Gehirn generell Informationen aufnimmt, verarbeitet, abspeichert und abruft, wird es uns deutlich leichter fallen, zu verstehen, wie diese Prinzipien in der *sozialen* Informationsverarbeitung funktionieren.

Wir sehen, was wir verstehen

In seinem Buch *Public Opinion – Die öffentliche Meinung* stellte Walter Lippmann 1922 folgende These auf: „For the most part, we do not first see, and then define; we define first and then see" [42]. „Meistens sehen wir nicht erst und definieren dann; wir definieren erst und sehen dann." Auch wenn das Zitat ins Deutsche übersetzt nicht mehr ganz so kernig klingt wie im Original, es fasst trotzdem eine Prämisse über die grundlegende Natur der menschlichen Wahrnehmung und Informationsverarbeitung zusammen: Wir sehen nicht eine Welt, die wir aufgrund ihrer Eigenschaften erklären und verstehen, sondern wir haben ein bestimmtes Wissen über diese Welt im Kopf, und basierend auf diesem Wissen sehen wir die Welt.

Lippmann war übrigens Journalist, nicht Psychologe, und in seinem Buch geht es auch nicht um Stereotype, Vorurteile und Diskriminierung, sondern um Manipulation und Beeinflussung der öffentlichen Meinung – ein Thema, das heute aktueller denn je erscheint. Dennoch war Lippmann derjenige, der den psychologischen Gebrauch des Wortes Stereotyp als „pictures in our head" – „Bilder im Kopf" prägte, der Begriff stammt ursprünglich aus dem Buchdruck.

Auch war Lippmanns Denkweise wegweisend für das Gebiet der kognitiven Sozialpsychologie, nicht nur, aber vor allem für das Verständnis sozialer Informationsverarbeitung.

Wenn wir uns selbst fragen, wie unser Denkapparat eigentlich funktioniert, kommen wir meist zum Eindruck, dass das ein relativ einfacher Input-Verarbeitung-Output-Prozess ist. Uns erscheint es so, als würden unsere Sinnesorgane von außen Informationen aufnehmen, die unser Gehirn dann verarbeitet und daraus Sinn macht. Aus dieser Verarbeitung resultieren unsere Eindrücke, Gefühle oder Handlungen. Der subjektive Eindruck, dass unsere Sinne es uns ermöglichen, unsere Umwelt objektiv, direkt und ohne weitere Zwischenschritte wahrzunehmen, wird auch als *naiver Realismus* bezeichnet [43].

Lippmanns Prämisse impliziert jedoch, dass die Wahrnehmung und Verarbeitung von Informationen in unserem Gehirn genau andersherum funktioniert, als es uns erscheint: Wir sehen nicht erst und verstehen dann, sondern wir haben bereits im Kopf, was wir verstehen, und das sehen wir dann in unserer Umwelt. Lassen Sie mich diesen vertrackten Gedanken an einem Beispiel aus der Wahrnehmungspsychologie erläutern.

Bitte schauen Sie sich Abb. 5.2 an. Darin sehen Sie zwei mit A und B markierte Kästchen. Welches der beiden Kästchen hat einen helleren Farbton: A oder B? Die Antwort erscheint einfach: Natürlich ist B heller als A. Die Antwort auf die Frage scheint so einfach und eindeutig, dass es noch nicht einmal einer Überprüfung bedarf. Versuchen wir aber spaßeshalber Folgendes: Bitte nehmen Sie sich zwei Blätter Papier und schieben Sie sie von links und rechts langsam vom Rand der Abbildung aufeinander zu, bis nur noch ein kleiner Streifen frei bleibt, in dem Sie Kästchen A und B untereinander sehen (siehe Abb. 5.3 auf der übernächsten Seite). Erscheint Ihnen B jetzt immer noch heller als A?

Edward H. Adelson

Abb. 5.2 Die Schachbrettillusion

Beide Quadrate sind tatsächlich gleich hell. A und B enthalten nämlich exakt den gleichen Farbton (RGB 120, 120, 120, um genau zu sein). Diese sogenannte Schachbrettillusion ist eine optische Täuschung, die 1995 von Edward H. Adelson veröffentlicht wurde, der heute Professor für Vision Science am Massachusetts Institute of Technology (MIT) ist.

Die Erklärung für diese optische Illusion ist relativ einfach (und im Detail dann doch etwas komplizierter [44], aber das ersparen wir uns): Unser Gehirn hat gelernt, dass es Bilder, also zweidimensionale Abbildungen, als Repräsentation eines dreidimensionalen Raumes interpretieren kann bzw. soll. Um das zu tun, nutzt unser Gehirn Wissen aus vergangenen Erfahrungen. So ist unser Gehirn beispielsweise in einer dreidimensionalen Wahrnehmungswelt aufgewachsen, in der es Licht und Schatten gibt. Es hat gelernt, dass Licht meistens von oben kommt und daher Schatten meist unten hinter einem Objekt entsteht – auf der entgegengesetzten Seite der Lichtquelle. Unser Gehirn nutzt dieses Vorwissen, um die Abbildung zu verarbeiten und „sieht" ein Schachbrett, von dem es weiß, dass es aus abwechselnd schwarzen und weißen Feldern besteht. Und es sieht einen Zylinder, der von rechts oben angestrahlt wird und entsprechend einen Schatten nach links unten auf das Schachbrett wirft. Unser Gehirn sieht also deutlich mehr, als dargeboten wird: Das Bild enthält ja gar keine Lichtquelle; die denkt sich unser Gehirn einfach dazu.

Unser Gehirn hat auch die Erfahrung gemacht, dass Schatten die Helligkeit einer Oberfläche hinter einem Objekt reduziert, da bei weniger einfallendem Licht auch weniger Licht reflektiert werden kann (ob unser Gehirn diese Begründung kennt oder nicht, sei dahingestellt, es kennt aber den Effekt). Unser Gehirn hat sich daher angewöhnt, das Ausmaß des einfallenden Lichtes mit

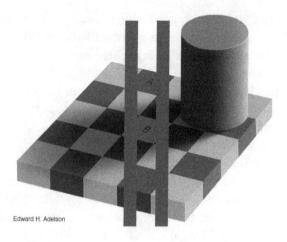

Edward H. Adelson

Abb. 5.3   Die Schachbrettillusion mit Lösungshilfe

einzuberechnen, wenn wir die Farbe von Oberflächen bzw. Gegenständen feststellen wollen; es kompensiert also automatisch für den verdunkelnden Effekt eines Schattens. Das heißt, unser Gehirn zieht bei der Helligkeitsbeurteilung von Quadrat B automatisch einen angenommenen Schatten ab. Das tut es bei der Helligkeitsbeurteilung von Quadrat A nicht, denn auf dieses Quadrat scheint ja kein Schatten zu fallen. Außerdem „weiß" unser Gehirn, dass auf Schachbrettern immer abwechselnd weiße und schwarze Felder vorkommen. Und darum erscheint uns Quadrat B als heller als Quadrat A, denn eines interpetieren wir als weißes Feld und das andere als schwarzes Feld.

Dieser scheinbare Fehler illustriert nicht etwa ein Versagen unseres visuellen Systems, sondern seine fantastische Leistungsfähigkeit. Unser Gehirn hat ganz *automatisch* aus komplexer eingehender visueller Information einen in sich stimmigen Objekteindruck geschaffen: Es hat aus einer zweidimensionalen Abbildung eine sinnvolle Repräsentation eines dreidimensionalen Raumes geschaffen und dabei hoch komplizierte Berechnungen über Licht- und Farbeindrücke ausgeführt, obwohl unser visuelles System gar keinen physikalischen Belichtungsmesser besitzt.

Und das alles ganz automatisch, ohne dass wir unserem Gehirn den Auftrag dafür geben mussten, ohne dass dafür irgendwelche kognitiven Ressourcen freigestellt werden mussten, ja sogar, ohne dass wir uns des ganzen Vorgangs gewahr wurden. Unser subjektiver Eindruck des Vorgangs ist, dass unser Gehirn lediglich auf einen von außen kommenden einfachen Sinneseindruck reagiert hat und diesen intern abbildet.

Tatsächlich hat unser Gehirn jedoch einen Sinneseindruck *geschaffen,* den wir dann zu *sehen* glauben. Unser Gehirn versorgt unser bewusstes Denken nicht mit Rohdaten wie der objektiven Helligkeit oder Anteilen farbiger Lichtwellen verschiedener Areale auf dem Bild, die wir dann als hell- oder dunkelgrau interpretieren. Unser Gehirn kreiert direkt und unvermittelt einen Eindruck von Farbe und Helligkeit, basierend darauf, wie es gelernt hat, Farbe und Helligkeiten üblicherweise zu interpretieren. Wir sehen also nicht erst und definieren dann, was wir gesehen haben, sondern wir haben schon definiert und sehen dann etwas, was dazu passt.

Nehmen wir ein zweites Beispiel, das ich gern in öffentlichen Vorträgen verwende, gerade mit Schüler:innen oder Studierenden, weil ich sicher sein kann, dass ich sie damit zum Kichern bringen kann.

Schauen Sie sich das folgende Bild (Abb. 5.4) einmal an und prüfen Sie, ob Ihnen irgendetwas Besonderes auffällt. Ist da irgendetwas, das pubertierende Schüler:innen oder junge Erwachsene gleichermaßen zum Kichern bringen könnte? Eine versteckte Botschaft vielleicht, irgendwo? Nehmen Sie sich Zeit und schauen Sie genau hin! Sehen Sie etwas?

Abb. 5.4 Fällt hier irgendetwas Besonderes auf?

Hilft es Ihnen, wenn ich Ihnen verrate, dass in dem Bild große Buchstaben stehen? Versteckt in großen weißen Buchstaben steht dort ein Wort. Können Sie es jetzt sehen? Wenn Ihnen partout nichts Besonderes auffallen will, dann schauen Sie einfach die nächste Abbildung an (Abb. 5.5). Zur Hilfe sind die vorher weißen Buchstaben jetzt rot nachgezeichnet. Wenn Sie jetzt noch einmal zurückblättern, können Sie die Buchstaben dann sehen? Oder anders gefragt, gelingt es Ihnen jetzt, die Buchstaben *nicht* zu sehen?

Das Spannende an dieser Illustration ist nicht nur, dass es Ihnen vermutlich schwergefallen ist, die Buchstaben zu entdecken. Das hat mit unserer Tendenz zu tun, Figur und Grund bei der Objektwahrnehmung voneinander zu trennen und alles, was als (Hinter-)Grund wahrgenommen wird, weitestgehend zu ignorieren. Unser Gehirn richtet unsere Aufmerksamkeit automatisch auf das, was es als Figur wahrnimmt, und macht den Hintergrund damit quasi unsichtbar. Und was wir nicht sehen, können wir auch nicht interpretieren.

Spannend ist auch, dass es Ihnen jetzt, wo Sie die Buchstaben einmal gesehen haben, kaum mehr möglich ist, sie *nicht* zu sehen.

Blättern Sie doch noch einmal eine Seite zurück: In strahlendem Weiß leuchten diese drei Buchstaben nun in dem Bild – und jetzt ist auch klar, was Schüler:innen zum Kichern bringen könnte. Was eben noch Hintergrund war, ist nun zur Figur geworden – die jetzt nicht mehr ungesehen gemacht werden kann.

Dieses Beispiel illustriert, wie vorhandenes Wissen beeinflusst und mitunter bestimmt, wie wir die Welt wahrnehmen und Sinn kreieren. Erst wenn Sie erkannt haben, dass der scheinbare Hintergrund des Bildes nicht nur Grund ist, sondern auch Figur, können Sie sie sehen und interpretieren. Ist das Bild einmal auf diese Weise interpretiert, ist es kaum mehr möglich, zur ursprünglichen Figur-Grund-Interpretation zurückzukehren, denn Ihr Gehirn weiß jetzt, dass es da noch eine Figur gibt. Selbst wenn Sie das Bild in einem Jahr noch einmal sehen, werden Ihnen die weißen Buchstaben ins Auge springen – denn Ihr Gehirn hat die eben gemachte Erfahrung abgespeichert und wird sie abrufen, wenn es das Bild noch einmal sieht.

Das bringt uns zurück zu Lippmanns Zitat: „Meistens sehen wir nicht erst und definieren dann; wir definieren erst und sehen dann." Es ist schon fantastisch, was unser Gehirn da leistet. Wir können aus einfallenden Sinneseindrücken direkt Sinn schaffen, indem wir sie mit unseren Erfahrungen verknüpfen.

Sogenannte optische Täuschungen mögen auf uns wie Fehlleistungen unseres Gehirns wirken. Tatsächlich illustrieren sie jedoch zwei Grundprinzipien, die unter anderem die hohe Leistungsfähigkeit unseres

Abb. 5.5   Eine nicht mehr ganz so versteckte Botschaft

komplexen und effizient arbeitenden Wahrnehmungs-
apparats begründen: a) den beharrlichen Rückgriff auf
Erfahrungen und Vorwissen und b) das hohe Maß an
Automatizität unserer mentalen Verarbeitungsmechanis-
men. Als automatisch bezeichnen wir in der Psychologie
mentale Prozesse, wenn diese schnell und effizient, ohne
gesonderte Absicht, bewusste Steuerung, Aufmerksamkeit, Bewusstsein oder Kontrolle ablaufen [45, 46]. Unser
kognitiver Apparat hat nur sehr begrenzte Ressourcen an
Aufmerksamkeit, Bewusstheit und Kontrolle zur Verfügung. Würden alle Verarbeitungsprozesse mit voller Aufmerksamkeit und Konzentration durchgeführt, wären wir
kaum in der Lage, effektiv in unserer Umwelt zu handeln.
Denken Sie nur, wie aufwendig und umständlich es wäre,
in unserem Beispiel zur Schachbrettillusion bewusst zu
berechnen, wie hell Quadrat A und B sind. Ich persönlich wüsste noch nicht einmal, wo ich die notwendigen
Formeln nachschlagen sollte, um den Anteil einfallenden
Lichts und Schattens bei der Heligskeitsbeurteilung von
Farben einzuberechnen, geschweige denn, wie ich sie auf

von meinen Augen eintreffende Rohdaten anzuwenden hätte. Wie schön, dass mein Gehirn das ganz automatisch für mich erledigt.

Wenn unser Gehirn eingehende Sinneseindrücke automatisch und basierend auf bewährten Erfahrungen vorinterpretiert, erlaubt es uns, dass wir uns in einer hochkomplexen Welt schnell orientieren und zielgerichtet und adaptiv handeln können.

Warum dieser Ausflug in die Wahrnehmungspsychologie? Was hat das Ganze mit Stereotypen und Vorurteilen zu tun?

Ganz einfach: Unser Gehirn nutzt vergleichbare Mechanismen, wenn wir *soziale* Informationen verarbeiten, wenn wir Eindrücke über andere Menschen formen und entscheiden, wie wir uns ihnen gegenüber verhalten. Genau das wollen wir uns im nächsten Kapitel genauer anschauen. Dabei wird deutlich werden, dass Stereotype und Vorurteile normale mentale Strukturen in unserem Gehirn sind und dass ihre Aktivierung und Wirkung auf unser Denken und Handeln auf normalen Verarbeitungsprozessen beruht.

Daher wollen wir im Folgenden die Grundprinzipien von Informationsrepräsentation und automatischen Verarbeitungsprozessen etwas genauer und mit besonderem Blick auf soziale Informationsverarbeitung betrachten. Wir schauen uns zuerst einmal an, wie unser Gehirn soziale Informationen im Gedächtnis speichert und strukturiert. Im Anschluss betrachten wir genauer, was es bedeutet, wenn soziale Informationsverarbeitung automatisch abläuft und welche Konsequenzen das für unsere Handlungssteuerung hat.

6

Grundprinzipien der Informationsverarbeitung

Menschen verfügen über ein im Vergleich zu ihrer Körpergröße ziemlich großes Gehirn. Unser Gehirn ist nicht nur recht groß, es arbeitet auch mit erstaunlicher Effektivität und Effizienz: Es kann in hoher Geschwindigkeit riesige Mengen an Sinneseindrücken aus einer komplexen Umwelt verarbeiten und sinnvolles Handeln auslösen. Ein Hauptgrund für diese erstaunliche Leistung ist, dass unser Gehirn eingehende Informationen zusammenfasst, vereinfacht und in sinngerechte Häppchen teilt, es kategorisiert.

Kategorisierung ist eine basale kognitive Fähigkeit, die eingehende Sinneseindrücke sortiert und basierend auf wahrgenommenen Ähnlichkeiten bestimmten Gruppen zuordnet. Kategorien sind die Grundbausteine nicht nur unseres Denkens, sondern jeglicher Form von Intelligenz. Auch die einfachsten Organismen können kategorisieren, zum Beispiel indem sie Außenweltreize als gefährlich versus ungefährlich oder essbar versus nicht essbar einteilen. Unsere

© Springer-Verlag GmbH Deutschland, ein Teil von Springer
Nature 2022
J. Degner, *Vorurteile*,
https://doi.org/10.1007/978-3-662-60572-1_6

menschlichen Kategoriensysteme dagegen sind hochkomplex und umfassen die unterschiedlichsten Außenweltreize. Wir kategorisieren Gegenstände und Lebewesen, aber auch Vorgänge, Prozesse und abstrakte Konzepte und verfügen unzählige Kategorien für Mitglieder unserer eigenen Spezies.

Was ähnlich und unähnlich ist, hängt übrigens bei der menschlichen Kategorisierung nicht zwingend von sichtbaren Merkmalen ab, sondern eher mit funktionalen bzw. zugeschriebenen Eigenschaften. So sehen sich Tische und Stühle in ihren Merkmalen und äußerlichen Eigenschaften schon sehr ähnlich. Wir unterscheiden sie aber aufgrund ihrer zugeschriebenen Funktion: Wir sitzen *auf* Stühlen *an* Tischen.

Was ist so vorteilhaft an Kategorisierung? Offensichtlich ist, dass Kategorisierung es erlaubt, Informationen zu ordnen und damit die Informationsmenge zu reduzieren. Ein zusätzlicher fundamentaler Verarbeitungsvorteil entsteht aber vor allem daraus, dass beim Kategorisieren Verbindungen zwischen eingehenden Umweltreizen und gespeichertem Vorwissen hergestellt werden. Kategorisierung macht also aus weniger mehr. Lassen Sie mich eine kleine Anekdote erzählen und anhand dieser Erzählung den Wert von Kategorisierung erläutern.

Als ich im letzten Sommer im Garten meiner Eltern saß und in die Äste des Kirschbaums blickte, bot sich mir ein lustiger Anblick: Eine Katze lauerte auf einem Ast und schien unreife Kirschen zu jagen.

Egal, ob Sie die Anekdote für amüsant halten oder nicht, die Tatsache, dass ich mit wenigen Worten einen recht komplexen visuellen Eindruck beschreiben kann, der für Sie als Lesende leicht nachvollziehbar ist, hat viel mit Kategorisierung zu tun. Allein indem ich das Wort „Katze" benutze, fasse ich eine Unmenge von Einzelinformationen zu einem sinnstiftenden Begriff zusammen. Ich könnte alternativ ja auch beschreiben, dass ich ein

Lebewesen mit rötlich-weißem Fell beobachtete, das einen Körper mit vier Gliedmaßen hatte, die in Pfoten endeten, das vorn am Körper ein Kopf war und hinten ein hin und her zuckender Schwanz, dass am Kopf zwei spitze Ohren, grüne Augen mit schmalen Schlitzen, sieben Barthaare auf der linken und neun Barthaare auf der rechten Seite zu sehen waren. Um sicher zu sein, dass Sie meinen visuellen Eindruck nachvollziehen können, müsste ich eigentlich noch viel detaillierter beschreiben und könnte doch nicht sicher sein, dass vor Ihrem inneren Auge das richtige Bild entsteht. Schreibe ich dagegen kurz und bündig, dass da eine Katze im Baum lauerte und Kirschen jagte, so habe ich mit sehr wenigen Worten diejenigen Information vermittelt, die relevant für meine Anekdote sind und dafür lediglich fünf Kategorienlabel genutzt: Baum, Katze, lauern, Kirschen, jagen. Weil wir mit unserer gemeinsamen Sprache grundlegendes Wissen über diese Kategorien teilen, können Sie meine Anekdote leicht nachvollziehen.

Wenn wir kategorisieren, dann reduzieren wir ein Wahrnehmungsobjekt erst einmal zu einem Exemplar einer Gruppe von Exemplaren mit geteilten Eigenschaften. Katzen – egal wie unterschiedlich sie sein können – bezeichne ich als Katzen, weil sie eine Menge relevanter Eigenschaften teilen, aufgrund dessen ich sie einer Kategorie zuteile, die sich von anderen Kategorien durch ungeteilte Eigenschaften unterscheidet, von Hunden oder Tischtennisbällen zum Beispiel.

Im Prozess der Kategorisierung werden viele Merkmale des einzelnen Exemplars unwichtig (zum Beispiel die Anzahl der Barthaare, die Fellfarbe oder die spezifische Form der Ohren). Andere Merkmale werden dafür akzentuiert, nämlich die, die für die Kategorie der Katzen bestimmend sind. Das spart unserem Gehirn viel Aufwand und Energie. Aber nicht nur das. Diese Verkleinerung der

Informationsmenge geht nämlich zusätzlich einher mit der Bereitstellung neuer, relevanter Informationen, die über den aktuellen Sinneseindruck hinausgehen. Durch Kategorisierung wird also aus weniger mehr: Kategorisiere ich das Tier im Kirschbaum als „Katze", erlaubt das mir, auf weitere Informationen zuzugreifen, die mein Gedächtnis zur Kategorie „Katze" abgespeichert hat. Ich weiß dann zum Beispiel, dass dieses Dings scharfe Krallen, eine raue Zunge und ein weiches Fell hat, obwohl ich das aus meiner Entfernung zum Kirschbaum gar nicht direkt beobachten konnte. Und diese Bereitstellung von Wissen wiederum ermöglicht es mir, einfach und schnell Handlungsentscheidungen zu treffen. Ich weiß dann auch, dass ich die Früchte unseres Kirschbaumes vor diesem Dings nicht schützen muss, wohl aber eventuell die darin nistenden Singvögel, dass ich mit diesem Dings vermutlich kein Hol-das-Stöckchen-Spiel spielen werde, es durch anhaltendes Zehenwackeln aber zu einem kleinen Jagdspiel animieren kann. Ich weiß dann auch, dass dieses Dings schnurren könnte, wenn es mein Streicheln angenehm findet, sich jedoch kratzend oder gar fauchend zur Wehr setzen wird, wenn ich es ungewollt auf den Arm nehme. All das wissen dann auch Sie, obwohl Sie mit dem im Kirschbaum meiner Eltern sitzenden Einzelexemplar namens *Klecks* nie irgendeine eigene Erfahrung gemacht haben.

Diese Fähigkeit zur Bildung und Nutzung von Kategorien ist es, die es uns ermöglicht, mit einer hochkomplexen Umgebung klarzukommen, in der ständig unzählige Mengen von Sinneseindrücken aufgenommen und verarbeitet werden müssen, um schnelles und adaptives Handeln zu ermöglichen. Kategorisierung beruht darauf, dass unser Gehirn Erfahrungen nicht einfach unsortiert abspeichert, sondern nach Gemeinsamkeiten und Mustern ordnet und funktional verfügbar macht.

Die Effektivität dieses basalen Informationsverarbeitungsprozesses wird noch dadurch gesteigert, dass er meist *automatisch* abläuft: Diese Art der Informationsverarbeitung findet nämlich extrem schnell innerhalb weniger Millisekunden statt, ohne unsere Aufmerksamkeit, Absicht oder kognitive Ressourcen zu beanspruchen. Wir nehmen das Dings auf dem Kirschbaum also sofort und unmittelbar als Katze wahr, selbst wenn wir es nur aus dem Augenwinkel sehen und noch nicht einmal vorsätzlich darüber nachdenken, was auf dem Kirschbaum vor sich geht, sondern uns voll darauf konzentrieren, das Sudoku in der Tageszeitung zu lösen, oder unsere volle Aufmerksamkeit einem Telefonat mit dem Kundenservice unseres Waschmaschinenherstellers widmen.

Das mag bei der Kategorisierung der Katze trivial wirken, weil Katzen für die meisten von uns wenig alltags- oder zumindest überlebensrelevant sind. Aber stellen Sie sich vor, es würde sich nicht um eine Katze, sondern um eine Giftschlange in Ihrem Kirschbaum handeln – da ist es schon von Vorteil, wenn wir diese potenzielle Gefahr *automatisch* wahrnehmen, als solche erkennen und direkt entsprechende Handlungsanweisungen ableiten können – also vielleicht nicht mit dem Sudoku unterm Baum sitzen bleiben.

Aber nicht nur für das schnelle Erkennen und effektive Reagieren auf potenzielle Gefahren ist das Kategorisieren notwendig. Generell ermöglicht es uns effektives Handeln im Alltag.

Das lässt sich am einfachsten nachvollziehen, wenn wir uns einen einfachen Alltagsgegenstand vornehmen. Wie wäre es mit einem Wasserhahn? Standen Sie schon einmal vor einem Waschbecken, vielleicht in den Toilettenräumen eines Kaufhauses oder eines Flughafens, und hatten keine Ahnung, wie Sie das Wasser zum Laufen kriegen? Wenn alles Drehen und Drücken, Winken und Wedeln vor unsichtbaren Lichtschranken nicht wirkt und Sie warten müssen, bis eine andere Person Ihnen einen Hinweis gibt, wie's klappt (oder auf das Außer-Betrieb-Zeichen zeigt)? Das kann ganz schön frustrieren.

Ohne die Fähigkeit zu kategorisieren, wären *alle* Alltagserfahrungen so aufwendig und potentiell frustrierend. Ohne Wissen um die Kategorie „Wasserhahn" und den damit ermöglichten Zugriff auf unser Vorwissen müssten wir jedes Mal, wenn wir uns die Hände waschen wollen, aufs Neue herausfinden, wie wir Wasser zum Laufen kriegen. Wie praktisch, dass unser Gehirn uns diese zeitaufwendigen Bemühungen abnimmt, automatisch auf unsere Vorerfahrungen mit dem Öffnen (und Schließen) von Wasserhähnen zurückgreift, automatisch dasjenige Objekt am Wasserhahn identifiziert, das dessen Öffnungsmechanismus in Gang setzt, und sogar ganz automatisch motorische Befehle gibt, die unsere Hand dazu bringen, den richtigen Hebel oder Drehknopf anzufassen und mit einer ganz spezifischen Bewegung herunterzudrücken bzw. zu drehen, sobald wir das Ziel haben, Wasser zum Laufen zu bringen. Dass unser kognitiver Apparat all das automatisch für uns abwickelt, fällt uns höchstens dann auf, wenn die auf Vorerfahrungen beruhenden Interpretations- und Verhaltensmuster unseres Gehirns in einer Situation mal nicht passen – in der Kaufhaustoilette oder am Flughafen zum Beispiel.

Soziale Kategorisierungen

Unser Gehirn nutzt die gleichen hocheffizienten Mechanismen der Informationsverarbeitung und Verhaltenssteuerung, die uns mit Katzen oder Wasserhähnen umgehen lassen, wenn wir soziale Informationen verarbeiten und uns anderen Menschen gegenüber verhalten.

Im Laufe unseres Lebens haben wir umfangreiche Informationen über Personen und Gruppen von Personen gesammelt, im Langzeitgedächtnis gespeichert, organisiert und verknüpft und somit für soziales Urteilen und Verhalten bereitgelegt. Die dem zugrunde liegenden Lernprozesse sehen wir uns in Kap. 9 genauer an.

Wir gehen davon aus, dass soziale Informationen in grundlegend vergleichbaren Strukturen repräsentiert werden, wie andere Informationen auch. Vereinfacht lässt sich dies als assoziative Netzwerke vorstellen [47]. Abb. 6.1 zeigt ein stark vereinfachtes Netzwerk meiner Repräsentation der Kategorie „Katze". Diese Netzwerke bestehen aus einzelnen Informationseinheiten, sogenannten Knoten, die durch Verbindungen, sogenannte Assoziationen, miteinander verknüpft sind. Diese Verbindungen sind unterschiedlich dick, je nachdem, wie stark unser Gehirn zwei Informationsknoten miteinander assoziiert. Bedeutung entsteht basierend auf

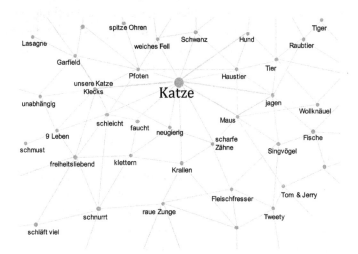

Abb. 6.1 Illustration eines vereinfachten semantischen Netzwerkes zur Repräsentation der Kategorie „Katze"

den Aktivierungsmustern innerhalb dieses Netzwerks: Einzelne Knoten werden durch aufgenommene Umweltreize aktiviert, quasi angeschaltet oder ins Schwingen gebracht, und diese Aktivierung wird entlang der Verbindungen an andere Knoten weitergegeben. Dadurch werden die verknüpften Elemente ebenfalls aktiviert, und zwar umso mehr, je kürzer, direkter und stärker die Verbindung zwischen Elementen ist. Die verbundenen Knoten versetzen sich quasi gegenseitig in Schwingungen und die resultierenden Aktivierungsmuster sind es, die Bedeutung schaffen.

Auch Informationen über Personen, sowie Vorurteile und Stereotype über soziale Gruppen lassen sich als solche assoziativen Netzwerke repräsentieren. Dabei werden Kategorien mit Merkmalen und Bewertungen assoziiert. Und diese können sich gegenseitig aktivieren.

Übertragen wir das auf unser vorheriges Beispiel von Linda, unserer feministischen Bankangestellten. Die Beschreibung von Linda hat uns nur wenige Informationen geliefert: Single, Philosophiestudium, Gleichberechtigung, Demonstration, Anti-Atomkraft. Allerdings ist jedes dieser Informationshäppchen in unserem Gedächtnis mit einer Vielzahl weiterer Assoziationen verknüpft. Werden diese Verknüpfungen aktiviert, entsteht *automatisch* ein Bild von Linda, das weit über die gegebenen Informationen hinausgeht.

In der Aufgabenstellung wurden dann weitere verschiedene Kategorienlabel aktiviert, darunter die der Bankangestellten und der Feministin, und auch deren Assoziationen werden dadurch verfügbar gemacht. Es lässt sich annehmen, dass das assoziative Netzwerk, das unser Stereotyp der Bankangestellten repräsentiert, deutlich weniger Knoten mit unserer Repräsentation von Linda teilt als das Netzwerk der Feministinnen. Mehr noch, einige der Inhalte des Feministinnen-Netzwerks

Abb. 6.2 Selbst wenn Ihre Stereotypen von Bankangestellten und Feministinnen nicht die gleichen Klischees enthalten wie diese Abbildung, werden sie vermutlich trotzdem nur geringe Überlappungen aufweisen

sind durch die Beschreibung von Linda schon vor-aktiviert – die glühten quasi schon, bevor Sie überhaupt die Beschreibung „aktive Feministin" gelesen hatten, und waren daher umso leichter und stärker aktiviert. Im End-effekt erscheint es uns eben wahrscheinlicher, dass Linda Bankangestellte und aktive Feministin wäre, als dass sie nur Bankangestellte wäre (Abb. 6.2)

Die Annahme von assoziativen Netzwerken als mentale Repräsentation von sozialen Kategorien hilft uns auch, Stereotypen und Vorurteile genauer zu definieren, und zwar als mit sozialen Kategorien assoziierte Wissensinhalte und Bewertungen.[1]

---

[1] An dieser Stelle muss angeführt werden, dass assoziative Netzwerkmodelle nicht der allerneueste Stand der Forschung sind. Sie vereinfachen zu stark und können einzelne Phänomene der Informationsverarbeitung nicht abbilden. Mittlerweile werden in der Forschung komplexere Modelle genutzt. Um grundlegende Prozesse der Informationsverarbeitung zu illustrieren, funktionieren sie allerdings ganz gut und sind in der Sozialpsychologie nach wie vor weit verbreitet [54].

In der kognitionspsychologischen Sozialpsychologie werden *Stereotype* als mentale Repräsentationen definiert, die Beschreibungen, Wissen, Überzeugungen und Erwartungen über soziale Kategorien enthalten [48–53]. Damit sind alle Informationen gemeint, die unser Gedächtnis im Zusammenhang mit einer sozialen Kategorie abgespeichert hat: äußere Merkmale, Eigenschaften, Charaktermerkmale oder typische Verhaltensweisen. Stereotype können daher in vielfältiger Weise erfahrene Gegebenheiten widerspiegeln, jedoch ebenso verzerrende Annahmen enthalten. Wie es dazu kommt, schauen wir uns in Kap. 9 an.

Denken wir an die beispielhaften Stereotype über Bankangestellte und Feministinnen wird noch eine weitere Besonderheit von Stereotypen deutlich: Die zwei Kategorien haben kaum Überschneidungen. Das an sich ist natürlich seltsam, denn Bankangestellte und Feministinnen haben ja prinzipiell deutlich mehr Gemeinsamkeiten als Unterschiede: Beide sind Menschen und teilen damit eine quasi unzählbare Menge an menschlichen Eigenschaften. Dies verweist auf eine wichtige Eigenschaft von Stereotypen: Sie repräsentieren nicht alle bekannten Merkmale einer Kategorie, sondern konzentrieren sich auf diejenigen Merkmale, die eine Kategorie von anderen unterscheiden. Und dabei geht es auch nicht um irgendwelche Unterschiede, sondern um solche, die als sozial relevant bzw. informativ wahrgenommen werden.

Bleiben wir in der Modellvorstellung assoziativer Netzwerke, lassen sich *Vorurteile* als eine Untergruppe von Assoziationen mit sozialen Kategorien definieren: nämlich Assoziationen mit Bewertungen und emotionalen Reaktionen gegenüber sozialen Gruppen bzw. ihren Mitgliedern [55, 56]. Diese können sowohl positiv als auch

negativ sein und unterschiedliche Intensität haben. Vorurteile sind oft an bestimmte Stereotypinhalte geknüpft.
Dann handelt es sich um Bewertungen, die sich aus den
Stereotypinhalten ergeben oder emotionale Reaktionen
auf Stereotypinhalte widerspiegeln. Eine Assoziation einer
sozialen Gruppe mit einem Bedrohungsstereotyp beispielsweise aktiviert Angst, eine Assoziation mit Kompetenz-
stereotypen aktiviert Bewunderung, eine Assoziation mit
Hilflosigkeitsstereotypen aktiviert Mitleid oder Überlegen-
heitsgefühle.

Allerdings können Bewertungen und emotionale
Reaktionen auch unabhängig von Stereotypinhalten sein
und direkt mit dem Gruppenlabel verlinkt sein. Es ist
nicht ungewöhnlich, dass wir mit starken Emotionen
auf soziale Gruppen reagieren, über die überhaupt keine
Wissenseinträge existieren. Die Kategorisierung als Fremdgruppe reicht da oft schon aus (das werden wir später
noch genauer betrachten). Da unser Gehirn der Verarbeitung von affektiver bzw. emotionaler Information
oft den Vorrang vor allem anderen gibt – gerade dann,
wenn es sich um negative Bewertungen oder Emotionen
handelt –, werden bewertende Assoziationen in unserem
Gedächtnis oft direkt und unvermittelt an die mentale
Repräsentation sozialer Kategorien verknüpft. Das heißt,
dass Bewertungen und Emotionen oft automatisch und
unvermittelt ausgelöst werden, sobald eine soziale Kategorie aktiviert wird.

Zusätzlich beinhalten die mentalen Repräsentationen
sozialer Kategorien auch Handlungserfahrungen und
Handlungsanweisungen, also Informationen darüber, wie
ich mich in der Vergangenheit einer sozialen Gruppe bzw.
ihren Mitgliedern gegenüber verhalten habe bzw. wie ich
mich verhalten sollte oder möchte.

Und das ist eine der grundlegenden Funktionen, warum unser Gehirn mentale Repräsentationen von sozialen Gruppen anlegt: Es erlaubt uns, schnell und ohne viel Aufwand Handlungsentscheidungen zu treffen, mitunter, ohne dass wir uns klar darüber sind, dass wir ganz automatisch Handlungsentscheidungen getroffen haben oder worauf unsere Entscheidungen beruhen.

So ist es beispielsweise überhaupt nicht ungewöhnlich, wenn Sie einer vollkommen fremden Person vertrauensvoll in einen abgeschlossenen Raum folgen, ihr sehr persönliche Informationen preisgeben, sich sogar nach Aufforderung nackt ausziehen – weil Sie die Person anhand ihres Titels, eines weißen Kittels und eines um den Hals hängenden Stethoskops als Arzt oder Ärztin kategorisiert haben. Und Sie haben kein Problem, einer wildfremden Person, über die Sie nicht das Geringste wissen, die Verantwortung für Ihr Leben zu übergeben. Warum? Weil Sie sie aufgrund einer Uniform oder eines bestimmten Sitzplatzes als Pilotin, Zugführer oder Busfahrerin kategorisieren und Sie mit diesen Kategorien unter anderem die Fähigkeit assoziieren, sicher und erfahren in der Lenkung eines Flugzeugs, Zugs oder Busses zu sein. Und wenn Sie im Baumarkt nach Holzdübeln suchen, dann hilft Ihnen die Kategorisierung anderer Menschen in Baumarktangestellte vs. Baumarktkundschaft, schnell eine Person zu identifizieren, die Ihnen weiterhelfen kann.

Kategorisierung wird zusätzlich dadurch erleichtert, dass verschiedene soziale Rollen durch Sprach- und Verhaltensnormen oder Uniformen erkennbar gemacht werden. Daher macht es für unser Gehirn absolut Sinn, andere Personen anhand ihres äußeren Erscheinungsbildes zu kategorisieren. Und die Nutzung dieser sozialen Kategorien hat im Alltag enormen Wert für uns: Stellen Sie sich vor, Sie müssten jeden Morgen persönlich herausfinden, wem Sie zutrauen können, den Bus oder die U-Bahn zu steuern, mit der Sie zur Arbeit fahren wollen. Wie sollten Sie das herausfinden? Woher wissen Sie eigentlich, dass es sicher ist, einzusteigen, wenn Sie überhaupt keine Informationen über die Person hinter dem Steuer haben?

Da wir im Alltag auf schnelles und einfaches Denken, Entscheiden und Handeln angewiesen sind, ist es hochgradig praktisch und funktional, wenn wir dafür auf unsere gespeicherten Vorerfahrungen mit sozialen Kategorien zurückgreifen und somit komplexe Informationen reduzieren und dabei handlungsrelevante Informationen verfügbar machen.

Daher ist unser Gehirn darauf ausgerichtet, gut organisierte Gedächtnisstrukturen anzulegen, die unsere direkten und indirekten Erfahrungen mit sozialen Kategorien und Hierarchien abbilden. Nur was gut organisiert gespeichert ist, ist auch schnell verfügbar. Aber es ist erst einmal auch nur das: *verfügbar*. Nur weil Informationen verfügbar sind, heißt es nicht, dass wir sie zwingend immer und direkt nutzen. Um tatsächlich in die Informationsverarbeitung einzufließen, müssen diese Gedächtnisstrukturen erst einmal aktiviert und dann auch angewendet werden.

Dass Verfügbarkeit und Nutzung von Wissen nicht zwingend dasselbe ist, fällt uns immer dann auf, wenn uns etwas nicht einfallen will, von dem wir uns sicher sind, dass wir es wissen, wenn uns sprichwörtlich ein Wort auf der Zunge liegt, wir aber in diesem Moment partout nicht darauf kommen. Ob und welche unserer abgespeicherten Vorerfahrungen in einer gegebenen Situation aktiviert werden, hängt davon ab, wie viele assoziative Verknüpfungen es zwischen verschiedenen Inhalten gibt, wie stark diese sind und wann die Informationen das letzte Mal aktiviert waren. Es hängt aber auch davon ab, welche Assoziationen durch den situativen Kontext oder das Verhalten anderer aktiviert werden. Gerade bei basalen

Kategorien, über die wir viel und vielfältiges Vorwissen abgespeichert haben, spielen daher Kontexteffekte eine große Rolle. So können sich die Inhalte von Geschlechterstereotypen zwischen Situationen sehr stark unterscheiden, weil situative Aspekte unterschiedliche Inhalte aktivieren. Im Kontext von Managerinnen aktiviere ich daher vermutlich nicht exakt dieselben stereotypen Assoziationen wie im Kontext von Kunstturnerinnen. Auch wenn vor Kurzem gerade bestimmte Inhalte aktiviert waren, sind diese leichter wieder aktivierbar – die glühen dann quasi noch nach und sind daher leichter entzündbar. Und Assoziationen, die sehr oft aktiviert werden, entwickeln eine höhere Stärke, die wiederum dazu führt, dass sie auch in Zukunft leichter aktivierbar sind. Diese sogenannte chronische Aktivierbarkeit führt dazu, dass sie besonders einflussreich für unsere soziale Informationsverarbeitung sind.

Automatizität der Informationsverarbeitung

Neben dem kategorialen Denken gilt noch ein zweites Grundprinzip der Informationsverarbeitung, das bereits mehrfach angeklungen ist: Automatizität.

Ich habe diesen Begriff als Charakterisierung für eine Reihe von Denkprozessen genutzt. Automatische mentale Prozesse zeichnen sich dadurch aus, dass sie schnell, effizient, unbeabsichtigt, unkontrolliert oder unkontrollierbar sind und sich oft unserer Aufmerksamkeit entziehen. Dadurch, dass eine Fülle unserer Denkprozesse automatisch abläuft, werden unsere sehr begrenzten Ressourcen an Aufmerksamkeit, Bewusstheit und Kontrolle freigestellt für das, was wir als bewusstes Denken und beabsichtigtes Entscheiden und Handeln empfinden. Unser kognitiver Apparat hat nur begrenzte Ressourcen an Aufmerksamkeit, Bewusstheit und Kontrolle zur Verfügung. Würden alle psychologischen Prozesse mit voller Aufmerksamkeit und Konzentration durchgeführt, wären wir kaum in der Lage, effektiv in unserer Umwelt zu handeln.

Wir nutzen zur Erläuterung gern das Bild des Autopiloten. So wie Sensoren und Bordcomputer eines Flugzeugs komplexe Umgebungsinformationen aufnehmen, verarbeiten und nach festen Regeln in Steuerungsbefehle umwandeln, scheint auch ein Teil unseres Denkapparats zu funktionieren.

Wenn Sie beispielsweise schon viele Jahre Auto fahren, dann funktioniert Ihr mentaler Apparat dabei weitestgehend wie ein Autopilot. Ihre Aufmerksamkeit wird automatisch auf diejenigen Informationen im Straßenverkehr gerichtet, die für Sie relevant sind; diese Informationen werden automatisch verarbeitet, sodass Sie, ohne groß darüber nachzudenken, wissen, ob Sie auf der Hauptstraße sind oder nicht, und ein gutes Gefühl haben, wie lange eine Ampel noch auf Grün stehen wird, ob das Fahrzeug vor Ihnen beschleunigt oder bremst, ob die Fahrbahn rutschig sein könnte oder wie stark die Fliehkraft in einer Kurve wirken könnte. Das Ergebnis dieser Informationsverarbeitung wird ebenso automatisch zur Steuerung Ihres Verhaltens genutzt: bremsen oder Gas geben, einen Gang hoch- oder runterschalten, den linken oder rechten Blinker setzen und das Lenkrad im genau richtigen Winkel nach links oder rechts drehen. Sie können ein Fahrzeug führen, ohne über irgendeine dieser Handlungen eine bewusste Entscheidung treffen zu müssen. Mehr noch, Ihre automatische Informationsverarbeitung und Verhaltenssteuerung ermöglicht es Ihnen, nebenher Musik zu hören, über etwas nachzudenken oder ein Gespräch mit der Person auf dem Beifahrersitz zu führen.

Erinnern Sie sich, wie anstrengend und schwer Auto-fahren ganz am Anfang war, als Sie all diese Handlungs-abläufe noch bewusst und kontrolliert ausführen mussten? Fällt Ihnen auf, wie erleichternd es ist, dass das basierend auf Übung und Erfahrung nun ganz automatisch funktioniert?

Dieses hohe Maß an Automatizität bedeutet aber nicht, dass Sie überhaupt nicht wüssten oder nicht kontrollieren könnten, was Sie da tun. All diese Handlungen führt Ihr kognitiver Apparat nur aus, weil *Sie* das bewusste Ziel haben, mit dem Auto von A nach B zu fahren. Zumindest gehe ich davon aus, dass Ihr kognitiver Apparat Sie nicht dazu bringt, sich automatisch in ihr Auto zu setzen und loszufahren, weil sie beim Müllraustragen zufällig an Ihrem Auto vorbeigehen. Und es ist Ihnen natürlich auch möglich, bewusste Kontrolle über diese Handlungen auszuüben und die automatische Handlungsausführung zu ändern, zu unter- oder abzu-brechen – wenn Sie Ihre bewusste Aufmerksamkeit darauf lenken und nicht durch andere Reize abgelenkt sind. Solche Handlungskontrolle auszuführen ist allerdings kognitiv aufwendig und in den meisten Fällen nicht nötig, da auto-matische Prozesse meist zum erwünschten Ziel führen, ohne dabei unsere mentalen Ressourcen anzuzapfen. Weil auto-matische Prozesse es uns erlauben, schnell und effizient zu handeln, und dabei unsere kognitiven Ressourcen schonen, versucht unser mentaler Apparat die Informationsver-arbeitung so weit wie möglich zu automatisieren. Dafür wurde in der Psychologie wiederholt das Bild des kognitiven Faulpelzes oder des kognitiven Geizkragens benutzt. Aber sind wir wirklich zu faul zum Denken? Oder ist es nicht gerade die bewundernswerte Leistung und der Fleiß unseres Gehirns, solche Automatismen einzutrainieren damit uns immer dann kognitive Anstrengung erspart werden kann, wenn wir auf umfangreiche Vorerfahrungen zurückgreifen können? Und wir somit unsere kognitiven Ressourcen anderweitig nutzen können?

Auch viele Prozesse unserer *sozialen* Informationsverarbeitung laufen mit einem hohen Grad an Automatizität ab. Studien zu spontanen Kategorisierungen zeigen zum Beispiel, dass basale Kategorien wie Geschlecht, Altersgruppe, sozialer Status und wahrgenommene Ethnizität automatisch verarbeitet werden. Das heißt, sobald wir eine Person sehen, klassifizieren wir sie spontan anhand ihres wahrgenommenen Geschlechts, Alters oder ethnischer Zugehörigkeit, ob wir das wollen oder nicht. Wir sehen also nicht einfach nur einen Menschen, sondern wir sehen einen Mann oder eine Frau, Kind, Jugendlichen oder Erwachsenen, und schreiben Bekanntheit oder Fremdheit zu. Dies beeinflusst fundamental, wie wir Informationen über andere Menschen verarbeiten, welche Urteile wir bilden und welche Handlungsentscheidungen wir treffen. Und in den meisten Fällen tun wir auch das spontan und automatisch, ohne den spezifischen Beschluss zu fassen, uns einen Eindruck über eine Person zu bilden, ohne dass uns das besonders schwerfällt oder wir viel Aufmerksamkeit und Konzentration darauf verwenden. Diesen hohen Grad an Automatizität erreicht unser Denkapparat, indem er kategoriale Verarbeitungsprozesse nutzt und auf sein gespeichertes soziales Wissen zurückgreift [57, 58].

Zweifelsohne hinkt der Vergleich des menschlichen Denkapparates mit einem maschinellen Autopiloten, denn die menschliche Informationsverarbeitung läuft nicht voll-autonom ab, sondern kann flexibel auf individuelle Ziele, Vorsätze und Wünsche reagieren. Zwar gibt es Funktionen, die unser Körper vollkommen autonom für uns ausführt, zum Beispiel physiologische Prozesse, die die Durchblutung, Verdauung und Wärmeregulation sicherstellen. Unsere Denk- und Entscheidungsprozesse sind allerdings nicht derart autonom. Sie laufen zwar oft hochgradig automatisiert, also spontan, unbeabsichtigt oder ungewollt ab. Trotzdem ist es uns oft möglich, Einsicht in dieses Geschehen zu gewinnen bzw. zu einem gewissen Grad mentale Kontrolle über unser Denken und Handeln auszuüben – sofern wir dazu ausreichend motiviert sind und die nötigen mentalen Ressourcen dafür freimachen.

Bevor wir uns im nächsten Kapitel genauer anschauen, wie genau soziale Kategorisierung und automatische Informationsverarbeitung unsere sozialen Interaktionen im Alltag beeinflussen, führen wir ein kleines Experiment zur Illustration durch.[2]

Sie lesen gleich ein einzelnes Wort. Ihre Aufgabe ist es, dieses Wort so schnell wie möglich zehnmal hintereinander auszusprechen. Achten Sie dabei vor allem darauf, dass Sie das Wort nicht aus Versehen neunmal oder elfmal aussprechen, sondern genau zehnmal, und zwar so schnell wie möglich. Sie können als Hilfe die zehn unten stehenden Leerstellen nutzen. Direkt danach stelle ich Ihnen eine Frage, die Sie bitte so schnell wie möglich beantworten.

Alles klar? Dann ist hier Ihr Wort, das sie zehn mal aussprechen sollen: **weiß**

[1] _____   [6] _____
[2] _____   [7] _____
[3] _____   [8] _____
[4] _____   [9] _____
[5] _____   [10] _____

Frage: Was trinkt die Kuh?
Antwort: _____

_____

[2] Da ich nicht sicher bin, ob diese Illustration als Selbstexperiment klappen kann, wäre es eventuell sinnvoll, wenn Sie Ihr Lesen kurz unterbrechen, sich eine freiwillige Versuchsperson suchen und ihr diese Aufgabe stellen.

Haben Sie spontan mit „Milch" geantwortet? Die häufigste Antwort, die ich erhalte, wenn ich dieses kleine Experiment im Hörsaal durchführe, ist in der Tat „Milch", meist gefolgt von einem: „.. ähm, nein, … ich meine … Wasser?" Das passiert auch den Studierenden, die hochmotiviert sind, vor den anderen als besonders schlau dazustehen, und sich von mir auf gar keinen Fall vorführen lassen wollen.

Die Chancen stehen daher gut, dass auch Sie mit „Milch" geantwortet haben – zumindest, wenn Sie vorher wirklich zehnmal hintereinander schnell das Wort „weiß" ausgesprochen haben. Es kann aber gut sein, dass Sie sich nicht so ganz an die Aufgabenstellung gehalten haben oder vielleicht ein wenig getrödelt haben. Darum suchen Sie sich doch noch eine Versuchsperson, mit der Sie die Aufgabe mündlich ausprobieren können, am besten bevor Sie weiterlesen.

Sollten Sie oder Ihre Versuchsperson mit „Milch" geantwortet haben, dann liegt das mit hoher Wahrscheinlichkeit nicht daran, dass Sie persönlich davon überzeugt sind, dass Kühe üblicherweise Milch trinken. Wenn Sie so recht darüber nachdenken, fällt Ihnen vielleicht auf, dass Sie noch nie so recht darüber nachgedacht haben, was Kühe eigentlich so trinken. Zumindest wenn Sie, wie ich, ein Stadtkind sind und Kühe am ehesten als Abbildung auf der Milchpackung aus dem Supermarkt kennen. Ihre Antwort hatte also nichts mit Ihrem Wissen über die Ernährungsgewohnheiten von Kühen zu tun, sondern vor allem damit, dass das wiederholt ausgesprochene Farbwort „weiß" und die in der Frage erwähnte Kuh im assoziativen Netzwerk Ihres Gedächtnisses eine gemeinsame starke Assoziation haben, nämlich „Milch". Und weil ich Sie gebeten habe, so schnell wie möglich zu reagieren, hat die Aktivierungsausbreitung, die von „weiß" und „Kuh" ausging, nicht nur dazu geführt, dass „Milch" voraktiviert wurde, sondern Sie das Wort auch ausgesprochen haben. Obwohl es zur falschen Antwort geführt hat – Kühe trinken meines Wissens vornehmlich Wasser.

Wir könnten jetzt darüber diskutieren, dass Milch irgendwie doch eine richtige Antwort ist, denn es gibt ja Kühe, die Milch trinken; die nennt man dann Kälber. Und wenn es Sie reizt, in eine solche Diskussion einzusteigen, dann illustriert das vor allem unsere allzu menschliche Tendenz, unser eigenes Verhalten im Nachhinein gern als richtig, gerechtfertigt oder zumindest erklärbar wahrzunehmen. Wir sind generell nicht so gut darin, eigene Schwächen oder gar Fehler einzugestehen, sondern kreieren Umstände, unter denen unsere Antworten doch als richtig gelten können.

Stattdessen möchte mich aber lieber darauf konzentrieren, dass dieses kleine Experiment einen grundlegenden psychologischen Verarbeitungsmechanismus illustriert: Miteinander assoziierte Inhalte unseres Langzeitgedächtnisses können sich gegenseitig aktivieren und diese Aktivierung kann Verhalten auslösen; Sie denken nicht nur „Milch", sondern sprechen das Wort auch aus, und das ganz automatisch.

In den Wochen, in denen ich an diesem Kapitel schreibe, übe ich mit meiner achtjährigen Tochter das sogenannte Blitzrechnen. Immer und immer wieder wiederholen wir jede einzelne Aufgabe des Einmaleins und mittlerweile sind wir so weit, dass wir für fast alle Aufgaben die Lösung „wie aus der Pistole geschossen" abrufen können: Drei mal sechs ist achtzehn, sieben mal sieben ist neunundvierzig, fünf mal vier ist zwanzig. Nur mit vier mal sechs und acht mal sieben hadern wir noch, da müssen wir immer mal wieder nachrechnen. Natürlich büffeln wir das nicht aus Spaß an der Freude. Im Gegenteil: Wir finden das beide ausgesprochen langweilig. Aber wir tun das, damit die Lösungen für diese grundlegenden Aufgaben später automatisch abrufbar sind, weil das nicht nur für den Matheunterricht der noch kommenden sieben bis zehn Schuljahre sehr hilfreich ist, sondern auch für andere Tätigkeiten im Erwachsenenleben hilfreich sein kann (zumindest versuche ich das meiner Tochter glaubhaft zu machen). Wir bemühen uns also ganz bewusst und absichtlich, Assoziationen zu erschaffen und zu stärken, sodass wir sie später einfach abrufen können und keine kognitiven Ressourcen für das Kopfrechnen einsetzen müssen. Genauso hoffen wir, dass alles Vokabellernen irgendwann dazu führen wird, dass wir eine Fremdsprache mehr oder weniger fließend sprechen können.

Auch wenn wir einen Großteil unseres sozialen Wissens nicht auf diese Art auswendig büffeln (mehr dazu folgt in Kap. 9), so wirkt unser gespeichertes Wissen über soziale Gruppen doch genau über vergleichbare automatische Prozesse auf unsere Informationsverarbeitung und Verhaltenssteuerung ein.

Wie genau beeinflussen soziale Kategorisierung und automatisierte Informationsverarbeitung nun unser Denken, Urteilen und Handeln? Das werden wir im Folgenden genauer betrachten: In Kap. 7 und 8 schauen wir uns einzelne Prozesse der sozialen Informationsverarbeitung genauer an, um zu verstehen, wie soziale Kategorisierungen, Stereotype und Vorurteile ganz automatisch darauf Einfluss nehmen. Wir beginnen mit basaler Aufmerksamkeitsausrichtung und Wahrnehmung und gehen dann hin zur Interpretation und Bewertung von Verhaltensweisen.

7

Wahrnehmungskonsequenzen

Im vorherigen Kapitel habe ich zwei Grundprinzipien der sozialen Informationsverarbeitung erläutert: Kategorisierung und Automatizität. Nun soll es darum gehen, die Konsequenzen dieser Eigenschaften unseres Denkens zu verdeutlichen. Im vorherigen Kapitel habe ich bereits erwähnt, dass wir Personen automatisch kategorisieren, vornehmlich nach ihrem wahrgenommenen Geschlecht, Alter, sozialem Status und zugeschriebenen ethnischen oder rassifizierten Gruppenzugehörigkeiten. Dies ist nicht nur ein Ordnen erster visueller Eindrücke, sondern hat fundamentalen Einfluss darauf, was genau wir von einer anderen Person sehen bzw. sehen zu glauben. Wir konzentrieren uns in diesem Kapitel auf die Effekte sozialer Kategorisierung auf unsere Wahrnehmung und gehen im nachfolgenden Kapitel auf die daraus resultierenden Konsequenzen für unser Urteilen und Handeln ein.

© Springer-Verlag GmbH Deutschland, ein Teil von Springer Nature 2022
J. Degner, *Vorurteile*,
https://doi.org/10.1007/978-3-662-60572-1_7

Aber bevor wir das tun, noch ein kleines Experiment.

Schauen Sie sich das unten stehende Bild kurz an (Abb. 7.1). Ich hoffe, Sie erkennen einen Seerosenteich, auf dem ein Frosch und eine Ente schwimmen. Prägen Sie sich die zwei Figuren kurz ein, am besten so, dass Sie sie auf der nächsten Seite nachzeichnen können. Dort sehen Sie die beiden Figuren im Seerosenteich noch einmal, nun allerdings ohne Farbe (Abb. 7.2). Sollten Sie eine Palette Buntstifte parat haben, malen Sie die beiden einfach aus, aber bitte ohne zurückzublättern. Wenn Sie keine Buntstifte parat haben, wählen Sie einfach auf der unten stehenden Farbpalette das richtige Grün und das richtige Gelb aus, mit denen die beiden ausgemalt werden müssten, um genauso auszusehen wie auf der vorherigen Seite. Blättern Sie also bitte jetzt erst einmal zu Seite 100 vor, malen das Bild aus, und blättern Sie dann wieder hierher zurück.

Abb. 7.1 Ente und Frosch am Teich

Wie sehen Frosch und Ente in Ihrer Zeichung aus? Es ist wahrscheinlich, dass Sie zwei Farbtöne aus der Mitte der gelb-grün Farbskala gewählt haben: einen eher gelblichen Ton für die Ente und einen eher grünlichen Ton für den Frosch. Blättern Sie jetzt gern noch einmal hin und her und vergleichen Sie Ihre Farbwahl mit den Originalen. Haben Sie sie gut getroffen?

Wenn Sie genauer hinschauen, werden Sie erkennen, dass Ente und Frosch auf der vorherigen Seite genau denselben Farbton haben. Die Kategorisierung anhand der Wortlabel „gelb" und „grün" und Ihr Vorwissen, dass Bade-Enten meistens gelb sind und Bade-Frösche grün, hat allerdings mit hoher Wahrscheinlichkeit dafür gesorgt, dass Sie einen Farbunterschied zwischen den beiden Abbildungen wahrnehmen, der objektiv gar nicht gegeben ist.

Dieser Effekt illustriert das sogenannte *Akzentuierungsprinzip*, ein Basiseffekt von Kategorisierung. Werden verschiedene Sinneseindrücke kategorial verarbeitet, so führt das oft dazu, dass die wahrgenommenen Unterschiede zwischen den Kategorien vergrößert werden [59].

Die prachliche Kategorisierung als „Ente" und „Frosch" deren Farben ich mit „gelb" und „grün" bezeichnet habe, impliziert einen Unterschied, den ich dann auch zu sehen glaube: ein und derselbe Farbton erscheint etwas gelber, wenn er zur Ente gehört und etwas grünlicher, wenn er zum Frosch gehört. Unser Wahrnehmungsappart setzt also basierend auf durch Sprache aktivierten Erwartungen Akzente, die objektiv gar nicht existieren und macht Unterscheidungen *zwischen* Kategorien dadurch eindeutiger. Der Akzentuierungseffekt wird zusätzlich durch einen *Homogenisierungseffekt* verstärkt, der wahrgenommene Unterschiede *innerhalb* von Kategorien verkleinert. Wären auf der Abbildung vom der Seerosenteich zum Beispiel mehrere Enten und Fröschen in unterschied-

Abb. 7.2 Enten und Frosch am Teich – bitte ausmalen

lichen Tönen des gelb-grün Farbspektrum, so würden uns trotzdem die Farben der Enten untereinander ähnlicher und gelblicher erscheinen und die Farben der Frösche untereinander ähnlicher und grünlicher erscheinen. Akzentuierung von Unterschieden zwischen Gruppen und Homogenisierung von Unterschieden innerhalb von Gruppen sind basale Prozesse, die uns die kategoriale Wahrnehmung vereinfachen: Die Kategorien erscheinen untereinander unterschiedlicher und sind damit einfacher voneinander abgrenzbar. Und Exemplare innerhalb einer Kategorie erscheinen einander ähnlicher und sind dadurch leichter ihrer Kategorie zuordenbar.

Solche Akzentuierungs- und Homogenisierungseffekte lassen sich nicht nur in der visuellen Wahrnehmung zeigen, sondern in allen Sinneseindrücken und auch in allen Aspekten der sozialen Wahrnehmung und Informationsverarbeitung [60]: Zwei Stimmen klingen ähnlich hoch oder tief, wenn wir sie als die Stimmen zweier Frauen oder zweier Männer kategorisieren, aber unterschiedlich hoch oder tief, wenn wir die eine Stimme einer Frau und die andere einem Mann zuordnen. Vergleichen wir Cola mit Limonade, dann schmecken zwei Sorten Cola einander sehr ähnlich; ihr Geschmack erscheint uns aber unähnlicher, wenn wir die zwei Getränke als Pepsi oder Coke kategorisieren. Ein und derselbe Händedruck wirkt unterschiedlich stark oder schwach, wenn wir die händeschüttelnde Person als nervös oder selbstsicher kategorisieren.

Wenn wahrgenommene Unterschiede zwischen den Kategorien größer erscheinen und Unterschiede innerhalb der Kategorien kleiner, werden Kategorien dadurch im Alltag leichter anwendbar. Darum ignoriert unsere mentale Repräsentation sozialer Gruppen beispielsweise einen Großteil der Gemeinsamkeiten zwischen Gruppen, die sich allein daraus ergeben, dass es sich letztendlich immer um Menschen handelt. Als Sie im vorherigen Kapitel über Bankangestellte und Feministinnen nachgedacht haben, haben Sie vermutlich auch weniger im Sinn gehabt, wie viele Gemeinsamkeiten diese beiden Kategorien aufweisen. Wir fokussieren stattdessen auf diejenigen Merkmale, die wir als unterschiedlich zwischen sozialen Kategorien wahrnehmen. Dadurch vergrößern wir scheinbare Unterschiede zwischen Gruppen.

Die Konsequenzen dieses Effekts können Sie sich leicht vorstellen: Er führt zu unangemessenen Übergeneralisierungen, Verwechslungen und der Unfähigkeit, individuelle Personen wiederzuerkennen.

Dieser Effekt wurde sehr illustrativ in Studien zur *change blindness,* der sogenannten Veränderungsblindheit dokumentiert: Stellen Sie sich vor, Sie laufen durch die Stadt und eine Person fragt Sie nach dem Weg zum Bahnhof. Sie hat sogar einen Stadtplan dabei und hilfsbereit, wie nun einmal Sie sind, erklären Sie ihr den Weg. Es würde Ihnen selbstverständlich auffallen, wenn Sie zwischendurch vom Stadtplan aufblicken und plötzlich mit einer anderen Person sprechen als derjenigen, die Sie ursprünglich nach dem Weg gefragt hat, oder? Studien aus der Aufmerksamkeitsforschung zeigen jedoch, dass das alles andere als selbstverständlich ist. Die beiden Aufmerksamkeitsforscher Daniel Simons und Daniel Levin führten in den 1990er Jahren eine Reihe von Studien auf dem Campus ihrer Universität durch, darunter eine Studie, in der Lockvögel nichtsahnende Passanten ansprachen und nach dem Weg fragten, ganz wie in unserem Beispiel [63]. Das Gespräch wurde jedoch kurz unterbrochen, weil zwei Handwerker eine Tür tragend genau zwischen den beiden Gesprächspartnern durchliefen. Außerhalb der Sicht der nichtsahnenden Versuchsperson wechselte hinter der Tür der Gesprächspartner. Als die Handwerker also vorbei waren, stand plötzlich eine andere Person vor den Passanten als die, die sie ursprünglich nach dem Weg gefragt hatte. Trotzdem bemerkte die Hälfte der Versuchspersonen das nicht! Es lohnt sich, sich die kurze Videodokumentation der Studie im Internet anzuschauen [64, 65].

In weiteren Studien mit unterschiedlichen Interaktionssituationen konnte gezeigt werden, dass üblicherweise drei Viertel der Versuchspersonen solche eklatanten Veränderungen nicht bemerken. Ihnen fällt nicht auf, dass eine Person, mit der sie gerade ein Gespräch führen, plötzlich durch eine vollkommen andere Person ersetzt wird!

Die einzigen Voraussetzungen dafür sind, dass sich die Ersetzung außerhalb des Blickfeldes abspielt (zum Beispiel hinter der von den Handwerkern getragenen Tür), der Wechsel also nicht direkt beobachtbar ist und dass die ausgetauschten Personen der gleichen Kategorie angehören. Dabei ist es unerheblich, ob bzw. wie ähnlich die Personen individuell aussehen. Und genau das weist auch darauf hin, wie diese Veränderungsblindheit zu erklären ist.

Wenn wir unseren Gesprächspartner oder unsere Gesprächspartnerin als Individuum wahrnehmen, so bemerken wir unausweichlich, wenn plötzlich ein anderes Individuum mit anderen Gesichtszügen, anderer Kleidung und anderem Haarschnitt vor uns steht. Verarbeiten wir jedoch *kategorial,* so findet quasi gar kein Wechsel statt. In unserem Stadtplanbeispiel wurden wir von einem hilfsbedürftigen jungen Mann angesprochen, und nachdem die Tür vorbeigetragen wurde, steht immer noch ein hilfsbedürftiger junger Mann vor uns. Dass es sich um ein anderes Exemplar handelt, spielt für unsere Wahrnehmung dann keine Rolle.

Es gibt allerdings eine wichtige Besonderheit von Homogenisierungseffekten bei der Kategorisierung von Menschen: Wir kategorisieren Menchen in Kategorien, zu denen wir selbst auch dazugehören oder nicht zu denen wir nicht dazu gehören. In der Sozialpsychologie werden dafür die Begriffe Ingroup versus Outgroup bzw. Eigengruppe versus Fremdgruppe verwendet. Dadurch, dass wir uns selbts mit einigen Kategorien identifizieren aber mit anderen nicht, wird der oben beschriebene Homogenitätseffekt asymmetrisch: Er zeigt sich nämlich vor allem in der Wahrnehmung von Fremdgruppen, also sozialen Kategorien und Gruppen, zu denen wir uns selbst nicht zugehörig fühlen und weniger für Eigengruppen, also Kategorien und Gruppen, in denen wir selbst Mitglied sind. Generell neigen wir darum eher dazu, die Mitglieder von Fremdgruppen als untereinander sehr ähnlich und miteinander verwechselbar wahrzunehmen. Die Mitglieder unserer Eigengruppe erscheinen uns dagegen als vielfältig und individuell verschieden. In unserer Wahrnehmung sind *wir* alle einzigartig, während *die* alle gleich sind. Dieser asymmetrische Kategorisierungseffekt wird in der sozialpsychologischen Forschung unter dem Begriff „Outgroup-Homogeneity-Bias" untersucht, übersetzbar als „Fremdgruppen-Homogenitätsverzerrung" [61]. Eine Vielzahl an Studien zeigt diesen Effekt sowohl bezüglich des wahrgenommenen äußeren Erscheinungsbildes als auch bezüglich wahrgenommener Einstellungen, Werte, Fähigkeiten und Persönlichkeitsmerkmale von Mitgliedern unserer eigenen und fremder Gruppen. In der Konsequenz werden Mitglieder von Fremdgruppen als weniger individuell und quasi austauschbar wahrgenommen [62]. Selbst in den Studien zur Change-blindness fiel der Effekt asymmetrisch aus: Diejenigen Personen, die den Wechsel hinter der Tür bemerkten, waren durchweg selbst jüngere Männer und damit also Mitglieder der gleichen Kategorie wie die Lockvögel. Diejenigen, die den Wechsel nicht erkannten, waren alle mindestens 15 Jahre älter als die Lockvögel. Simons und Levin spekulierten, dass der wahrgenommene Altersunterschied zu einer Eigen- versus Fremdgruppenkategorisierung führt und die Lockvögel von älteren Passanten weniger individuell, sondern ausschließlich als Mitglied der Kategorie „junger Mann" verarbeitet wurden.

Nun mögen diese Studien sehr konstruiert wirken – wann laufen schon Handwerker mit Türen durch unsere Gespräche? Aber fragen Sie sich einmal selbst: Wenn Ihnen an der Supermarktkasse einfällt, noch eben schnell Zahnpasta zu holen, würden Sie beim Zurückkommen bemerken, wenn eine andere Kassiererin am Band sitzt als diejenige, die da saß, als Sie weggingen? Die Wahrscheinlichkeit, dass Ihnen das auffällt, ist gering – so wie die Wahrscheinlichkeit gering ist, dass der Kassiererin auffallen würde, wenn statt Ihnen eine andere Person mit der Zahnpasta zurückkäme. In solchen Situationen interagieren wir üblicherweise nicht als Individuen miteinander, sondern als Mitglieder sozialer Rollen und Kategorien: in diesem Fall Kund:in und Kassierer:in. Die in der Situation verfügbaren sozialen Informationen kategorial zu verarbeiten ist für Ihr aktuelles Ziel, nämlich den Wochenendeinkauf zu erledigen, vollständig ausreichend. Für Ihren kognitiven Apparat und Ihre aktuellen Ziele sind die persönlichen Merkmale Ihres Gegenübers in dieser Situation nicht informativ; Sie sparen sich also den Aufwand, die andere Person individuell zu verarbeiten. Weil Sie in dieser Interaktionssituation kategorial verarbeiten, würden Sie zwar einen Personenwechsel vermutlich nicht bemerken, aber Ihnen bleiben ausreichend freie kognitive Ressourcen, die Sie benötigen, um im Kopf noch einmal schnell durchzugehen, ob Sie alles von Ihrer Einkaufsliste im Wagen haben, und darauf zu achten, dass Ihre Kinder nicht nebenher noch Süßigkeiten aufs Band schmuggeln. Praktisch, oder?

Dies unterstreicht wiederum eine hochgradig adaptive Funktion von Kategorisierung: Die Menge eingehender Situationen wird auf das Notwendige reduziert und erlaubt zusätzlich Schlussfolgerungen für effizientere Verhaltensentscheidungen – Sie müssen nämlich nicht groß darüber nachdenken, ob die vor Ihnen sitzende Person eigentlich gut Kopfrechnen kann oder wie vertrauenswürdig sie ist, bevor Sie ihr Ihr Geld in die Hand drücken. Die einfache Kategorisierung als Kassiererin nimmt Ihnen diese recht komplexe Eindrucksbildung und Entscheidungsfindung ab.

Während die Konsequenzen von Kategorisierung und damit einhergehende geringere Individuierung in diesen Beispielen zwar praktisch aber belanglos wirken, zeigen sich in anderen Domänen ganz andere Effekte: Wenn es beispielsweise wichtig ist, individuelle Gesichter wiederzuerkennen, zum Beispiel bei Zeugenaussagen. Das fällt Menschen generell sehr schwer und ist enorm fehleranfällig. Diese Fehlerhäufigkeit steigt zusätzlich, wenn es sich um Gesichter aus Gruppen, vor allem ethnischen Gruppen handelt, denen die sich erinnernde Person selbst nicht angehört. Dieser Gedächtniseffekt wird in der Forschung zu Gesichtswahrnehmung als Other-Group-Effekt oder Other-Race-Effekt bezeichnet, also im weitesten Sinne als Fremdgruppeneffekt.

Obwohl dieser Effekt sehr gut belegt ist und seit den 1980er Jahren intensiv erforscht wird [66], gibt es immer noch eine unüberschaubare Menge an unterschiedlichsten Theorien und nicht die eine allgemein anerkannte Erklärung dafür. Oft wird davon ausgegangen, dass schlechtere Gedächtnisleistungen durch mangelnden Kontakt mit Mitgliedern anderer Gruppen zu erklären sind. Wer keine oder wenig Erfahrungen mit Menschen anderer Ethnizität als der eigenen hat, der lernt schlicht und einfach nicht, wie individuelle Gesichter aus anderen Gruppen sich unterscheiden und auseinanderzuhalten sind. Tatsächlich zeigen sich in manchen Studien Zusammenhänge zu Kontakterfahrungen und diesem Gedächtnisfehler [67]. Es ist aber bisher vollkommen unklar, welche Art und Menge von Kontakt eigentlich maßgeblich dafür sind, ob einer Person solche Verwechslungsfehler unterlaufen oder nicht. Auch gibt es viele Studien, in denen kein Zusammenhang zwischen der Größe dieses Gedächtniseffekts und der Anzahl von Fremdgruppenmitgliedern, die eine Person kennt, gefunden wurde.

Andere Theorien erklären den Fremdgruppeneffekt in der Gesichtswahrnehmung mit unterschiedlichen Motivationslagen für Gesichter, wenn wir sie unserer eigenen oder einer fremden Gruppe zuordnen [68, 69]. Kategorisieren wir ein Gesicht als Eigengruppe, so sind wir eher motiviert, es individuierend zu verarbeiten, also die Einzigartigkeit und Besonderheit der Person aufzunehmen und sie von anderen Eigengruppenmitgliedern unterscheidbar und wiedererkennbar zu machen. Kategorisieren wir ein Gesicht als einer Fremdgruppe zugehörig, so fehlt uns diese Motivation oder fällt zumindest geringer aus. Wir verarbeiten stärker kategorial, und unser visuell-kognitives System spart sich den Aufwand, den es benötigen würde, um Individualität zu erkennen und zu verarbeiten.

Diese motivationale Erklärung bedeutet übrigens ausdrücklich nicht, dass der Fremdgruppeneffekt zwingend aus negativen vorurteilsbehafteten Einstellungen resultiert. Eine Vielzahl an Studien konnte bislang beispielsweise keinen systematischen Zusammenhang zwischen Gedächtnisleistungen für Gesichter und Vorurteilen finden [70]. Dass wir jemanden nicht wiedererkennen, scheint also nicht daran zu liegen, dass wir negative Assoziationen zu der Gruppenzugehörigkeit der Person haben und sie deshalb aktiv vermeiden. Der Begriff Motivation bezieht sich also weniger auf bewusste Ziele und Intentionen einer Person oder Gruppe gegenüber, sondern mehr auf den relativen Anreiz, den unser kognitiver Apparat darin sieht, mehr oder weniger Aufmerksamkeit und Energie in die Verarbeitung des Gesichtes einer anderen Person zu investieren.

Auch wenn in diesem Bereich noch viele Fragen offen sind, so lässt sich aus der bisherigen Forschung über den Fremdgruppeneffekt in der Gesichtswahrnehmung schließen, dass es ein normaler Effekt ist, der wiederum auf ganz normalen kategorialen Informationsverarbeitungsprozessen resultiert. Dennoch hat dieser Effekt wichtige, mitunter tragische Konsequenzen. Im drastischsten Fall führt er zu Fehl-Identifikationen, die unschuldige Menschen vor Gericht und ins Gefängnis bringen können [71]. Im Vergleich dazu mögen alltägliche Verwechslungen vielleicht weniger relevant oder maximal peinlich wirken. Wer allerdings im Alltag immer wieder die Erfahrung machen muss, nicht wiedererkannt und mit anderen verwechselt zu werden, erhält damit auch die Rückmeldung, als Individuum unsichtbar zu sein und dass eigene Leistungen und Erfahrungen nicht zählen. Solche Erfahrungen können enorme Konsequenzen nicht nur für das Wohlbefinden, sondern auch die eigene Leistungsfähigkeit und Teilhabe im sozialen Miteinander haben [72].

Soziale Kategorisierung ist ein grundlegender Informationsverarbeitungsprozess, bei dem Menschen sich selbst und andere basierend auf wahrgenommenen Ähnlichkeiten und Unterschieden sozialen Gruppen zuordnen. Kategorisierung strukturiert und vereinfacht unsere Wahrnehmung und erlaubt uns, direkt auf vorhandenes Wissen zu sozialen Kategorien zurückzugreifen. Kategorisierung ist also nicht einfach nur Ordnen von Sinneseindrücken, sondern gleichzeitig das Schaffen unterschiedlicher Sinneseindrücke. Und damit legt dieser hochgradig automatisierte erste Verarbeitungsprozess den Grundstein für unser Denken, Urteilen und Handeln. Mit diesen werden wir uns im nächsten Kapitel ausführlicher beschäftigen.

8

Verhaltenskonsequenzen

In den vorherigen Kapiteln habe ich ausführlich dargestellt, wie unser Gehirn Informationen über soziale Gruppen verarbeitet, ordnet und speichert. In dem Zusammenhang haben wir uns ausführlich mit den Grundprinzipien sozialer Kategorisierung und automatischer Informationsverarbeitung auseinandergesetzt. Bereits am Beispiel von Linda, unserer feministischen Bankangestellten, ist deutlich geworden, dass kategoriales Denken beeinflusst, welche Schlüsse wir über andere Personen ziehen. Nun waren die meisten der Beispiele bisher recht abstrakt, wirkten zumindest nicht gerade wie aus dem wahren Leben gegriffen. Im Alltag muss ich recht selten einschätzen, wie hoch die Wahrscheinlichkeit ist, dass irgendeine mir unbekannte Linda irgendeinen Beruf ausübt. Auch laufen eher selten Leute mit Türen durch meine Gespräche und tauschen dabei meine Gesprächspartner:innen aus, und ich musste in meinem

© Springer-Verlag GmbH Deutschland, ein Teil von Springer
Nature 2022
J. Degner, *Vorurteile*,
https://doi.org/10.1007/978-3-662-60572-1_8

bisherigen Leben auch noch nie so schnell wie möglich angeben, was Kühe so trinken.

Nun gilt daher, genauer zu schauen, welche Relevanz diese basalen kognitiven Strukturen und Prozesse für unser soziales Denken, Urteilen, und Entscheiden haben. Zwar passt das Bild des Autopiloten auf Situationen, in denen wir gut geübte Handlungen – wie eben das Autofahren oder das Blitzrechnen – ausführen. Aber ergibt es Sinn, unser *Sozialverhalten* mit einer solchen Analogie zu erklären? Wenn wir über unsere eigenen Entscheidungen und Handlungen nachdenken, dann haben wir doch eher selten den Eindruck, vollautomatisch gesteuert zu funktionieren. Im Gegenteil, wir können unsere Entscheidungen nachvollziehen und unsere Handlungen begründen – zumindest erscheint uns das so. Vor allem, wenn uns etwas wichtig ist. Und erst recht, wenn es um unsere grundlegenden Werte wie Toleranz und Gleichberechtigung geht. Und das wiederum spricht doch eher für gut reflektierte Entscheidungen und Handlungen und weniger für Steuerung durch einen Autopiloten.

Im Folgenden werden wir unterschiedliche Ebenen von Informationsverarbeitung und Handlungssteuerung durchdeklinieren, um zu verdeutlichen, wie soziale Kategorisierungen, und damit assoziierte Stereotype und Vorurteile automatisch Einfluss auf unser Denken, Fühlen, Entscheiden und Handeln nehmen. Dabei wird auch deutlich werden, dass viele dieser Einflüsse wider besseres Wissen bzw. entgegen der eigenen Überzeugungen auftreten können – wie bei der Kuh, von der wir ja eigentlich wissen, dass sie eher keine Milch trinkt.

Ich werde dafür einen tieferen Einblick in die sozialkognitive Forschung geben und dabei auch einige Untersuchungsmethoden näher beleuchten. Diese Art von Forschung unterscheidet sich stark von Ihnen vielleicht bekannten Untersuchungen und Befragungen, die in der sozialwissenschaftlichen Forschung zumeist genutzt werden. Hier werden Teilnehmende üblicherweise nach ihren Einstellungen, Überzeugungen und/oder Verhaltensintentionen *gefragt*. Die sozial-kognitive Forschung setzt zusätzlich auf Verhaltensbeobachtungen in kontrollierten Experimenten. Diese Experimente schaffen standardisierte Versuchssituationen, bei denen einzelne Variablen variiert werden und Verhalten in messbaren Parametern erfasst wird (wie beispielsweise in Reaktionszeiten oder Fehlerraten). Dadurch lässt sich auf einzelne Prozesse (wie beispielsweise Aufmerksamkeitsausrichtung, Informationsinterpretation oder Gedächtnisabruf) und deren zugrunde liegende Mechanismen schließen. Das heißt, in dieser Art von Forschung werden soziale Situationen mitunter auf ein Minimum reduziert, um störungsfrei basale Mechanismen untersuchen zu können. Erst die Zusammenführung zahlreicher verschiedener experimenteller Befunde und die Kombination dieser experimentellen Laborforschung mit Befragungen und Feldforschung zeichnet ein Bild der komplexen psychologischen Dynamiken unserer Informationsverarbeitung und der Rolle, die soziale Kategorisierungen dabei spielen.

Ich habe dieses Kapitel zur besseren Übersicht in grundlegende Bausteine der Informationsverarbeitung unterteilt: Aufmerksamkeitssteuerung, Wahrnehmung, Informationsinterpretation sowie Eindrucksbildung und Verhaltenssteuerung. Diese Trennung ist insofern künstlich, als psychologische Mechanismen und Prozesse nicht so klar aufteilbar sind. Es hilft uns aber, einen Überblick über die Vielzahl und Vielfalt der Wirkungen von Stereotypen und Vorurteilen auf unser Denken und Handeln zu erhalten. Noch eine Vorbemerkung: Viele der hier zitierten Studien entstammen der sozial-kognitiven Rassismusforschung aus den USA und untersuchen Bedrohungsstereotype gegenüber schwarzen Amerikanern. Ich wähle diese Studien nicht aus, weil ich die Forschung aus den USA für wichtiger, relevanter oder besser halte als Forschung aus Deutschland oder Europa, sondern weil dort einfach mehr Forschung zu diesem Thema durchgeführt wird. Auch wenn die Forschungsbefunde und Erkenntnisse aus den USA nicht eins zu eins auf deutsche Kontexte übertragbar sind, so ist doch davon auszugehen, dass die dabei entdeckten grundlegenden Mechanismen und Effekte universeller Natur sind. In der idealen Forschungswelt ohne finanzielle und personelle Einschränkungen hätten wir diese Annahme längst wissenschaftlich überprüft. Leider gibt es hierzulande viel zu wenig systematische Forschung zu diesen Themen. Wir können nur hoffen, dass in der deutschen Politik und Forschungsförderung erkannt wird, dass es systematischer und struktureller Forschungsförderung bedarf, um daran etwas zu ändern.

Aufmerksamkeitsprozesse

Jede Wahrnehmung beginnt damit, dass wir unsere Aufmerksamkeit ausrichten. Aus unserer Umwelt prasselt unaufhörlich eine enorme Menge an komplexen und vielfältigen Informationen auf uns ein. Sie alle zu verarbeiten würde unseren kognitiven Apparat vollkommen überlasten. Daher muss dieser entscheiden, welche Sinneseindrücke überhaupt verarbeitet werden sollen, worauf wir also unsere Aufmerksamkeit richten.

Vereinfacht können wir uns diese Aufmerksamkeitsteuerung wie ein ständig umherwanderndes Scheinwerferlicht vorstellen [73], das immer nur eine beschränkte Menge an Eindrücken aus unserer Wahrnehmungsumgebung beleuchtet. Die meisten unserer Sinneseindrücke werden ohne Scheinwerferlicht zwar verarbeitet, aber nur so rudimentär, dass sie unsere Bewusstheit erst gar nicht erreichen. Sie bleiben also im Dunkeln, weil sie direkt von unserem Gehirn als irrelevant klassifiziert wurden. Andere Sinneseindrücke landen hingegen im Scheinwerferlicht und erhalten dadurch unsere selektive Aufmerksamkeit.

Nun wandert dieses Scheinwerferlicht nicht ziellos und zufällig über unsere Sinneseindrücke hinweg, sondern folgt basalen Suchprinzipien. Diese sorgen dafür, dass Sinneseindrücke, die potenziell wichtiger sind als andere, auch eher in das Scheinwerferlicht unserer Aufmerksamkeit gelangen. Generell gehört dazu alles, was unverzügliche Reaktionen erfordert (zum Beispiel plötzliche Bewegungsreize wie ein auf mich zufliegender Stein), alles, was potenziell bedrohlich ist (zum Beispiel visuelle Reize, die wie eine Schlange aussehen) [74], alles, was irgendwie unerwartet ist oder nicht ins Bild passt (zum Beispiel ein Spielzeugauto in der Käsetheke), und alles, was selbstrelevant sein könnte (zum Beispiel der eigene Name, den wir selbst aus einem unverständlichen Gebrabbel in einem entfernten Gespräch in der vollen Kantine heraushören, obwohl wir ansonsten kein Wort verstehen [229].

Sobald unser System solche potenzielle Relevanz registriert, richtet es unsere Aufmerksamkeit automatisch darauf und unsere kognitive Maschinerie springt an. Durch diese selektive Aufmerksamkeitsausrichtung werden unsere kognitiven Ressourcen maximal effizient eingesetzt. Das ermöglicht es uns, unsere kognitiven Kapazitäten effizient dafür einzusetzen, herauszufinden, welche Informationen in der Umgebung für uns erklärungsbedürftig und/oder handlungsrelevant sind. Wie kommt das Spielzeugauto auf die Käsetheke? Ist das eine Schlange oder nur der Gartenschlauch? Und warum fällt mein Name in dem Gespräch, loben die mich oder lästern die über mich?

Vor allem ermöglicht uns diese automatische Aufmerksamkeitsausrichtung, unverzüglich zu handeln, wenn das nötig sein sollte, sich zum Beispiel schnell vor dem heranfliegenden Stein zu ducken oder der potenziell lebensgefährlichen Schlange auszuweichen (auch wenn sie sich bei näherem Hinschauen als Gartenschlauch herausstellt), sich zu der Gruppe zu gesellen, die scheinbar gerade über mich spricht oder die Kantine schnell zu verlassen.

Nun wird unsere Aufmerksamkeit generell von sozialen Reizen enorm angezogen. Selbst Neugeborene schauen zum Beispiel deutlich länger und aufmerksamer auf menschliche Gesichter bzw. gesichtsähnliche Muster als auf andere geometrische Muster [75] oder hören aufmerksamer auf menschliche Stimmen als auf andere Geräusche [76]. Diese Aufmerksamkeitsausrichtung auf soziale Informationen wird zusätzlich durch kategoriales Wissen beeinflusst. Studien zur Gesichtswahrnehmung zeigen beispielsweise, dass basale Kategorienzugehörigkeiten wie Geschlecht oder sichtbare ethnische Gruppenzugehörigkeiten bereits innerhalb der ersten 100–200 ms eines Wahrnehmungseindruckes registriert werden [77]. Diese frühe Kategorisierung beeinflusst dann unsere weitere Aufmerksamkeitsausrichtung: Bevor wir ein Gesicht überhaupt bewusst bemerkt haben, sind bereits kategoriale Informationen über das Gesicht aktiviert. Bevor wir die Gesichtszüge richtig erkennen, haben wir schon registriert, ob es sich um ein männliches oder weibliches, kindliches oder erwachsenes, bekanntes oder unbekanntes Gesicht handelt. Genauso schnell haben wir andere Kategorisierungen vorgenommen, zum Beispiel ethnische Zuschreibungen.

Das zeigt sich unter anderem daran, dass Gesichter aus Gruppen, die stereotyp mit Gefahr bzw. Bedrohung assoziiert werden, deutlich stärker unsere Aufmerksamkeit erregen als andere Gesichter. Solche Aufmerksamkeitseffekte wurden unter anderem im sogenannten *Dotprobe-Paradigma* untersucht. Dabei betrachten Versuchspersonen einen Computerbildschirm, auf dem jeweils links oder rechts von der Mitte ein Punkt erscheint. Ihre Aufgabe ist es, entsprechend der Position des Punktes so schnell wie möglich eine linke oder rechte Taste zu drücken. Kurz bevor ein Punkt erscheint, werden jedoch zwei Gesichter als Ablenkungsreize eingeblendet, genau an den Stellen, an denen die Punkte erscheinen können. Die Versuchspersonen sind aber aufgefordert, diese Gesichter nicht zu beachten, damit sie so schnell wie möglich auf das Erscheinen des Punktes reagieren können. Tatsächlich gelingt das aber nur eingeschränkt: Denn wenn etwas unsere Aufmerksamkeit erregt, erfolgt eine visuelle Orientierung in die entsprechende Richtung. Diese wiederum beeinflusst unsere Reaktionszeit: Erscheint der Punkt an der Seite, auf die sich unsere visuelle Aufmerksamkeit ausrichtet, reagieren wir schneller, als wenn der Punkt auf der anderen Seite erscheint.

Werden nun in einem solchen experimentellen Paradigma Gesichter verschiedener sozialer Kategorien eingesetzt, so lassen sich kategorienbasierte Aufmerksamkeitsausrichtungen erfassen. In Abb. 8.1 sind beispielhaft zwei Durchgänge in so einer Aufgabe schematisch dargestellt. Mal erscheint dabei der Punkt, auf den reagiert werden muss, an der Position, an der vorher ein weißes Gesicht eingeblendet wurde, mal an der Position, an der vorher ein schwarzes Gesicht eingeblendet wurde.

Studien mit diesem experimentellen Paradigma aus den USA zeigen, dass weiße Versuchspersonen ihre visuelle Aufmerksamkeit stärker auf schwarze Gesichter richten als auf weiße Gesichter – wobei diese Aufmerksamkeitsausrichtung in einer Zeitspanne von wenigen Millisekunden geschieht, also nicht bewusst gesteuert sein kann [78–80]. Mehr noch: In weiterführenden Studien

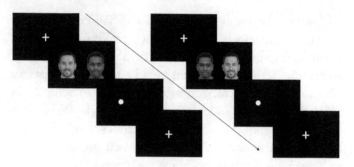

Abb. 8.1 Schematische Abbildung zweier Durchgänge in einem Dotprobe-Paradigma

zeigt sich, dass nach der initialen Aufmerksamkeitsausrichtung diese Gesichter auch länger angeschaut werden.
Es scheint Versuchspersonen also schwerer zu fallen, ihre
Aufmerksamkeit von bestimmten Gesichtern wieder los-
zulösen und auf andere Umgebungsinformationen zu
richten. Eine weitere Studie zeigt, dass solche Aufmerksamkeitseffekte umso stärker ausfallen, je eher eine soziale
Kategorie mit Bedrohungsassoziationen verknüpft ist
[81]. Spannenderweise spielte es dabei keine Rolle, ob
die Versuchspersonen solchen Bedrohungsstereotypen
explizit zustimmen, ob sie also beispielsweise persönlich
der Meinung sind, dass Schwarze prinzipiell bedrohlicher
oder gefährlicher wären als Weiße. Der Aufmerksamkeits-
effekt wird lediglich dadurch vorhergesagt, wie stark diese
Assoziationen *automatisch* aktiviert wurden.

Auch soziale Kategorisierungen, die a priori nichts
mit Bedrohungsassoziationen zu tun haben, können
differenzierte Effekte auf die spontane Aufmerksamkeitsausrichtung haben: Auch wenn beispielsweise die erste
Orientierung beim Anblick einer Person fast immer zum
Gesicht geht [82], erhalten beispielsweise Gesichter von
Männern deutlich mehr Aufmerksamkeit als Gesichter

von Frauen; bei Frauen nämlich schweift die Aufmerksamkeit früher zum Körper bzw. bleibt länger dort haften [83].

Generell ist zu beobachten, dass Personen, die einer Gruppe mit Minderheitenstatus angehören, mehr Aufmerksamkeit erhalten. Die einzige Frau in der Pilotenausbildung, der einzige Vater in einer Krabbelgruppe, die einzige Frau mit Kopftuch im Bus sind Beispiele dafür, dass wahrgenommene Seltenheit unsere Aufmerksamkeit erregt [84]. Unser subjektiver Eindruck ist allerdings, dass es *diese Personen* sind, die unsere Aufmerksamkeit „erregen" oder „auf sich ziehen". Dabei sollte klar sein, dass Seltenheit keine Eigenschaft einer Person ist, sondern dadurch definiert wird, was *wir* als Sehende in bestimmten Situationen erwarten bzw. als typisch oder normal empfinden. Nur weil wir an männliche Piloten, Mütter in Krabbelgruppen und Frauen ohne Kopftuch gewöhnt sind, fallen uns Personen auf, die sich von diesen Erwartungen unterscheiden. Es liegt nicht an den Personen, dass sie uns auffallen, sondern daran, dass *wir* sie nicht in unsere Erwartungen einbezogen haben. Oft sind wir uns gar nicht im Klaren darüber, dass unsere kognitive Maschinerie automatisch solche Erwartungen aktiviert und unsere Aufmerksamkeit auf das richtet, was nicht zu diesen Erwartungen passt. Statt also andere aufzufordern, sich selbst zu erklären *(Wo kommst du denn (wirklich) her…? Was treibt denn eine Frau dazu, Pilotin zu werden? Was das wohl für eine Familienkonstellation ist, in welcher der Vater die Elternzeit übernimmt…?)*, wäre es deutlich angemessener, uns selbst zu fragen, wieso wir das für erklärungswürdig halten.

Diese hohe Sichtbarkeit durch Kategorienzugehörigkeiten oder -zuschreibungen stellt Personen im wahrsten Sinne des Wortes ins Scheinwerferlicht, ob sie diese Aufmerksamkeit wünschen oder nicht. Zugeschriebener Minoritätsstatus geht oft einher mit der Unmöglichkeit, sich den aufmerksamen oder aufdringlichen Blicken anderer entziehen zu können. Trotzdem bleiben die Personen als Individuen dabei oft unsichtbar, denn die Aufmerksamkeit richtet sich auf ihre Kategorienzugehörigkeit und nicht auf ihre Individualität.

Erste Wahrnehmung und Eindrucksbildung

Die initiale Ausrichtung unserer Aufmerksamkeit löst direkt weitere erste Prozesse der Eindrucksbildung aus. Innerhalb weniger Millisekunden werden eingehende Informationen ausgewertet und interpretiert, erste Schlüsse gezogen und Erwartungen gebildet. Und das passiert wiederum ganz automatisch: Wir brauchen uns nicht aktiv entscheiden, einen Eindruck über jemanden bilden zu wollen – wir sind uns oft noch nicht einmal darüber im Klaren, dass wir das tun.

Unser kognitiver Apparat ist dabei darauf aus, möglichst schnell zwei grundlegende Fragen über andere Personen zu beantworten. Erstens: Hat diese Person gute oder böse Absichten? Zweitens: Ist diese Person in der Lage, mir Gutes oder Böses zu tun? In der Sozialpsychologie wird die Antwort auf erstere Frage als Eindruck interpersonaler Wärme und Vertrauenswürdigkeit (warm und freundlich versus kalt und gemein) registriert und die Antwort auf die zweite Frage als Urteil über Kompetenz und Durchsetzungsfähigkeit (fähig und mächtig versus unfähig und ohnmächtig) [85, 86]. Diese beiden Dimensionen bilden fundamentale evolutionäre Interessen ab: Bindungen mit anderen einzugehen bzw. miteinander auszukommen und eigene Ziele zu erreichen bzw. voranzukommen.

Wir nutzen die kleinsten Informationsbrocken, um andere Personen auf diesen zwei Dimensionen zu beurteilen. Ein vertrauenswürdig wirkendes Gesicht, ein Lächeln, eine dominante Geste oder ein bedrohlich wirkender Gang können erste Eindrücke daher maßgeblich beeinflussen. Aber ob bzw. wie wir solche Informationsbrocken tatsächlich aufnehmen, wird wiederum von sozialen Kategorisierungen beeinflusst. Selbst basale Informationen wie die Einschätzung der Körpergröße oder ob eine Person lächelt oder nicht, können davon beeinflusst werden, in welche Kategorien wir sie eingeordnet haben.

So zeigen Studien aus den USA beispielsweise, dass Körpergröße, -gewicht und -stärke von Schwarzen, vor allem schwarzen jungen Männern, systematisch überschätzt werden, und zwar umso mehr, je typischer sie erscheinen, zum Beispiel wenn sie eine dunklere Hautfarbe oder besonders typische Gesichtsmerkmale haben [87]. Eine Person als größer oder kräftiger wahrzunehmen, als sie tatsächlich ist, löst gleichzeitig ein proportional stärkeres Gefühl von Bedrohung aus und damit einhergehend bedrohlichere Interaktionserwartungen. Uns ist dabei nicht bewusst, dass diese Wahrnehmung einer größeren Bedrohung nicht von der anderen Person ausgeht, sondern die Person *uns* als größer und gefährlicher *erscheint,* weil unser kognitiver Apparat sie automatisch als Mitglied einer sozialen Gruppe kategorisiert hat, mit der wir diffuse Bedrohungsängste assoziieren.

Dass dies eine hochgradig wichtige Rolle spielen kann, zeigt der Tod von Dontre Hamilton, einem jungen schwarzen Mann, der im April 2014 in den USA von einem weißen Polizeibeamten in einer Auseinandersetzung erschossen wurde. Der Beamte sagte später aus, dass Hamilton einen „muskulösen Körperbau" hatte und *„mit Sicherheit … mich oder so ziemlich jeden Beamten, der* *mir einfällt, überwältigt hätte … Er war einfach so groß, so muskulös"* [88]. Hamilton war lediglich 1,70 m groß und wog 76 kg.

Ein weiteres wichtiges Merkmal, das wir verarbeiten, um eine Person spontan zu beurteilen, ist deren Gesichtsausdruck. Unser visuell-kognitives System ist darauf spezialisiert, Gesichtsausdrücke schnell zu identifizieren und zu interpretieren, denn aus dem Gesichtsausdruck lassen sich Vorhersagen über die Absichten eines Gegenübers ableiten. Es ist zum Beispiel ein großer Unterschied, ob eine Person, die zügig auf Sie zuläuft, einen wütenden oder lächelnden Gesichtsausdruck zeigt. Es ist hochgradig sinnvoll, diesen Gesichtsausdruck möglichst schnell und akkurat zu erkennen, zum Beispiel um zu entscheiden, ob Sie die Person gleich umarmen oder ihr schnell ausweichen sollten. Ob nun jemand wütend dreinschaut oder lächelt, ist prinzipiell sehr einfach zu erkennen, denn es sind bei allen Menschen universell die gleichen mimischen Gesichtsmuskeln, die zu einem lächelnden oder einem wütenden Gesichtsausdruck führen. Um genau zu sein, handelt es sich um den *Musculus zygomaticus major,* verantwortlich für die Lachfalten um den Mund, und den *Musculus corrugator supercilii,* verantwortlich für die Zornesfalte zwischen den Augenbrauen. Obwohl wir also universell die Aktivierung von Lachmuskel und Zornesfalte erkennen und interpretieren können, können soziale Kategorisierungen unsere Wahrnehmung und Interpretationen von Gesichtsausdrücken enorm beeinflussen.

In einer Reihe von Studien zeigten Kurt Hugenberg und Kollegen von der Universität Miami in den USA Versuchspersonen kurze Videoclips von Gesichtern, die in Zeitlupe ihren Gesichtsausdruck änderten – zum Beispiel von einem neutralen Ausdruck langsam zu einem wütenden oder zu einem lächelnden Ausdruck wechselten. Weil die Videos in Zeitlupe abliefen, dauerte das, was in natura in weniger als einer Sekunde abläuft, hier ganze 16 Sekunden. Dadurch konnte man sehr gut die minimalen und subtilen Veränderungen in den Gesichtszügen bei der Entfaltung eines Gesichtsausdrucks betrachten. Aufgabe der Versuchspersonen war es lediglich, die Videos zu stoppen, sobald sie erste Anzeichen des entstehenden Gesichtsausdrucks erkennen konnten, und dann anzugeben, welche Emotion sich abzeichnete. Die abgebildeten Personen waren computergenerierte Gesichter von schwarzen und weißen Männern; so konnte sichergestellt werden, dass Dauer und Art der Gesichtsausdrücke für beide Gruppen vollkommen identisch waren. Das erlaubt die Schlussfolgerung, dass die Studien tatsächlich Effekte sozialer Kategorisierung untersuchten und nicht etwaige Effekte von kulturellen Unterschieden im Emotionsausdruck. Obwohl Emotionsverlauf und Intensität also identisch waren, hatte die Kategorienzugehörigkeit der Gesichter einen Einfluss auf die Emotionserkennungsleistung der Versuchspersonen: Ein wütender Gesichtsausdruck wurde systematisch früher in schwarzen Gesichtern erkannt als in weißen Gesichtern [89]. Im Gegensatz dazu wurde das Erscheinen eines Lächelns schneller in weißen als schwarzen Gesichtern erkannt [90].

Ähnliche Ergebnisse erzielten Studien in den Niederlanden, in denen Bilder von europäisch versus arabisch aussehenden Männergesichtern genutzt wurden: In den Gesichtern arabischer Männer entdeckten die Versuchspersonen einen wütenden Ausdruck schneller als in europäischen Gesichtern [91]. Vergleichbare Effekte zeigten sich auch, wenn Versuchspersonen emotionale Zustände aus der Körperhaltung von Personen erschließen sollten [92].

Nun könnte man argumentieren, dass es sich dabei um einen reinen Bewertungseffekt handelt und Mitgliedern der eigenen Gruppe generell mehr Positivität zugeschrieben wird als Mitgliedern einer anderen Gruppe. Allerdings scheinen diese Effekte emotionsspezifisch zu sein, denn es wird nicht jede negative Emotion schneller in Fremdgruppengesichtern erkannt. Aktuelle Studien zeigen beispielsweise, dass weiße Beurteilende den Ausdruck von Leiden und Schmerz in schwarzen Gesichtern schlechter erkennen als in weißen Gesichtern [93]. Generell lässt sich schließen, dass die Emotionserkennung sowohl durch allgemeine Gruppenbewertungen als auch spezifische Gruppenstereotype beeinflusst sein kann [94].

Zudem wurde in vielen Studien mehrfach ein Zusammenhang zwischen der Emotionserkennung und automatisch aktivierten Bedrohungsstereotypen gefunden. Das heißt, je stärker Versuchspersonen afroamerikanische/marokkanische Männer automatisch mit Feindseligkeit bzw. Bedrohung assoziierten, umso schneller erkannten sie einen wütenden Ausdruck in ihren Gesichtern und umso langsamer erkannten sie ein Lächeln. Wurden die Versuchspersonen jedoch nach ihren persönlichen Überzeugungen gefragt, dann war es unerheblich, ob sie glaubten, dass Afroamerikaner und/oder Marokkaner tatsächlich gefährlicher oder bedrohlicher seien als Weiße. Kategorienbasierte Vor- und Nachteile für die Erkennung von Emotionsausdrücken in Gesichtern erscheinen also weitestgehend unabhängig davon, ob unsere persönlichen Überzeugungen negative Stereotype über die entsprechenden Gruppen enthalten oder nicht.

Solche Effekte finden sich übrigens auch für positive Stereotype. In einer ähnlich angelegten Studie zur Wahrnehmung von emotionalen Gesichtsausdrücken wurden Versuchspersonen nur Videoclips von männlichen und weiblichen (weißen) Gesichtern gezeigt. Dabei wurde ein sogenannter *happy face advantage* für Frauengesichter beobachtet. Ein entstehendes Lächeln wird in einem weiblichen Gesicht deutlich früher erkannt als in einem männlichen Gesicht [95]. Da bestehende Rollenerwartungen Frauen eher Freundlichkeit, Wärme und Zuwendung zuschreiben als Männern, erkennen wir Anzeichen dafür auch früher. Wiederum nutzt unser kognitiver Apparat soziale Kategorisierungen als Filter zur Hilfestellung bei der Interpretation erster Wahrnehmungseindrücke. Wir „erkennen" dadurch kategorienkonforme Information schneller und mit weniger Aufwand als nonkonforme Informationen. Haben wir Bedrohungsstereotype über eine Kategorie gelernt, sind wir dementsprechend hochsensibel für potenzielle Anzeichen von Bedrohung. Haben wir gelernt, eine Kategorie mit Wärme und Vertrauenswürdigkeit zu assoziieren, sind wir dementsprechend hochsensibel für potenzielle Anzeichen von Freundlichkeit. In jedem Fall „sieht" unser Gehirn eher das, was es erwartet – selbst wenn diese Erwartungen gar nicht unseren bewussten Überzeugungen und Einstellungen entsprechen.

Solche Einflüsse finden sich nicht nur in der Wahrnehmung von Personen, sondern auch bei der Wahrnehmung von Objekten. Dies wird unter anderem in den Studien der Arbeitsgruppe von Jennifer Eberhardt von der Stanford University (USA) deutlich [96]. In einer dieser Studien hatten Versuchspersonen die einfache Aufgabe, Objekte zu erkennen. Am Computerbildschirm wurden Bilder von Objekten gezeigt, die durch grieselige Pixelmasken überdeckt waren. Alle halbe Sekunde wurde die Verpixelung ein wenig aufgelöst, sodass die Objekte mit der Zeit immer klarer hervortraten. Die Aufgabe der Versuchspersonen war es, eine Stopptaste zu drücken, sobald sie das verborgene Objekt erkennen konnten. Dabei handelte es sich fast durchgehend um Alltagsobjekte (das Bild eines Schlüssels, eines Buchs, eines Tackers oder einer Kamera). Darunter waren aber auch einzelne Bilder von Schusswaffen und Messern – alles Objekte, die sehr leicht erkennbar sind. Kann eine solch simple Wahrnehmungs-aufgabe der Objekterkennung durch soziale Kate-gorisierung beeinflusst werden? (Abb. 8.2)

Um diese Frage zu beantworten, sorgten die Forschenden dafür, dass bei den Versuchspersonen unter-schiedliche soziale Kategorien aktiviert wurden, bevor sie den Wahrnehmungstest durchführten. Sie ließen die Ver-suchspersonen vorher eine andere, scheinbar unabhängige Aufgabe bearbeiten, bei der kurze Blitze links und rechts auf dem Computerbildschirm erschienen – ähnlich einer Aufgabe zur Blickfeldbestimmung, die Sie vielleicht ein-mal bei einem Sehtest beim Optiker oder der Augenärztin selbst gemacht haben. Ohne das Wissen der Versuchs-personen wurden innerhalb dieser Blitze für 30 Milli-sekunden Gesichter eingeblendet. Das ist so kurz, dass die Gesichter nicht bewusst erkennbar waren. Einigen Ver-suchspersonen wurden Gesichter von weißen Personen gezeigt, anderen Gesichter von schwarzen Personen und einer dritten Kontrollgruppe keinerlei Gesichter (sondern lediglich Pixelmasken). Diese Technik erlaubt, Bilder am Rande der bewussten Wahrnehmungsschwelle zu zeigen, was dazu führen kann, dass soziale Kategorien und damit assoziierte Inhalte voraktiviert werden, ohne dass sich Versuchspersonen dessen bewusst werden. In diesem Fall wurden also die sozialen Kategorien „Schwarz" versus „Weiß" voraktiviert.

Abb. 8.2 Wie schnell lassen sich in diesen Pixelmasken Objekte erkennen?

Können solche subtilen Aktivierungen, tatsächlich unsere basale Wahrnehmung beeinflussen? Ja und nein: Die generelle Erkennungsrate in der Objektwahrnehmungsaufgabe war davon unbeeinflusst. Schlüssel, Buch, Tacker und Kamera wurden im Mittel gleich schnell erkannt, egal welche Voraktivierungen stattgefunden hatten. Nur bei zwei Objektgruppen zeigten sich deutliche Effekte der Voraktivierungen: Im Vergleich zur Kontrollbedingung wurden Messer und Schusswaffen früher erkannt, wenn vorher Bilder von schwarzen Gesichtern eingeblendet worden waren, und später, wenn vorher Bilder von weißen Gesichtern eingeblendet worden waren. Die automatische Voraktivierung der Kategorie „Schwarz" führte also dazu, dass die Versuchspersonen weniger visuelle Informationen benötigten, um eine Waffe als Waffe zu erkennen, als wenn die Kategorie „Weiß" voraktiviert war. Der kategoriale Wahrnehmungsunterschied lässt sich in dieser Studie mit 4,5 Sekundens beziffern, also circa so lange wie ein normaler Atemzug eines Menschen.

In ähnlichen Studien vom Forschungsteam um Keith Payne, Professor für Psychologie und Neurowissenschaft an der University of North Carolina, zeigten sich nicht nur Unterschiede in der *Geschwindigkeit* bei der Objekterkennung, sondern auch bei deren *Genauigkeit,* vor allem dann, wenn Entscheidungen unter Zeitdruck gefällt werden müssen [97]. Auch in dieser Studie sollten Bilder von Objekten schnell erkannt werden und so schnell wie möglich als harmlose Werkzeuge oder Waffen sortiert werden. Bevor ein Objektbild erschien, wurde wiederum sehr kurz ein Porträt schwarzer oder weißer Männergesichter eingeblendet. In dieser Studie zeigte sich ein deutlicher Anstieg von bestimmten Fehlentscheidungen: Folgten die Bilder von Handwerkzeugen auf schwarze Gesichter, wurden diese öfter fälschlicherweise als Waffen eingeordnet. Es wurden also Waffen gesehen, wo es gar keine gab.

Mittlerweile liegt eine Vielzahl von Studien zu diesem sogenannten *Weapon Bias* aus den USA vor. Sie belegen immer wieder, dass solche von Stereotypen beeinflussten Wahrnehmungsverzerrungen vor allem dann auftreten, wenn Entscheidungen unter Zeitdruck oder Unsicherheit getroffen werden müssen. Erklärt werden diese Effekte damit, dass die Kategorie „Afroamerikanisch" bzw. „Schwarz", vor allem zusammen mit der Geschlechtskategorie „männlich" in den USA sehr eng mit Bedrohungsstereotypen (Gewalt, Bedrohung, Kriminalität, Waffen etc.) assoziiert wird. Problematisch werden diese Befunde, wenn wir feststellen, dass diese Befunde auch in realen Situationen zum Tragen kommen können – zum Beispiel, wenn Polizeikräfte erkennen müssen, ob eine verdächtigte Person eine Waffe trägt oder nicht, und schnell entscheiden müssen, wie sie darauf reagieren. Wir werden auf die Schwierigkeit solcher Verhaltensentscheidungen später noch einmal zurückkommen.

Aus dieser Forschung lässt sich eine weitere, sehr wichtige Schlussfolgerung ziehen. Die oben beschriebenen Wahrnehmungsverzerrungen treten bei Versuchspersonen oft unabhängig davon auf, ob sie rassistischen Einstellungen zustimmen oder nicht, selbst bei Versuchspersonen, die aktiv versuchen, solche Wahrnehmungsverzerrungen zu vermeiden. Damit wird fraglich, inwieweit sich solche Wahrnehmungsverzerrungen als Anzeichen rassistischer Einstellungen einer Person interpretieren lassen. Wie wir im nachfolgenden Kapitel näher beleuchten werden, scheint es sinnvoller, solche Effekte als Produkt sozialen Lernens und Aufwachsens in einer Gesellschaft zu verstehen, in der stereotype Botschaften über soziale Kategorien allgegenwärtig sind und wir uns ihres Einflusses schwer erwehren können.

Studien wie diese belegen die fundamentalen Einflüsse, die soziale Kategorisierungen bereits auf basale Aufmerksamkeits- und Wahrnehmungsprozesse haben können. Umweltinformationen, die zu unseren Stereotypen und Vorurteilen passen, werden deutlich schneller, akkurater und mit weniger Aufwand wahrgenommen als andere Informationen. Mehr noch: Umweltinformationen, die nicht zum Stereotyp passen, irrelevant sind oder dem Stereotyp sogar widersprechen, werden nicht immer als solche erkannt, sondern fehlinterpretiert.

Als Studienteilnehmende im Forschungslabor erhalten wir dann möglicherweise eine Fehlermeldung, wenn wir eine falsche Taste gedrückt haben. Im realen Alltag erhalten wir eine solche Rückmeldung jedoch meist nicht. Daher werden wir uns dieser Verzerrungen und Fehler auch üblicherweise nicht gewahr, denn unser subjektiver Eindruck ist, dass unser kognitiver Apparat objektiv und unvoreingenommen Umgebungsinformationen erfasst und verarbeitet und wir stets angemessen darauf reagieren.

Wenn kategorienbasierte Verzerrungen selbst in solchen eindeutigen Wahrnehmungssituationen vorkommen, wie sie in sozialpsychologischen Experimenten vorherrschen, in denen zum Beispiel ein Schlüsselbund von einer Waffe unterschieden werden soll, was heißt das dann für unseren Alltag? Im Alltag liegen uns ja selten eindeutige Informationen vor, sondern auf uns einströmende Informationen sind komplex und mehrdeutig und müssen *interpretiert* werden. Wenn wir mit anderen Menschen interagieren, müssen wir nicht einfach nur einen einzelnen Gesichtsausdruck, eine einzelne Handbewegung oder ein einzelnes Objekt erkennen, sondern viele Informationen gleichzeitig verarbeiten und den Ablauf komplexer Verhaltensweisen verstehen. Um uns einen Eindruck von anderen zu machen, sind wir darauf angewiesen, Annahmen über ihre Gedanken, Gefühle, und Motivationen zu machen und ihr Verhalten entsprechend zu interpretieren. Immer wenn wir das tun, greifen wir dafür automatisch auf vorhandenes Wissen und Erwartungen zurück, also immer auch auf sozial gelernte Stereotype und Vorurteile.

Zweifelsohne können Sie sich bereits vorstellen, dass kategoriale Verarbeitungen und die automatische Aktivierung von Stereotypen und Vorurteilen die Interpretation von komplexen Informationen ebenso beeinflussen, wie wir es bereits bei der ersten Wahrnehmung und Eindrucksbildung gesehen haben. Schauen wir uns ein paar der Studien an, die Effekte von Stereotypen und Vorurteilen auf Eindrucksbildung und Verhaltensinterpretation untersuchen.

Eindrucksbildung und Verhaltensinterpretation

Wenn es darum geht, andere Personen oder ihr Verhalten einzuschätzen, gibt es selten eine einfache, als objektiv korrekt erkennbare Antwort. Menschliches Verhalten ist eigentlich immer mehrdeutig und kann auf vielfältige Weise interpretiert werden. Die Schwierigkeit, mehrdeutiges Verhalten zu verstehen, meistern wir dadurch, dass wir auf Vorerfahrungen und vorgefertigte Interpretationsmuster zurückgreifen. In unserem Langzeitgedächtnis haben wir dafür Schemata und Theorien darüber abgespeichert, welche Verhaltensweisen welche Bedeutungen haben, in welchen Situationen was zu erwarten ist und warum Menschen so handeln, wie sie handeln, und wie das zu bewerten ist. Stereotype und Vorurteile sind ein Teil dieses Interpretationsapparates, denn sie versorgen uns mit Erwartungen über Mitglieder sozialer Gruppen, und diese wiederum helfen uns dabei, beobachtetes Verhalten anderer zu interpretieren.

Eine der einflussreichsten und frühesten Studien, die versuchte, die Effekte von Stereotypen auf die soziale Informationsverarbeitung zu verstehen, wurde bereits in den 1970er Jahren von Birt Duncan, einem Sozialpsychologen an der Universität Berkeley, durchgeführt.

In dieser Studie beobachteten Versuchspersonen ein vermeintlich im Nebenzimmer stattfindendes Gespräch zweier Personen auf dem Bildschirm eines Intercom-Systems. Das muss den Studienteilnehmenden zum Zeitpunkt der Untersuchung in den 1970ern vermutlich als ziemlich hightech erschienen sein. Tatsächlich handelte es sich dabei um die Aufzeichnung zweier Schauspieler, die eine Szene darstellten. Im beobachteten Gespräch wurde eine Meinungsverschiedenheit zwischen den beiden Personen deutlich; das Gespräch entwickelte sich zu einem Streitgespräch, bei dem eine Person die andere an der Schulter anstieß. Die Versuchspersonen wurden später gebeten, zu schildern, was sie beobachtet hatten. Was die Versuchsteilnehmenden nicht wussten: Es gab mehrere Versionen des aufgezeichneten Streitgesprächs, die sich lediglich darin unterschieden, wer den Schulterschubser ausführte. Einmal war es ein schwarzer Schauspieler, ein anderes Mal ein weißer. Die Forschenden hatten durch ein festes Verhaltensskript und Training der Schauspieler sichergestellt, dass das Verhalten in jedem Video nahezu identisch war, und es wurde für jede Versuchsperson zufällig ausgelost, welche Version des Gesprächs ihr präsentiert wurde.

Nun kann so ein Schubser in einem Streitgespräch Verschiedenes bedeuten: Er kann eine aggressive Geste sein, die anzeigt, dass ein Streit eskaliert, aber auch ein freundschaftliches Herumalbern, das den Ernst aus der Situation nehmen und den Streit entschärfen soll. Um das mehrdeutige Verhalten anderer zu verstehen, ist es daher durchaus sinnvoll, dass unser kognitiver Apparat verfügbare Zusatzinformationen in die Interpretation mit einbezieht. Haben wir Vorwissen über die handelnden Personen, sind es beispielsweise Freund:innen oder Bekannte von uns, dann wissen wir vielleicht, dass „X sich immer so leicht aufregt" oder „Y immer zu unangebrachten Späßchen neigt", und das hilft uns zu verstehen, was vor sich geht. Kennen wir die handelnden Personen nicht, fehlen uns solche diagnostischen Informationen. Gerade dann greifen wir auf kategoriale Informationen zurück, um zu verstehen, was vor sich geht [98]. Das taten auch die Versuchspersonen in der Studie von Duncan – und dies hatte beachtliche Konsequenzen für ihre Interpretationen des beobachteten Verhaltens: Wenn die schubsende Person weiß war, so interpretierte die Mehrheit der Versuchspersonen ihr Verhalten als Herumalberei, vielleicht etwas übertrieben, aber nicht weiter böse. War die schubsende Person dagegen schwarz, so wurde ein und dasselbe Verhalten als aggressives und sogar gewalttätiges Verhalten interpretiert.

Wie lässt sich das erklären? Die automatische Kategorisierung und damit einhergehende Aktivierung negativer Stereotype über Schwarze (als aggressiv, grob oder gewalttätig) funktioniert wie eine auf Vorwissen basierende allgemeine Erwartung und liefert dadurch vorgefertigte Interpretations- und Bewertungsmuster. Es ist wie in einem der bekannten Kippbilder, in dem wir etwas vollkommen anderes sehen, je nachdem, was wir erwarten. Erzähle ich Ihnen eine Geschichte einer Ente, so sehen Sie in Abb. 8.3 die Zeichnung einer Ente. Erzähle ich die Geschichte eines Hasen, so sehen Sie einen Hasen.

Nun wurde die Studie zur Interpretation des Schulterschubsers in den frühen 1970er Jahren in den USA durch-

Abb. 8.3 Ente oder Hase? Was Sie zuerst in einem Kippbild wie diesem erkennen, wird auch dadurch beeinflusst, welche Gedanken in Ihrem Kopf gerade aktiv sind

geführt, in einer Zeit, in der ein deutlich größerer Teil der amerikanischen Bevölkerung rassistischen Stereotypen offen zustimmte, als das heute der Fall ist. Und trotzdem hilft uns diese ältere Forschung zu verstehen, welche Wirkung Stereotype und Vorurteile auf unsere Informationsverarbeitung haben und wie es dazu kommen kann, dass das Verhalten von Personen unterschiedliche Bedeutung hat, in Abhängigkeit davon, welcher sozialen Kategorie wir die handelnde Person zuordnen und welche stereotypen Assoziationen dadurch aktiviert werden. Es gibt viele Studien aus der Gegenwart, die ähnliche Interpretationseffekte nachweisen, dass es kaum möglich ist, sie hier alle zusammenzufassen [99, 100].

In der Bildungsforschung zeigt sich, dass Geschlechterstereotype (zum Beispiel zur Fähigkeit des mathematisch-logischen Denkens) und Stereotype über soziale Milieus und Bildungshintergrund die Bewertungen von Schulleistungen erheblich beeinflussen [101]. Ethnische Kategorisierungen und Stereotype über Unterschiede der Bildungsmotivation, Anstrengungsbereitschaft oder Disziplin beeinflussen, wie konzentriert, respektvoll oder störend das Unterrichtsverhalten von Schüler:innen mit und ohne Migrationshintergrund von ihren Lehrkräften wahrgenommen wird [102].

In der Arbeits- und Organisationspsychologie zeigt sich immer wieder, wie ein und dasselbe Leistungsverhalten von Männern und Frauen in Führungspositionen unterschiedlich interpretiert wird: Bei Männern wird es als zielstrebig und durchsetzungsfähig gesehen, bei Frauen als dominant und zickig. Vergleichbare Forschungsergebnisse finden sich in der Politikforschung ebenso. Das Verhalten von Politikerinnen wird von den Wählenden und Opponent:innen anders interpretiert als das gleiche Verhalten von Politikern.

Forschung im Gesundheitswesen zeigt, dass Stereotype über ethnische Kategorien beeinflussen, wie gesundheitliche Beschwerden interpretiert und wie ernst sie genommen werden. Kriminologische Forschung zeigt, dass Motive oder Schuldfähigkeit von Tatverdächtigen unterschiedlich interpretiert werden, wenn sie unterschiedlichen „Milieus" zugeordnet werden, und Forschung im Gerichtswesen zeigt, dass das äußere Erscheinungsbild von Angeklagten, zum Beispiel wie prototypisch schwarz oder weiß sie aussehen, aber auch wie kindlich oder erwachsen ihr Gesicht wirkt, die Beurteilung der Ehrlichkeit ihrer Aussagen, der Schwere der ihnen vorgeworfenen Tat, ihrer Schuldfähigkeit und ihres Strafmaßes beeinflusst [103–105]. Ebenso beeinflussen Geschlechterstereotype, ob Opfern sexueller Straftaten Glauben geschenkt wird oder ihnen eine Mitschuld zugesprochen wird. Und sie beeinflussen, wie das Verhalten von Eltern vom Familiengericht beurteilt wird und wer bessere Chancen hat, das Sorgerecht zugesprochen zu bekommen.

Diese Liste ließe sich noch lange fortsetzen. Stattdessen möchte ich Folgendes betonen: In experimentellen Studien werden kontrollierte Untersuchungssituationen genutzt. So kann sichergestellt werden, dass es sich um ein und dasselbe Verhalten handelt, das verschieden interpretiert wird, wenn die handelnden Personen unterschiedlichen sozialen Kategorien zugeordnet werden. Nur daraus lässt sich schließen, dass die Beurteilungsunterschiede aus stereotypen Erwartungen und Vorurteilen resultieren und nicht etwa aus tatsächlichen Verhaltensunterschieden zwischen Gruppen, die es ohne Frage auch gibt. Dies macht es jedoch schwierig, in Alltagssituationen genau zu identifizieren, was die Ursache eines bestimmten Eindrucks oder Urteils ist. Wie bereits in der anfänglich diskutierten Theorie des aversiven Rassismus angenommen, wirken Stereotype und Vorurteile vor allem dann, wenn Situationen unklar und Verhalten mehrdeutig ist. Denn dann kann jeder Eindruck und jedes Urteil auf andere Gründe zurückgeführt und gerechtfertigt werden. Das führt letztendlich dazu, dass wir unterschätzen, wie sehr stereotype Assoziationen auf unsere Verhaltensinterpretationen einwirken.

Nun wirken Stereotype nicht nur als Filter unserer Wahrnehmung und Interpretation von Informationen, sondern sie rufen mitunter sogar falsche bzw. unechte Erinnerungen hervor [106]. Schauen wir uns dafür eine weitere Beispielstudie an [107, 108]. In dieser Studie wurden Versuchspersonen kurze Szenen gezeigt, in denen ein Mann und eine Frau Verhalten zeigten, dass konsistent oder inkonsistent mit bekannten Geschlechterstereotypen ist. Zum Beispiel reparierte ein Handwerker das Abflussrohr des Geschirrspülbeckens (stereotyp-konsistent) oder rührte Kuchenteig an (inkonsistent), die Frau faltete Wäsche (konsistent) oder schraubte an Schrankscharnieren (inkonsistent). Zwei Tage später sollten sich die Versuchspersonen erinnern, welches Verhalten sie beobachtet hatten. Natürlich macht man dabei Fehler, zum Beispiel verwechselten die Versuchspersonen, wer welche Handlungen ausgeführt hatte. Allerdings zeigten diese Verwechslungen systematische stereotyp-konsistente Verzerrungen auf, denn in der Erinnerung der Versuchspersonen war es häufiger die Frau, die Wäsche sortierte und Kuchen backte, und der Mann, der die Spüle und Küchenschränke reparierte. Ihr Gedächtnis hatte also stereotyp-konsistente Erinnerungen erschaffen.

Beunruhigenderweise können Menschen falsche kaum von richtigen Erinnerungen unterscheiden. Falsche Erinnerungen erweisen sich als genauso überzeugend und stabil wie richtige Erinnerungen und können dadurch stereotype Überzeugungen auch im Nachhinein fälschlicherweise bestätigen. Auch neigen wir dazu, stereotyp-konsistente Interpretationen und Erinnerungen als zutreffender, verlässlicher und informativer anzusehen.

Noch einmal mehr zeigt diese Forschung, dass automatische Kategorisierungen und damit assoziierte Stereotypaktivierungen wie Filter auf allen Ebenen unserer Informationsverarbeitung wirken. Auch wenn ich mich wiederhole: Unser subjektiver Eindruck ist meist, dass wir objektiv auf das reagieren, was wir beobachtet haben. Wir grübeln im Alltag nur selten darüber nach, dass und wie wir das Verhalten anderer interpretieren, sondern haben meist sofort eine Erklärung parat und fühlen uns in unseren Urteilen und Erinnerungen meist sehr sicher. Darum werden wir uns im Alltag auch selten bewusst darüber, welch aktive Rolle wir selbst bei der Aufnahme und Interpretation sozialer Informationen spielen. Wir entscheiden ja meist nicht vorsätzlich, diese oder jene soziale Kategorie zu aktivieren, sondern dies ist ein hoch automatisierter Prozess, der sich unserer bewussten Aufmerksamkeit und Kontrolle weitestgehend entzieht. Es ist daher fast unmöglich, den Effekt sozialer Kategorisierungen auf die eigene Wahrnehmung selbst zu beurteilen, zu kontrollieren oder zu kompensieren. Unser subjektiver Eindruck ist beispielsweise nicht, dass wir ein beobachtetes Verhalten anderer als ehrlich, aggressiv, hilfsbereit *interpretieren*, sondern dass das Verhalten tatsächlich ehrlich, aggressiv, hilfsbereit *ist*. Die automatische Aktivierung von Stereotypen und Vorurteilen reicht aus, um uns „soziale Brillen" aufzusetzen, die wir auf unseren Nasen gar nicht spüren und die unsere Informationsverarbeitung beeinflussen, ob wir das wollen oder nicht, und unabhängig davon, ob wir sie für richtig oder falsch halten.

Das zeigt sich auch darin, dass viele der oben beschriebenen Wahrnehmungs- und Interpretationsverzerrungen auch bei Personen auftreten, die selbst den jeweils stigmatisierten Gruppen angehören. In den vorhin beschriebenen Studien zur Einschätzung von Körpergrößen neigten beispielsweise schwarze Versuchsteilnehmende genauso wie weiße dazu, die Körpergröße und -kraft schwarzer Männer zu überschätzen. Auch in der oben erwähnten Studie zur Objekterkennung von Waffen versus harmlosen Dingen zeigten schwarze Versuchspersonen die gleichen Fehlertendenzen wie weiße. Frauen und Männer glaubten gleichermaßen, sich eher an die kuchenbackende Hausfrau und den schrankreparierenden Handwerker zu erinnern.

Solche Forschungsergebnisse zeigen, wie machtvoll Prozesse der automatischen Kategorisierung und Stereotypaktivierung sein können. Auch stützen sie die Annahme, dass es sich bei stereotyp-basierten Interpretationen von Verhalten nicht zwingend um gezielte und gewollte Effekte handelt, denen persönliche Einstellungen und stereotype Überzeugungen zugrunde liegen müssen. Stattdessen sind es oft unsere sozial geteilten stereotypen Rollenerwartungen, die unser persönliches Denken und Urteilen beeinflussen.

Bisher haben wir uns ausschließlich mit Studien beschäftigt, die den Einfluss von Stereotypen und Vorurteilen auf unsere Informationsverarbeitung untersucht haben. Man mag argumentieren, dass das alles nur im Kopf stattfindet und unser Denken und Fühlen Privatsache ist. Was wirklich zählt, ist, wie wir anderen gegenüber handeln. Tatsächlich bilden wir uns in vielen Lebensbereichen ein, dass wir prinzipiell unparteiisch und fair handeln könnten, selbst wenn vorurteilsbehaftete Urteile oder stereotype Erwartungen in unseren Köpfen aufblitzen. Erinnern Sie sich an das zu Beginn erwähnte Ergebnis der aktuellen Mitte-Studie, in der 85% der Befragten Deutschen angaben, alle Menschen gleich zu behandeln? Wenn Sie bis hierher gelesen haben, wird es Sie aber vermutlich wenig überraschen, dass die sozialpsychologische Forschung zeigt, dass viele Verhaltensentscheidungen gar nicht so durchdacht und kontrolliert sind. Wir haben dafür vorhin bereits die Metapher des Autopiloten gewählt, der basierend auf automatischer Informationsverarbeitung nicht nur Handlungsempfehlungen ausspricht, sondern potenziell auch ohne bewusste Steuerung handelt. Im Folgenden gehe ich näher auf solche Verhaltenskonsequenzen ein. Dafür möchte ich zuerst zwei der einflussreichsten frühen Studien in dieser Forschungsdomäne vorstellen.

Verhaltenseffekte von Stereotypen und Vorurteilen

Sicher haben Sie schon einmal von einer sich selbst erfüllenden Prophezeiung gehört. Gemeint ist eine Erwartung bzw. Vorhersage, die allein durch ihre Existenz bereits ihre Erfüllung bewirkt. Sie ist auch bekannt als Pygmalion- oder Rosenthal-Effekt, benannt nach einem klassischen Experiment von Robert Rosenthal und

Leonore Jacobson [xx]: Sie teilten Grundschullehrkräften mit, dass einige ihrer Schüler:innen Leistungstests zufolge im kommenden Schuljahr voraussichtlich wichtige Entwicklungssprünge machen und hervorragende Leistungen entfalten würden. Was die Lehrkräfte nicht wussten: Die Kinder waren vollkommen zufällig ausgewählt worden und unterschieden sich in ihren Testleistungen nicht von anderen Kindern. Trotzdem bestätigten sich die zufällig getroffenen Prognosen. Zum Ende des Schuljahres wiesen die als „Überflieger" oder „Aufblüher" bezeichneten Schüler:innen tatsächlich deutlich höhere Leistungssteigerungen auf als andere Kinder ihrer Klasse.

Nun ist der Pygmalioneffekt in der Forschungsgemeinschaft nicht unumstritten. Der Effekt scheint nicht nur kleiner zu sein als ursprünglich geschätzt, sondern es gibt auch einige Studien, die den Effekt nicht finden konnten. Vor allem scheint er nur unter bestimmten Bedingungen aufzutreten, zum Beispiel wenn Lehrkräfte neue Klassen übernehmen und die Schüler:innen noch nicht kennen. Trotzdem illustriert er eine wichtige Wirkungsweise von Stereotypen und Vorurteilen.

Was Rosenthal und Jacobson getan hatten, war, Lehrkräfte mit bestimmten Erwartungen auszustatten. Wie oben ausführlich erklärt, verzerren Erwartungen unsere Aufmerksamkeit, Wahrnehmung und Informationsinterpretation. Sie können dazu führen, dass Lehrkräfte erwartungsbestätigendes Verhalten der Kinder eher bemerken bzw. das Verhalten der Kinder im Sinne ihrer Erwartungen interpretieren.

Mehr noch, basierend auf diesen Erwartungen und erwartungskonformen Wahrnehmungen *handeln* Lehrkräfte auch in ihrem Unterricht: Gegenüber denjenigen Kindern, von denen sie gute Leistungen erwarten, zeigen sie mehr Entgegenkommen und schaffen ein angenehmeres Lehr-Lern-Klima. Sie tendieren auch dazu, die entsprechenden Kinder mit mehr und forderndem und förderndem Lerninhalten zu konfrontieren, ihnen mehr Gelegenheit zu geben, auf Fragen zu antworten, und mehr Zeit für das Antworten. Nicht zuletzt geben sie informativeres Feedback, zum Beispiel indem sie ausführlicher erklären, warum eine Antwort falsch war bzw. was man hätte besser machen können. All das sind Verhaltensweisen, die die Lern- und Leistungsmotivation der Schüler:innen unterstützen und letztendlich Leistungsverbesserungen bewirken können.

Sich selbst erfüllenden Prophezeiungen können auch durch negative Leistungserwartungen entstehen. Oft enthalten Stereotype genau solche negativen Erwartungen, sei es bezüglich der Leistungsfähigkeit oder bezüglich des Sozialverhaltens. Dabei können die relevanten Verhaltenssignale deutlich subtiler sein als das oben beschriebene Unterrichtsverhalten von Lehrkräften. Aber auch solche subtilen Verhaltensdynamiken können hochgradig relevante Konsequenzen haben. Stereotype als sich selbst erfüllende Prophezeiungen spielen nicht nur im Klassenraum eine Rolle, sondern können in vielen Situationen wirken.

Damit kommen wir zur zweiten klassischen Studie, die ich hier vorstellen will, genauer gesagt einer Serie von Studien, die von den Sozialpsychologen Carl Word, Mark Zanna und Joel Cooper in den 1970er Jahren in den USA durchgeführt wurden [109].

Im ersten Experiment ihrer Studienserie luden die Forscher weiße Studierende ein, einfache Einstellungsgespräche mit zwei Kommilitonen durchzuführen, um zu entscheiden, wen sie in ein Team für einen Uniwettbewerb aufnehmen würden. Einer der Bewerber war ein schwarzer Student, der andere weiß. Die Studierenden hatten für jedes Interview 45 min Zeit und erhielten eine Liste von 15 möglichen Interviewfragen für das Gespräch.

Somit waren die Voraussetzungen für eine standardisierte Befragung gegeben, bei der es möglich sein sollte, den objektiv besten Bewerber auszuwählen. Was die Versuchsteilnehmenden nicht wussten: Die beiden Bewerber waren Schauspieler, die die Antworten auf die 15 Interviewfragen vorher eintrainiert hatten und sich an ein festes Verhaltensskript hielten. Dieses war so gestaltet, dass beide als gleich gut für den Job geeignet bewertet werden konnten. Es interessierte die Forschenden nämlich weniger, wer für das Team ausgewählt werden würde, sondern wie sich die Versuchspersonen in der Interviewsituation verhalten würden. Tatsächlich zeigten sich erhebliche Unterschiede im Verhalten gegenüber dem schwarzen versus dem weißen Bewerber, und zwar vor allem auf Ebene des nonverbalen Verhaltens. Gegenüber dem schwarzen Bewerber hielten die Interviewer größere räumliche Distanz, zeigten eine weniger zugewandte Körperorientierung, ihnen unterliefen mehr sprachliche Fehler, kleine Versprecher oder Stotterer und sie beendeten das Interview früher als im Vergleich zu weißen Bewerbern.

Man könnte nun einwenden, dass es sich hierbei um subtile Unterschiede handele, kleine Effekte, die wenig Relevanz hätten. Beispielsweise wählten die Studierenden im Mittel eine Distanz von 1,48 m zum weißen Bewerber und von 1,58 m zum schwarzen Bewerber. Die Interviewdauer betrug 12,7 min mit dem weißen und 9,4 min mit dem schwarzen Bewerber. Können 2 min, 10 cm und ein paar mehr oder weniger Stotterer im Gespräch wirklich einen Unterschied ausmachen?

Um die Relevanz dieser nonverbalen Signale für das Interaktionsverhalten zu untersuchen, führten die Forschenden eine zweite Studie durch. Dafür trainierten sie eine Gruppe ausschließlich weißer Interviewer in einem von zwei Verhaltensskripten, die genau diejenigen Verhaltensmuster beinhalteten, die zuvor beobachtet worden waren, also ein subtil distanzierter Interviewstil und ein subtil zugewandter Interviewstil. Der distanzierte Interviewstil unterschied sich vom zugewandten Interviewstil durch mehr körperliche Distanz, mehr Sprechfehler und eine kürzere Interviewzeit.

Als Versuchspersonen wurden nun ausschließlich weiße Studierende eingeladen, die nach Zufall entweder im distanzierten oder in zugewandten Stil interviewt wurden. Sie wurden also entweder so behandelt wie der schwarze Bewerber oder wie der weiße Bewerber in der Studie zuvor. Würden diese unterschiedlichen Interviewstile das Verhalten der Versuchspersonen in der Bewerberrolle beeinflussen?

Ja, und zwar auf mehrerlei Art und Weise: Zum einen empfanden die Interviewten das Verhalten ihres Gegenübers als weniger freundlich und situationsangemessen, wenn sie mit dem distanzierten als wenn sie mit dem zugewandten Stil interviewt wurden. Zum anderen konnten aber auch deutliche Leistungsunterschiede beobachtet werden: Unbeteiligte Beobachter schätzen anhand der Videoaufzeichnungen der Bewerber ein, wie gut die Interviewten auf die ausgeschriebene Stelle passten, ohne den Hintergrund oder die experimentellen Variationen der vorherigen Studien zu kennen. Auch hier zeigten sich klare Unterschiede zwischen den Versuchsbedingungen: Die Bewerber, die in einem distanzierten Verhaltensstil interviewt wurden, erschienen den unabhängigen Beobachtern deutlich weniger geeignet für die Stelle: Sie gaben weniger clevere Antworten, sie verhielten sich insgesamt unangemessener und distanzierter und machten selbst mehr Sprechfehler als die Bewerber, die in einem zugewandten Verhaltensstil interviewt wurden. In Abhängigkeit vom Interviewstil wirkten die Bewerber also unterschiedlich kompetent.

Diese Studie war eine der ersten, die sichtbar machte, dass und wie stereotyp-basierte Erwartungshaltungen eine Anpassung des offen gezeigten Verhaltens an die Erwartungen zur Folge haben können. Vermittelt über subtile und nonverbale Verhaltenssteuerung provozieren und produzieren unsere Erwartungen sich selbst bestätigendes Verhalten bei der anderen Person. Solche Social-tuning-Effekte bringen Personen dazu, auch selbstschädigende Stereotype zu bestätigen (statt sie zu widerlegen) – nicht, weil sie zutreffen, sondern weil die Erwartungen anderer die Bestätigung von ihnen provozieren [112].

Aktuelle Studien bestätigen die Existenz und Wirkmächtigkeit von sich selbst erfüllenden Prophezeiungen [110]. Auch zeigen sie, dass die so provozierten Bestätigungseffekte verstärkt werden, wenn es sich um sozial geteilte Stereotype handelt, die zu stereotypen Erwartungen bei mehreren Interaktionspartner:innen führen [111]. Ist es also nicht nur eine Lehrkraft, sondern haben mehrere Lehrer:innen stereotyp-basierte Erwartungen an die Leistungsfähigkeit oder das Unterrichtsverhalten ihrer Schüler:innen, so steigt die Wahrscheinlichkeit, dass sich diese Erwartungen bestätigen. Habe ich nicht nur eines, sondern mehrere Vorstellungsgespräche, bei denen mein Gegenüber mir subtil vermittelt, dass ich für nicht geeignet gehalten werde, steigt auch hier die Wahrscheinlichkeit, dass ich mich ungeeignet präsentiere.

Wichtig ist dabei aber auch, dass die Provokation sich selbst erfüllender Prophezeiungen nicht zwingend impliziert, dass die urteilende Person den Stereotypen unbedingt selbst zustimmt. Sie mag sich nicht einmal darüber im Klaren sein, dass bestimmte Stereotype bzw. Erwartungen ihr Verhalten steuern, und sie mag sogar gewillt sein, solche Verhaltensimpulse zu unterdrücken (darauf kommen wir später noch zurück). Die automatische Aktivierung von Stereotypen und Vorurteilen kann ganz direkte und unvermittelte Effekte auf unsere Verhaltenssteuerung ausüben. Diese Effekte zeigen sich vor allem in Verhaltensweisen, die nicht oder nur selten unter bewusster Kontrolle stehen. Die vorherigen Studien haben bereits gezeigt, dass wir unser Interaktionsverhalten subtil anhand von Erwartungen und Einstellungen ausrichten. Ohne eine willentliche Entscheidung zu treffen, regulieren und adjustieren wir ganz automatisch unseren Gesichtsausdruck, unsere Sprache, Gesten und Bewegungen, interpersonale Nähe und Distanz. Das tun wir basierend auf persönlichen Einstellungen, aber eben auch basierend auf sozialen Gruppeneinstellungen. Für solche subtilen, aber alltäglichen Kommunikationsakte, die stereotyp-basierte abwertende Botschaften bzw. Vorurteile in alltäglichen Situationen signalisieren, wird mitunter der Begriff „Mikroaggression" genutzt. Diese Begriffswahl betont, dass es sich zwar um subtile und kleine Signale der Herabsetzung oder Respektlosigkeit handelt, diese aber doch wie tausend Nadelstiche verletzen [113]. Allerdings ist der Begriff in der Forschungsgemeinschaft durchaus umstritten, unter anderem, weil der Begriff „Aggression" eine aggressive Verhaltensabsicht impliziert, die aber oft nicht gegeben ist [114]. Im Gegenteil, ein Großteil der Prozesstheorien der Sozialpsychologie geht davon aus, dass viele solcher Verhaltenseffekte eine Konsequenz automatischer Kategorisierung und Stereotypaktivierung sind, die unabhängig von der intentionalen Kontrolle der Handelnden auftreten [115].

Einen der drastischsten Verhaltenseffekte sozialer Kategorisierung dokumentierten Joshua Correll und Kollegen von University of Colorado Boulder, USA mit Studien zum sogenannten Police Officer's Dilemma [116]. Es handelt sich dabei um eine Art Videospiel, bei dem auf dem Computerbildschirm Personen erscheinen, die entweder eine Waffe in der Hand halten oder ein harmloses Objekt, wie beispielsweise ein Mobiltelefon oder eine Brieftasche.

Aufgabe der Versuchspersonen ist es, anhand des Gegenstands in der Hand der Zielperson eine Handlungsentscheidung zu treffen und möglichst schnell eine von zwei Antworttasten zu drücken: Auf Zielpersonen mit Waffe in der Hand ist zu schießen, auf Zielpersonen mit harmlosen Objekten in der Hand ist nicht zu schießen. Zusätzlich variiert in diesem Videospiel die soziale Kategorie der Zielpersonen. Mal sind es schwarze, mal weiße junge Männer, die entweder eine Schusswaffe oder einen harmlosen Gegenstand in der Hand halten. Sie können diese Aufgabe im Internet selbst einmal ausprobieren [117].

Die Aufgabe ist im Grunde genommen sehr einfach, da Waffen und harmlose Objekte gut sichtbar in die Kamera gehalten werden und somit ein eindeutiges Signal dafür sind, mit welchem Tastendruck zu reagieren ist. Trotzdem zeigt sich in vielen Studien, dass die Kategorienzugehörigkeit der Zielpersonen zu unterschiedlichem Reaktionsverhalten führt. So tendieren Versuchspersonen dazu, die „Nicht schießen"- Taste für unbewaffnete Zielpersonen schneller zu drücken, wenn diese weiß sind, als wenn sie schwarz sind. Umgekehrt drücken Versuchspersonen die „Schießen"-Taste schneller für bewaffnete schwarze als weiße Zielpersonen. Wie auch bei den früheren Studien zur Objekterkennung liegen diese Reaktionszeitunterschiede im Millisekundenbereich. Correll und Kollegen werteten aber nicht nur die Reaktionszeit aus, sondern auch die Anzahl richtiger und falscher Tastendrücke. Dabei zeigte sich vor allem ein Effekt: Die Anzahl der Fehlentscheidungen – ein fälschliches „Schießen" auf eine unbewaffnete Zielperson – war signifikant höher für schwarze als weiße Zielpersonen.

Diese Studien zeigen, dass die soziale Kategorisierung einen direkten und drastischen Verhaltenseinfluss haben kann, was Correll und Kollegen als den *Shooter Bias* bezeichneten (Abb. 8.4).

Die Forschenden führten in weiteren Studien genauere Prozessanalysen durch, für die sie zum Beispiel die Augenbewegungen der Versuchspersonen während des Videospiels einbezogen. Deren Ergebnisse weisen darauf hin, dass visuelle Informationen in Abhängigkeit von der sozialen Kategorie der Zielpersonen auf unterschiedliche Weise und unterschiedlich schnell verarbeitet werden. Informationen, die gesellschaftlichen Stereotypen entsprechen – wie die Waffe in der Hand einer schwarzen

Abb. 8.4 Telefon oder Waffe? Was man zu sehen glaubt, kann davon abhängen, ob die Person als schwarz oder weiß kategorisiert wird

Zielperson –, werden schneller aufgenommen als stereo-
typ-inkongruente Informationen wie die Waffe in der
Hand einer weißen Person.

Auch zeigt sich bei diesen Analysen, dass bei Stereo-
typpassung bereits unscharfe visuelle Informationen
aus dem Augenwinkel zur Entscheidungsfindung einbezogen werden, während bei Nicht-Passung erst genau
hingeschaut wird. Diese Effekte zeigen sich selbst dann,
wenn Versuchspersonen aufgefordert sind, ihre Verhaltensentscheidungen gut überlegt und ohne Zeitdruck
zu treffen. Der Shooter-Bias liegt also weniger an der
„Schusswütigkeit" der Versuchspersonen, sondern daran,
dass stereotype Erwartungen die basale Informations-
aufnahme und Verarbeitung beeinflussen [118]. Zusätzlich zeigt sich in aktuellen Studien, dass zum Stereotyp
erwartungskonforme visuelle Eindrücke auch die
motorischen Vorbereitungen und Ausführungsbereit-
schaften für entsprechende stereotyp-konforme Handlungen erhöhen [119]. Wir sehen nicht nur, was uns das
Stereotyp erwarten lässt, sondern wir sind auch bereit,
schneller auf erwartungskonforme Eindrücke zu reagieren.

Weitere Studien zeigen einmal mehr, dass sich auch
der Shooter Bias nicht verlässlich anhand der von Versuchspersonen geäußerten Einstellungen vorhersagen
lässt. Versuchspersonen, die rassistischen Einstellungen
und Bedrohungsstereotypen gegenüber Schwarzen in
den USA zustimmen, zeigen keine größeren Shooter Bias
Effekte als andere. Selbst Versuchspersonen, die solche
Einstellungen explizit und teilweise vehement ablehnen,
zeigen oft trotzdem einen Shooter Bias in ihrem Verhalten.
Auch bei schwarzen Versuchspersonen wurde ein Shooter
Bias gemessen: Auch sie neigten in Studien dazu, schneller
auf bewaffnete schwarze Zielpersonen zu schießen als
auf weiße, und auch sie neigten zu mehr Fehlern bei
unbewaffneten schwarzen Zielpersonen als bei weißen.

Um vorschnelle Schlussfolgerungen zu verhindern: Bisher ist nicht vollständig geklärt, ob und in welchem Ausmaß solche Effekte, die in einem Videospiel in Laborstudien beobachtet wurden, auf reale Situationen übertragbar sind und beispielsweise erklären können, dass in den USA schwarze Männer überproportional häufiger von der Polizei erschossen werden als weiße [120]. Zwar wissen wir aus Studien mit Polizist:innen, dass auch diese den Shooter Bias zeigen. Sie neigen aber insgesamt dazu, schneller und akkurater zu reagieren als zivile Versuchspersonen [121] und ihr Verhalten scheint weniger davon beeinflusst, ob Bedrohungsstereotype in der Situation aktuell aktiviert wurden. Auch wissen wir, dass speziell gestaltetes Training den Effekt verhindern kann [122].

Auch ist im Einzelfall, in dem solches Fehlverhalten tatsächlich vorkam, also in dem Polizist:innen fälschlicherweise auf unbewaffnete Personen geschossen haben, nachträglich nicht bestimmbar, ob und in welchem Ausmaß individuelle Einstellungen, Überzeugungen oder Motivationen der einzelnen handelnden Polizist:innen jeweils eine Rolle spielten. Wir können lediglich aus der relativen Häufigkeit und der überproportionalen Betroffenheit schwarzer versus weißer Bürger:innen in den USA schließen, dass rassistische Diskriminierung stattgefunden hat.

So legen Ergebnisse von Studien, die die Makro-Ebene solcher Verhaltensweisen untersuchen, nahe, dass die relative Häufigkeit von diskriminierendem Polizeiverhalten auch regional bedingt ist. In Gegenden der USA, in denen die Allgemeinbevölkerung im Mittel höhere Werte bei Vorurteilsmessungen aufweist, wurden beispielsweise in der Vergangenheit überproportional mehr schwarze Personen als weiße Personen von der Polizei erschossen als in anderen Gegenden [123]. Ebenso werden schwarze Autofahrer:innen in solchen Gegenden überproportional häufiger von der Polizei kontrolliert als weiße [124]. Die lokale Einstellungsnorm scheint also Einfluss auf individuelle Verhaltensentscheidungen zu nehmen. Das kann und soll nicht bedeuten, dass individuelle Eigenschaften von Polizist:innen gar keinen Einfluss auf ihr Verhalten haben. Wir wissen beispielsweise aus Studien, dass die Art und Häufigkeit ihres Trainings an der Waffe, aber auch die Bereitschaft, sich mit dem Einfluss von Stereotypen und Vorurteilen auf ihr Verhalten auseinanderzusetzen, mit dem Shooter Bias zusammenhängen. Letztendlich wissen wir von Studien mit Polizist:innen in den USA aber auch, dass stereotype Wahrnehmungsverzerrungen situativ unterschiedlich stark ausfallen und vor allem dann stärker ausfallen, wenn Stress und Schlafmangel hoch und die Konzentrationsfähigkeit gering ist [125].

Die Studien zum Shooter Bias verdeutlichen die potenziell extremsten Auswirkungen, die automatische Prozesse von Kategorisierung und Stereotypaktivierung auf unser Verhalten haben können.

Natürlich lässt sich bei der Betrachtung dieser Forschung, die nun einmal primär aus den USA stammt, diskutieren, ob bzw. in welchem Ausmaß sich diese Befunde überhaupt auf gesellschaftliche Gegebenheiten außerhalb der USA übertragen lassen. So hat Deutschland beispielsweise nicht nur vollkommen andere Waffengesetze als die USA, sondern auch eine ganz andere Rate an Waffenkriminalität. Deutsche Polizist:innen müssen im Alltag nicht damit rechnen, dass *jede* Zivilperson, mit der sie Kontakt haben, potenziell bewaffnet sein könnte, und der Gebrauch ihrer Dienstwaffe unterliegt in Deutschland viel strikteren Regulierungen als in den USA. Nicht zuletzt unterscheidet sich natürlich auch die deutsche Gesellschaft sehr von den USA; hier leben andere gesellschaftliche Gruppen, die mit anderen Stereotypen assoziiert sind.

Und trotzdem zeigen Studien von deutschen Forschenden an der Universität Mainz und der Universität Hamburg [126, 127], dass der Shooter Bias auch bei deutschen Versuchspersonen und bei deutschen Polizist:innen vorkommt – auch wenn viele großes Unbehagen ausdrücken, *überhaupt* dieses Videospiel zu spielen. So führte das Team um Marleen Stelter und Iniobong Essien an der Universität Hamburg beispielsweise mehrere Studien durch, in denen Zielpersonen europäisch oder arabisch aussahen und wie in den Originalstudien Schusswaffen oder Mobiltelefone in der Hand hielten. Sowohl Zivilist:innen als auch Polizeianwärter:innen und Polizist:innen neigten dazu, schneller einen Schuss abzugeben, wenn arabisch aussehende Zielpersonen eine Waffe in der Hand hielten. Ein deutlich stärkerer Effekt zeigte sich jedoch, wenn die Zielpersonen ein Messer statt einer Schusswaffe trugen und die Verhaltensentscheidungen keine Schießoption beinhalteten, sondern zwischen Annäherung oder Vermeidung zu entscheiden war. Auch in diesen Studien ließen sich übrigens weder Shooter Bias noch Ausweichverhalten durch individuelle Einstellungen und Überzeugungen der handelnden Personen vorhersagen.

Diese Studien unterstreichen, dass in Deutschland weitverbreitete allgemeine Bedrohungsstereotypen gegenüber Personen, die als arabisch oder türkisch kategorisiert oder einfach nur als fremd wahrgenommen werden, das Urteilen und Verhalten ebenso drastisch beeinflussen können wie Kriminalitätsstereotype gegenüber Schwarzen in den USA. Diese Studien illustrieren aber auch, dass wir deutlich mehr Forschung benötigen, um die komplexen Zusammenhänge zwischen individuellen Urteilen und Verhaltensentscheidungen und gesellschaftlich geteilten Stereotypen und Vorurteilen besser verstehen zu können. Die sozial-kognitive Forschung kann einen wichtigen Beitrag dazu leisten, die Mechanismen und Auswirkungen des systemischen Rassismus besser zu verstehen, darüber aufzuklären und letztendlich Veränderungsperspektiven sichtbar machen.

Handlungen als Konsequenz individueller und gesellschaftlicher Einstellungen

Anhand der vielen Beispiele aus dieser Forschung wird deutlich, dass Stereotype und Vorurteile nicht zwingend Teil unserer persönlichen Überzeugungen sein müssen, um unsere Wahrnehmung, Eindrucksbildung und unser Handeln auf vielfältigste Weise zu beeinflussen. Es ist zu vereinfachend, Diskriminierung und Benachteiligungen allein mit feindseligen Einstellungen und Handlungen einzelner Akteure erklären zu wollen. Wir müssen uns stärker darüber bewusst sein, dass sozial transportierte Bilder sozialer Gruppen und Kategorien enorme Verhaltensrelevanz haben können.

Auch zeigt die Forschung zu automatischen Verhaltenseinflüssen, dass sie nicht ausschließlich auf die individuelle Stärke von Assoziationen zurückführbar sind. Das heißt, anhand von Messungen der individuellen Stärke automatischer Stereotyp- und Vorurteilsaktivierungen lässt sich selten vorhersagen, welche Personen zu diskriminierendem Verhalten neigen und welche nicht [128–130]. Allerdings lässt sich diese Art der Einstellungsmessung nutzen, um mit hoher Sicherheit vorherzusagen, an welchen Orten bzw. in welchen Situationen diskriminierendes Verhalten auftritt. Fasst man nämlich viele individuelle Einstellungsmessungen zusammen, ergibt sich daraus ein Indikator der mittleren Aktivierbarkeit von Stereotypen und Vorurteilen an bestimmten Orten, zum Beispiel für einzelne Städte, Regionen oder gar Nationen. Aktuelle

Forschung zeigt, dass solche lokalen Vorurteilsniveaus viele verschiedene Indikatoren von Diskriminierung vorhersagen. Neben den bereits erwähnten Studien, die zeigen, dass in US-amerikanischen Regionen, in denen das mittlere Aktivierungsniveau rassistischer Vorurteile höher ist, schwarze Autofahrer:innen proportional häufiger von der Polizei angehalten werden als weiße und mehr unbewaffnete Schwarze von der Polizei erschossen werden, gibt es noch viele weitere Befunde dieser Art. So verzeichnet beispielsweise Google mehr Suchanfragen mit rassistischen Schimpfwörtern aus Regionen mit höheren rassistischen Vorurteilen als in anderen Regionen [131, 132]. Ebenso werden in diesen Regionen schwarze Schüler:innen von Lehrkräften öfter und harscher für Fehlverhalten diszipliniert [133], und schwarze Kleinkinder in Regionen mit höheren Vorurteilen haben stärkere gesundheitliche Probleme als Kinder in weniger vorurteilsbehafteten Regionen [134].

In der aktuellen sozialkognitiven Forschung wird derzeit ein Ansatz diskutiert, der die Aktivierung von Stereotypen und Vorurteilen weniger als individuelle Eigenschaft einer Person definiert, sondern als Merkmal einer Situation bzw. eines Kontextes. Dieser sogenannte *Bias-of-Crowds*-Ansatz [136] beschreibt, dass die Aktivierung von Stereotypen und Vorurteilen stark durch historische Bedingungen und aktuelle situative Gegebenheiten und soziale Normen getrieben wird, die dennoch handlungsleitend sein können [137]. Ob und wie stark Stereotype und Vorurteile aktiviert werden und ob und wie stark sie das individuelle Handeln beeinflussen, ist also nicht nur eine Funktion der individuellen Eigenschaften einer Person, sondern auch des sozialen Kontexts, in dem sich die Person bewegt.

Diese Forschungsergebnisse weisen auch auf die schwierige Frage von individueller Schuld oder Verantwortung hin, denn sie zeigen zumindest die Möglichkeit auf, dass auch drastische Verhaltenskonsequenzen durch gesellschaftlich sozialisierte Stereotype bedingt sein können, unabhängig davon, was die individuelle Einstellung oder Absicht der handelnden Person ist.

Ich möchte in meiner Darstellung der Forschung jedoch nicht den Eindruck erwecken, dass unkontrollierbare Automatismen unser Denken und Handeln vollständig bestimmen oder wir dem Autopiloten unseres Denkapparates hilflos ausgeliefert seien. Es ist jedoch wichtig, sich im Klaren darüber zu sein, dass Stereotype und Vorurteile unser Denken, Fühlen und Handeln enorm beeinflussen können. Diese Einflüsse können unterschiedlich stark sein, und die Stärke des Einflusses hängt oft auch von situativen Gegebenheiten ab. Daraus lässt sich aber nicht schließen, dass unsere persönlichen Überzeugungen, Normen und Werte für unser Verhalten gar keine Rolle spielen würden und wir von einem vorurteilsbehafteten Autopiloten zwangsgesteuert wären. Nach wie vor sind wir Verantwortliche unseres Handelns, selbst wenn nicht all unser Handeln zu jedem Zeitpunkt unserer gezielten Steuerung unterliegt. Wer autofahrend einen Unfall verursacht, dem sprechen wir ja nicht die Verantwortung dafür ab, nur weil er oder sie als Unfallursache angibt, ganz automatisch losgefahren zu sein (ohne in den Rückspiegel zu schauen). Zu Recht strafen wir Unaufmerksamkeit oder Fahrlässigkeit und erwarten kontrolliertes und verantwortungsvolles Verhalten. Warum sollte, was für den Straßenverkehr gilt, nicht auch im Umgang mit allen Mitgliedern unserer Gesellschaft gelten?

Um einen angemessenen Umgang mit Stereotypen und Vorurteilen in unserer Gesellschaft zu finden, ist es jedoch sehr wichtig, auch die psychologische Perspektive von Wahrnehmung, Informationsverarbeitung und Handlungssteuerung zu verstehen und anzuerkennen, dass Automatismen eine Rolle spielen können. Wir alle müssen uns aktiv mit der Frage auseinandersetzen, ob und wie stark unser eigenes Denken, Fühlen und Handeln von kategorialen Verarbeitungsprozessen beeinflusst wird. Dafür ist es auch hilfreich zu verstehen, woher unser Gehirn sein Wissen über soziale Kategorien eigentlich nimmt und welche Lernprozesse für soziale Informationsverarbeitungsprozesse eigentlich eine Rolle spielen. Darum wird es im folgenden Kapitel gehen.

9

Über Ursprünge von Stereotypen und Vorurteilen

In den vorherigen Kapiteln haben wir uns die mentale Repräsentation von sozialen Kategorien als assoziative Netzwerke angeschaut. Dabei habe ich wiederholt erwähnt, dass unser kognitiver Apparat Wissensstrukturen über soziale Kategorien basierend auf unseren Erfahrungen anlegt und sie damit für unsere weitere Informationsverarbeitung nutzbar macht. Erinnern Sie sich an das Beispiel der Schachbrettillusion? Diese haben wir damit erklärt, dass unser Gehirn in einer Umgebung aufwächst, in der Licht üblicherweise von oben kommt und Schatten wirft. Es lernt daher, diese Information automatisch anzuwenden, wenn es visuelle Farbeindrücke verarbeitet.

Die Ursprünge sozialer Kategorisierung und Stereotypisierung lassen sich ebenso einfach zusammenfassen: Unser Gehirn wächst in einer Gesellschaft auf, in der Unterscheidung, Bewertung, Stereotypisierung und Ungleichbehandlung von Menschen aufgrund ihrer sozialer

© Springer-Verlag GmbH Deutschland, ein Teil von Springer Nature 2022
J. Degner, *Vorurteile*,
https://doi.org/10.1007/978-3-662-60572-1_9

Kategorienzugehörigkeiten regelhaft auftritt und Teil der sozialen Strukturen aller Lebensbereiche ist. Wir lernen daher, die sozial relevanten Kategorien automatisch anzuwenden, wenn wir soziale Informationen verarbeiten.

Nun könnte ich das Kapitel über Ursprünge sozialer Kategorisierung, Stereotypisierung und Diskriminierung an dieser Stelle schon wieder abschließen und auf Soziologie und Geschichtswissenschaften verweisen, die zum Beispiel die Ursachen und Entstehungsgeschichte von strukturellem und institutionellem Rassismus oder Sexismus beschreiben [138].

Auch wenn wir annehmen können, dass soziale Kategorien und deren Inhalte das Resultat gesellschaftlich unterfütterter Lernprozesse sind, so lohnt es sich doch, einige der psychologischen Mechanismen, die diese Lernprozesse beeinflussen, genauer zu betrachten.

Im Folgenden werden wir uns daher anschauen, welche Arten von Erfahrungen und Lernprozessen bei der Bildung von sozialen Kategorien und damit assoziierten Stereotypen und Vorurteilen eine Rolle spielen. Dabei wird sich zeigen, dass bestimmte Informationen und Informationsquellen unterschiedlich relevant sind und normale und regelhafte Lernprozesse mitunter dazu führen, dass selbst akkurate Informationen über soziale Gruppen und soziale Strukturen zu verzerrten Repräsentationen führen können.

Dabei gibt es viele verschiedene Aspekte zu beachten, die für die psychologischen Ursprünge von Stereotypen und Vorurteilen relevant sind: Wir werden uns mit Prozessen der sozialen Identitätsbildung auseinandersetzen, werden uns mit frühen Aufmerksamkeitsprozessen befassen und schauen uns an, wie sowohl beiläufiges als auch beabsichtigtes Lernen aus direkten und indirekten Alltagserfahrungen zusammenkommen und die mächtigen Assoziationsmuster bilden, die uns ein Leben lang beeinflussen. Wiederum sortiere ich dieses Kapitel in vier grundlegende Bausteine: soziale Identität, basale Lernprozesse, Fehler in Lernprozessen und Mediensozialisation. Auch hier gilt, dass das eine relativ künstliche Trennung ist, denn im wahren Leben wirkt alles miteinander zusammen.

Wir sehen uns zuerst an, wie wir uns selbst eigentlich in soziale Kategorien platzieren und welche Auswirkungen eigene Gruppenmitgliedschaften und soziale Identitäten für die Bildung von Einstellungen und Überzeugungen über andere Gruppen haben.

Baustein 1: Soziale Identitätsbildung

Wenn wir auf die Welt kommen, wissen wir wenig von unserer sozialen Umgebung. Die entwicklungspsychologische Forschung zeigt klar, dass es keine genetisch bedingten oder angeborenen sozialen Kategorisierungen gibt. Zum Zeitpunkt unserer Geburt kennen wir weder das Konzept Mutter oder Vater, noch viel weniger so etwas wie Mann oder Frau und erst recht nicht Busfahrer, Schalke-Fan oder Kommunalpolitikerin. Auch die Annahme, es gäbe eine angeborene Angst vor dem Dunklen und daher vor Menschen mit dunkler Hautfarbe, ist ein Mythos: Neugeborene finden Dunkelheit nämlich eher angenehm und gewohnt; im Mutterleib war es ja auch nicht hell. Und Neugeborene zeigen in ihrem Verhalten tatsächlich keinerlei Unterscheidung oder Bevorzugung von Menschen unterschiedlicher ethnischer Gruppen [139].

Allerdings werden wir mit der Fähigkeit geboren, relativ schnell erste basale Kategorisierungen anzulegen. Wir beginnen sehr früh damit, Sinneseindrücke als *bekannt* versus *unbekannt* einordnen. Eine Vielzahl von Studien belegt, dass Neugeborene beispielsweise ihre

Aufmerksamkeit bevorzugt auf Stimmen, Klänge oder Melodien richten, denen sie bereits im Mutterleib ausgesetzt waren, die ihnen daher rudimentär bekannt sind. Wir betreten diese Welt also mit einer angeborenen Bereitschaft, das Bekannte gegenüber dem Unbekannten zu bevorzugen. In den ersten Tagen, Wochen und Monaten im Leben eines Kindes werden diese Präferenzen durch neue Erfahrungen erweitert und verstärkt; wir bilden beispielsweise erste Kategorien für bekannte versus unbekannte Gesichter oder Gerüche.

Diese Tendenz hat enorm starken Einfluss auf die frühe Herausbildung von emotionaler Bindung. Unsere frühe Fähigkeit, unsere Aufmerksamkeit und Zuneigung auf Bekanntes zu wenden, ist ein evolutionär adaptiver Mechanismus, der unsere Überlebenschancen als hilfloses Neugeborenes steigert. Sie ist aber auch die Basis erster Unterscheidungen zwischen sozialen Gruppen, nämlich denen, die uns basierend auf unseren ersten Erfahrungen bekannt sind, und denen, die uns nicht bekannt sind. Bereits im Alter von drei bis vier Monaten schauen die meisten Säuglinge lieber weibliche Gesichter an statt männliche – aber nur, wenn ihre Hauptbezugsperson weiblich ist [140]. Ebenso beginnen Kinder im Laufe ihres ersten Lebensjahres bevorzugt Gesichter der eigenen ethnischen Gruppe anzuschauen – aber nur dann, wenn sie in einem ethnisch homogenen Umfeld aufwachsen [141]. Auch bevorzugen Kinder Personen, die die gleiche Sprache wie die Personen in ihrem bekannten Bezugsumfeld sprechen [142]. Machen sie frühe Erfahrungen mit diversen Bezugspersonen, dann entsteht keine solche Präferenz [143].

Diese ersten Kategorisierungen bilden die Basis der enorm wichtigen Unterscheidung von Eigen- und Fremdgruppen. Und das, obwohl das in einem Alter passiert, in dem die Kinder sich selbst gar nicht aktiv diesen

Gruppen zuordnen können. Neugeborene haben noch kein Selbstkonzept und auch kein Konzept über das eigene Geschlecht oder die eigene Hautfarbe oder Ethnizität, sie können sich noch nicht einmal selbst im Spiegel erkennen. Auch ihre Sprachpräferenzen zeigen sich, lange bevor Kinder selbst sprechen lernen.

Aktuelle Studien zeigen dabei auch, dass diese ersten Kategorisierungen ausschließlich im Sinne von Präferenz, also Bevorzugung und positiver Bewertung der Eigengruppe genutzt werden [144]. Für den Mythos der angeborenen Angst vor dem Fremden als fundamentalen Grund für die Ablehnung von Menschen, die anders aussehen als man selbst, oder die Annahme, dass Hass und Ablehnung in der Natur des Menschen lägen, gibt es aus der sozialpsychologischen Forschung keinen belastbaren wissenschaftlichen Beleg [145].

Erst mit zunehmendem Alter verknüpfen Kinder diese ersten rudimentären Kategorisierungen mit einem tieferen Verständnis von eigener Zugehörigkeit: Was bekannt und vertraut ist, wird zur Eigengruppe; das Konzept von *Ich* wird unzertrennbar mit dem Konzept von *Wir* verknüpft und von den anderen unterschieden. Das Bedürfnis nach Zugehörigkeit ist ein fundamentales menschliches Motiv und für das psychische Wohlbefinden genauso zentral wie Nahrung und Sicherheit für das körperliche Wohlbefinden [146]. Wir erfüllen dieses Bedürfnis, indem wir persönliche Beziehungen aufbauen und pflegen. Dabei spielen soziale Gruppenzugehörigkeiten eine ebenso wichtige Rolle wie interpersonale Beziehungen.

Tatsächlich definieren wir unser Selbstkonzept zu großen Teilen anhand *sozialer* Identitäten. Wenn ich mich frage, wer ich bin, komme ich nicht drumherum, mich anhand meiner Position in relevanten sozialen Beziehungen und Gruppen zu verstehen: Wenn ich mich beispielsweise als Mutter, Schwester, Ehefrau oder

Tochter definiere, schwingt damit einerseits meine Zugehörigkeit zu einer sehr spezifischen Gruppe mit: meiner Familie – ich bin Mutter, Schwester, Frau und Tochter von *jemandem* –, aber auch meine Zugehörigkeit zu sozial-relevanten Kategorien von Frauen, Müttern, Ehefrauen oder kleinen Schwestern, mit denen wir bestimmte Attribute assoziieren.

Diese kategorialen sozialen Identifikationen können auf konkreten Gruppenzugehörigkeiten beruhen, die den persönlichen Kontakt von Angesicht zu Angesicht umfassen, können aber auch auf abstrakten Kategorien beruhen, die kein gegenseitiges Kennen benötigen: Ich muss beispielsweise nicht alle Ossis kennen, ich muss noch nicht einmal viele Ossis kennen, um mich selbst als Ossi zu identifizieren. Auch wenn wir Orte, Nationalitäten oder noch abstraktere Konzepte zur Selbstdefinition nutzen, meinen wir damit immer die Mitgliedschaft zu Gruppen von Menschen, die diese Identifikation teilen. Dabei können soziale Identitäten sowohl auf freiwillig gewählten Gruppenzugehörigkeiten als auch auf unfreiwilligen oder zugeschriebenen Kategorienmitgliedschaften beruhen. Ich sehe mich selbst vielleicht gar nicht als Ossi, aber wer weiß, wo ich geboren und aufgewachsen bin, kategorisiert mich so, und ich komme dementsprechend nicht drumherum, mich mit dieser sozialen Identität auseinanderzusetzen. Ebenso wird Personen, die nicht weiß aussehen, häufig abverlangt, sich mit einer Herkunfts- oder Migrationsidentität auseinanderzusetzen, die ihnen oftmals von anderen zugeschrieben wird, ob sie das wollen oder nicht.

Es kommt übrigens auch vor, dass soziale Identitäten Selbstkonzepte beinhalten, die wir gar nicht verbalisieren, wenn wir uns selbst beschreiben. So beschreiben sich viele weiße Deutsche selbst weder als deutsch noch als weiß. Das hat damit zu tun, dass der Ursprung von Selbstkategorisierungen oft in der basalen Unterscheidung von bekannt versus unbekannt liegt. Aufgrund unserer gesellschaftlichen Struktur nehmen Majoritätsmitglieder die Zugehörigkeit zu einer machtvollen Mehrheit als so selbstverständlich wahr, dass sie sich gar nicht bewusst mit dieser sozialen Identität und deren gesellschaftlichem Status auseinandersetzen. Die Leichtigkeit und Selbstverständlichkeit im Umgang mit sozialer Identität macht übrigens einen Teil dessen aus, was oft unter dem Begriff „white privilege", also weißes Privileg diskutiert wird. Trotzdem zeigt ihr Verhalten oft deutliche Eigengruppenkategorisierungen aufgrund von Nationalität und angenommener Ethnizität an, denn auch mit unausgesprochener Identifikation geht in den meisten Fällen eine relativ positive Bewertung bzw. Eigengruppenpräferenz einher.

Welche Kategorien wir über uns und andere bilden, hängt aber nicht nur davon ab, was wir als bekannt und unbekannt erleben, sondern auch davon, welche Kategorisierungen Menschen in unserer direkten Umgebung nutzen und welche Informationen sie uns über die kategoriale Struktur unserer Umwelt liefern.

Dazu gehört beispielsweise, ob soziale Kategorien *benannt* werden oder nicht, ob sie im Alltag *unterscheidbar* sind oder nicht und ob sie viel *genutzt* werden oder nicht. Aus diesen Umgebungsbeobachtungen erschließen bereits Kinder im Krippen- und Kindergartenalter, welche sozialen Kategorien als sozial relevant zu erachten sind. Und darum lernen Kinder beispielsweise sehr früh, Menschen binär in männlich vs. weiblich zu unterteilen – dabei könnten sie sie genauso gut in Blauäugige versus Braunäugige sortieren. Wir benennen Personen ständig nach ihrem Geschlecht: als Jungen oder Mädchen, als Herr oder Frau Soundso. Bis vor Kurzem forderten deutsche Standesämter Eltern sogar auf, ihrem Kind einen Namen zu geben, der eine eindeutige Identifikation seines

Geschlechts ermöglicht – übrigens mit der Begründung, eine Gefährdung des Kindeswohls vermeiden zu wollen [147]. Selbst wenn geschlechterneutrale Namen derzeit im Trend liegen – man denke nur an Luca, Janne, Robin oder Toni – die meisten Eltern wählen trotzdem unterschiedliche Frisuren, Kleidungsstücke oder -farben für ihre Töchter und Söhne. Wir machen die Zugehörigkeit zu einer Geschlechter-Kategorie also zusätzlich sichtbar. Einem Kindergesicht allein würde man nämlich kein Geschlecht ansehen können – lange Haare und rosa Einhorn-Glitzerpulli versus kurze Haare und blaues Ninja-T-Shirt machen das schon leichter.

Und natürlich *verhalten* wir uns gegenüber Jungen und Mädchen, Männern und Frauen anders. Beobachtungen solcher Verhaltensunterschiede unterstützen bei Kindern wiederum die Schlussfolgerung, dass es sich um hochgradig relevante soziale Kategorien handeln muss – in die es sich selbst einzuordnen gilt. Zum Ende der Kindergartenzeit sind die meisten Kinder tatsächlich sehr streng bezüglich dieser Kategorien, wählen vor allem Freundschaften mit Kindern des eigenen Geschlechts, finden Mitglieder des scheinbar „anderen" Geschlechts ziemlich doof und halten sich peinlich genau an geschlechtsspezifische Kleidungsnormen. Daran hat auch die zunehmende Offenheit unserer Gesellschaft für nonbinäre Geschlechtskategorien bisher wenig geändert.

Die Mitgliedschaft in einer sozialen Gruppe stattet uns mit einem Gefühl von Identität durch Zugehörigkeit aus. Wie bereits erwähnt, geht soziale Identifikation in den meisten Fällen auch mit einer positiven Bewertung der eigenen Gruppe einher. Hier geht es aber um mehr als reine Präferenz für Bekanntes gegenüber Unbekanntem. Menschen zeigen Eigengruppenbevorzugung nämlich selbst dann, wenn sie neuen *unbekannten* Gruppen zugeordnet werden und überhaupt keine Ahnung haben, wer diesen Gruppen außer ihnen selbst noch angehört. Als die Sozialpsychologen Henri Tajfel und John C. Turner in den frühen 1970er Jahren beobachteten, wie fundamental dieser Effekt ist, waren sie zuerst sehr überrascht [148, 149]. Die beiden Forscher hatten ursprünglich vor, für eine Studienreihe zur sozialen Identitätsforschung eine quasi „nonsoziale" Kontrollbedingung zu schaffen. Dabei wiesen sie Versuchspersonen sogenannten minimalen Gruppen zu. Minimal, weil es kein sozial sinnvolles Kriterium gab, in welche Gruppe man gehört, das wurde zum Beispiel zufällig per Münzwurf entschieden oder anhand anderer willkürlicher Merkmale, wie zum Beispiel ob eine Versuchsperson die Anzahl von Punkten auf einem Blatt über- versus unterschätzt hatte. Minimal auch, weil die Versuchspersonen die anderen Gruppenmitglieder nicht kannten, sie hatten keinerlei Kontakt mit ihnen und ihnen wurde auch kein Kontakt in der Zukunft in Aussicht gestellt. Die Gruppen existierten also rein auf dem Papier, ohne soziales Miteinander. Trotzdem beeinflusste die minimal Gruppenzugehörigkeit die Entscheidungen der Versuchspersonen.

Nachdem die Teilnehmenden über ihre Gruppenmitgliedschaft informiert worden waren, erhielten sie eine Aufgabe, in der sie den Mitgliedern ihrer eigenen Gruppe und den Mitgliedern der anderen Gruppe Punkte zuweisen sollten. Diese Punkte waren relativ wertvoll, weil man sie später gegen Belohnungen austauschen konnte. Aus Sicht der Versuchspersonen war das allerdings eine eher absurde Aufgabe: Denn sie durften sich selbst keine Punkte geben, und wussten nichts über die anderen Mitglieder ihrer Gruppe oder der anderen Gruppe. Die Gruppen waren tatsächlich minimal. Und trotzdem schienen die Versuchspersonen auch die Mitgliedschaft in diesen minimalen Gruppen mit positiver Bewertung aufzuladen: Sie gaben den Mitgliedern ihrer eigenen Gruppe tendenziell mehr Punkte als den Mitgliedern der anderen Gruppe. Diese Form der Eigengruppenpräferenz wurde seitdem vielfach repliziert, auch in den absurdesten, „minimalsten" Gruppenkonstellationen. Immer wieder zeigt sich, dass wir dazu neigen, unsere Eigengruppe positiver zu bewerten und gegenüber der Fremdgruppe zu bevorzugen, obwohl in den minimalen Gruppen weder irgendeine Form sozialen Miteinanders innerhalb der Eigengruppe noch irgendeine Form des Gegeneinanders im Kontakt mit der Fremdgruppe erfahren wird.

Basierend auf dieser Forschung formulierten Tajfel und Turner die soziale Identitätstheorie, die diese basale Eigengruppenbevorzugung erklären kann [150–152]. Die Forscher argumentierten, dass die reine Zuschreibung von Gruppenzugehörigkeiten einen fundamentalen Einfluss auf die Art und Weise hat, wie Menschen sich und andere sehen. Dazu gehören unter anderem die Kategorisierungseffekte, die wir im vorherigen Kapitel bereits kennengelernt haben, die wahrgenommene Ähnlichkeiten innerhalb und zwischen Gruppen verschieben. Mehr noch, soziale Kategorisierung führt dazu, dass unser Selbstbild eng mit der Eigengruppenzugehörigkeit verknüpft wird.

Weil wir grundlegend motiviert sind, ein positives Bild von uns selbst zu haben, nutzen wir auch unsere sozialen Identitäten, um dies zu erreichen. Wenn wir unsere Gruppe positiv bewerten, erlaubt uns das auch, uns selbst positiv zu sehen. Dafür vergleichen wir unsere Eigengruppe mit Fremdgruppe(n), und zwar möglichst so, dass sich die Eigengruppe dabei positiv abhebt. Das heißt, wir wählen bzw. gestalten die Vergleiche zwischen Eigen- und Fremdgruppe so, dass unsere Gruppe dabei besser dasteht als die andere(n). Mitunter müssen wir dafür einiges an Kreativität aufwenden, zum Beispiel die Fremdgruppen und die Dimensionen für den Vergleich gezielt so wählen, dass unsere Gruppe dabei gut abschneidet, oder das Ergebnis von Vergleichen so interpretieren, dass wir uns einbilden könnten, dass unsere Gruppe besser sei als die andere. Ein Beispiel: Die Deutschen gelten nicht als besonders warmherzig oder humorvoll? Das kann unserem nationalen Selbstwertgefühl nicht schaden, denn dafür sind wir pünktlich und effizient (Wahl neuer Vergleichsdimension), und das ist wichtiger als Warmherzigkeit (Neubewertung der Vergleichsdimension). Außerdem ist unser Humor besonders – den versteht nun mal nicht jeder (Umdeuten des Vergleichsergebnisses).

Nun mag das wie offensichtlicher Selbstbetrug wirken. Meist sind wir uns jedoch gar nicht im Klaren darüber, welche Urteilsverzerrungen dazu führen, dass unsere sozialen Identitäten stabil positiv auf uns wirken. Es handelt sich hier um einen stark automatisierten motivationalen Prozess, der das *WIR* positiv vom *DIE* absetzt [153]. Im Ergebnis formen wir positive Überzeugungen über unsere eigene Gruppe und schreiben ihr und ihren Mitgliedern erwünschte Eigenschaften zu, wir mögen unsere Gruppe und deren Mitglieder mehr als andere Gruppen und wir behandeln Mitglieder unserer Eigengruppen mit Bevorzugung gegenüber Fremdgruppen.

Diese Tendenz, die eigene Gruppe von anderen Gruppen zu unterscheiden und zu bevorzugen, basiert auf fundamentalen und universellen Prozessen, die sich in allen Kulturen beobachten lassen [154]. Eigengruppenpräferenz scheint also tatsächlich in der Natur des Menschen zu liegen. Indem wir im sozialen Vergleich ein positives Bild unserer sozialen Identitäten schaffen, legen wir aber auch erste Grundsteine für Stereotypen und Vorurteile. Denn Eigengruppenpräferenz lässt sich am besten begründen und legitimieren, wenn wir uns einbilden, dass *wir* bestimmte Eigenschaften hätten, die uns positiv von *den anderen* unterscheiden.

Allerdings muss an dieser Stelle eine wichtige Einschränkung vorgenommen werden: Auch wenn sich mit Effekten der Eigengruppenpräferenz vielfältige Ungleichbehandlungen und Intergruppenkonflikte erklären lassen, so führt sie üblicherweise weder zu aktiver Fremdgruppenablehnung noch -benachteiligung. Bereits die Forschung zu Eigengruppenpräferenzen in minimalen Gruppen weist auf eine Positiv-Negativ-Asymmetrie hin [155]: Während sie eine universelle Bevorzugung der Eigengruppe bei der Verteilung von erwünschten Konsequenzen nachweist, zeigt sich keine generelle Benachteiligung von Fremdgruppen, wenn unerwünschte Konsequenzen verteilt werden. Aktive Benachteiligung ist also tatsächlich weniger normal und wird nur von wenigen Personen gezeigt [156]. Wir belohnen also die Gruppen, zu denen wir uns zugehörig fühlen, großzügig dafür, dass wir dazugehören, aber wir bestrafen Fremdgruppen nicht automatisch dafür, dass wir nicht zu ihnen gehören. Fair ist Eigengruppenbevorzugung trotzdem nicht, denn immer, wenn wir unsere eigene Gruppe als positiv beurteilen, beurteilen wir sie als besser als eine andere. Wenn wir unsere Eigengruppe bevorzugen, benachteiligen wir dabei diejenigen Gruppen, denen wir diese Vorzugsbehandlung vorenthalten.

Als Fazit lässt sich festhalten, dass soziale Identitätsbildung uns unsere eigenen Gruppen und Kategorien mögen und bevorzugen lässt und dass wir nicht selten Stereotype als Rechtfertigung dieser Bevorzugungen bilden. Die damit einhergehenden motivierten Gruppenvergleiche führen wir meist auf Kosten der anderen durch: Wenn wir unserer Eigengruppe bestimmte erwünschte Eigenschaften zuschreiben, sprechen wir diese den Fremdgruppen implizit ab. Diese Art der Stereotypbildung ist jedoch kein rein individuell kreativer Prozess, auch wenn die Stärke des individuellen Selbstwertgefühls mit der Tendenz zur Eigengruppenpräferenz zusammenhängt. Wir denken uns ja nicht *irgendwelche* Stereotype aus, um unser gutes Gefühl über unsere Eigengruppe zu rechtfertigen, sondern Stereotype und Vorurteile sind meist gesellschaftlich geteilt und weitverbreitet. Unsere individuell motivierten Selbstwertstrategien stehen nämlich in Wechselwirkung mit vielfältigen sozialen Lernprozessen, die dafür sorgen, dass wir die in unserer Gesellschaft dominanten Kategorisierungen und damit assoziierten Stereotype und Vorurteile aufnehmen.

Diese Lern- und Sozialisationsprozesse werden wir uns im Folgenden etwas genauer anschauen.

Baustein 2: Basale Lernprozesse

Lassen Sie uns mit einer kleinen Übung beginnen.

Im unteren Abschnitt finden Sie eine Liste mit zehn Wortpaaren, bei denen jeweils eines fehlt. Lesen Sie jede Zeile und füllen Sie die jeweilige Leerstelle so schnell wie möglich mit dem Wort, das Ihnen spontan als erstes einfällt.[1]

Wie immer gilt: erst ausprobieren, dann weiterlesen.

Hänsel und _____	Asterix und _____
Tom und _____	Dick und _____
Romeo und _____	Brot und _____
Ernie und _____	Salz und _____
Tim und _____	Pommes mit _____

---

[1] Alternativ lesen Sie die Liste jemand anderem vor und bitten ihn oder sie, das fehlende Wort so schnell wie möglich auszusprechen.

Ich gehe davon aus, dass Sie die Lücken mit den Wörtern *Gretel, Jerry, Julia, Bert, Struppi, Obelix, Doof, Butter, Pfeffer* und *Ketchup* gefüllt haben. Liege ich da richtig? Oder war das letzte Wort vielleicht eher *Mayo?* [157].

Dass ich mit recht hoher Erfolgswahrscheinlichkeit vorhersagen kann, wie Sie in dieser Aufgabe antworten, liegt nicht an meinen wahrsagerischen Fähigkeiten – auch wenn Psycholog:innen mitunter fälschlicherweise nachgesagt wird, dass wir anderen in den Kopf schauen könnten. Es liegt einfach nur daran, dass es sich um stark assoziierte Wortpaare handelt. Es wird Ihnen nicht schwerfallen, sich vorzustellen, dass in Ihrem Langzeit-gedächtnis starke Assoziationen zwischen Hänsel und Gretel, Tom und Jerry oder Brot und Butter existieren. Die Frage, die wir jetzt beantworten wollen, ist, woher diese Assoziationen eigentlich stammen. Unbestreitbar ist, dass Sie diese Wortpaare *gelernt* haben – aber *wie?*

Ich habe in einem vorherigen Kapitel schon erzählt, mit wie viel Mühe meine Tochter und ich derzeit das Blitz-rechnen üben. Allerdings halte ich es für wenig wahr-scheinlich, dass Sie die Wortassoziationen auf gleiche Art und Weise erlernt haben. Haben Sie sich zu irgendeinem Zeitpunkt Ihres Lebens vorgenommen: Heute setze ich mich mal auf den Hosenboden und büffele Paare von Film- und Theatercharakteren oder Nahrungsmitteln aus-wendig? Wohl kaum. Es scheint daher sehr wahrschein-lich, dass Sie diese Assoziationen ganz beiläufig erlernt haben.

Den Namen Tom kennen wir vor allem aus der uralten Zeichentrickserie *Tom & Jerry*. Diese beiden Namen wurden in Ihrer individuellen Lernerfahrung mit hoher Wahrscheinlichkeit sehr oft gemeinsam aktiviert, und Ihr Gedächtnis hat sie daher automatisch als miteinander zusammenhängend gespeichert – und zwar fast inhaltsfrei. Oder können Sie mit absoluter Sicherheit sagen, wer von den beiden die Maus und wer die Katze ist? Sie haben also ohne Absicht, Aufwand oder Konzentration gelernt, vielleicht sogar, ohne sich dessen bewusst zu sein. Auch handelt es sich hier um kulturell geteiltes Wissen, das auf vielfältigste Art und Weise transportiert wird. Ich habe beispielsweise, soweit ich mich erinnere, noch nie einen Dick-und-Doof-Film gesehen. Trotzdem sind beide Wörter auch in meinem Langzeitgedächtnis eng miteinander assoziiert.

Bezeichnen wir dieses Lernen vereinfachend als assoziatives Lernen [158], auch wenn dieser Begriff in der sozial-kognitiven Forschung gerade heftig debattiert wird.

Assoziatives Lernen ist ein automatischer Mechanismus, der aus unserer Fähigkeit resultiert, Regelmäßigkeiten zu erfassen, und folgt einem sehr einfachen Prinzip, dem Kontingenzprinzip. Es besagt, dass Informationen, die in der Umwelt wiederholt als gemeinsam auftretend wahrgenommen werden, auch gemeinsam gespeichert werden. Wiederholt gemeinsam auftretende Informationen werden also durch assoziative Links im Gedächtnis miteinander verknüpft. Diese Links sind nicht statisch, sondern verändern sich basierend auf individuellen Erfahrungen. So steigt die Stärke von Assoziationen je häufiger einzelne Knoten gemeinsam aktiviert sind, entweder weil sie in der Umwelt gleichzeitig auftreten oder weil wir sie durch Denkprozesse gemeinsam aktivieren.

Für diese Art der Bildung von Assoziationen ist es unserem kognitiven Apparat weitestgehend egal, welcher Art der Zusammenhang zwischen zwei Informationsbrocken ist: Ob beispielsweise A durch B verursacht wird oder B durch A, spielt für den Aufbau einfacher Assoziationen keine Rolle. Auch wenn ich wiederholt die Information erhalte, dass A definitiv nichts mit B zu tun hat oder A das Gegenteil von B ist, speichert mein

Gedächtnis A und B als miteinander assoziiert ab. Ebenso spielt es keine Rolle, ob die gespeicherten Informationen und ihre Assoziationen objektiv wahr oder unwahr sind oder ob ich sie subjektiv für wahr oder unwahr halte. Unser Gehirn ist bei dieser Art Speicherung und Bereitstellung von Informationen recht inhaltsblind: Miteinander verknüpfte Elemente müssen keinerlei logische Beziehung zueinander haben, sondern lediglich wiederholt gemeinsam auftreten.

Darum erscheint es auch eher unpassend, auf diese Art und Weise gelernte Inhalte als persönliche Meinungen, Einstellungen oder Überzeugungen zu interpretieren. Ist es Ihre persönliche *Meinung*, dass Tom und Jerry zusammengehören? Sind Sie der festen Überzeugung, dass Dick sich nur durch Doof komplettieren lässt? Halten Sie es für gut, schön oder richtig, dass Hänsel in Grimms Märchen eine Schwester namens Gretel hat? Sollten Jungen mit dem Namen Tim ihre Hunde immer Struppi nennen? Ist Ihr Unbewusstes der Meinung, Brot sollte man nur mit Butter essen und wo Salz auf dem Tisch steht, muss auch Pfeffer sein?

Beim assoziativen Lernen ist unser kognitiver Apparat lediglich darauf aus, Regelmäßigkeiten in der Umwelt zu erkennen, abzuspeichern und für spätere Verarbeitungsprozesse verfügbar zu machen. Ob wir diesen Regelmäßigkeiten überhaupt Aufmerksamkeit schenken, ihnen zustimmen oder sie für gut oder schlecht bewerten, ist dabei erst einmal nebensächlich.

So bin ich beispielsweise kürzlich nach langer Zeit mal wieder mit dem Fahrrad in die Universität gefahren und merkte dabei, dass ich ein ziemlich gutes Gefühl für die Ampelphasen auf meinem Arbeitsweg habe. Nicht weil ich irgendein Wissen über Hamburgs Verkehrsplanung hätte, sondern einfach, weil ich den gleichen Weg schon hunderte Male gefahren bin und mein kognitiver Apparat

dabei die Regelmäßigkeiten der Ampelschaltungen heraus-
gefunden und abgespeichert hat. Ich habe mir zu keinem
Zeitpunkt vorgenommen, zu lernen, wie lang die Rot-
und Grünphasen der einzelnen Ampeln sind. Ich stelle
es mir sehr aufwendig vor, müsste ich das wirklich gezielt
auswendig lernen. Praktisch also, dass mein kognitiver
Apparat das ganz selbstständig für mich übernommen
hat, denn so kann ich beim Heranfahren an eine Ampel
automatisch abschätzen, ob ich lieber fester in die Pedale
trete, um die Grünphase noch zu schaffen, oder schon mal
rollen lasse, weil die Ampel sowieso gleich auf Rot schalten
wird.

Prinzipiell ist dieser Lernprozess hochgradig funktional,
denn er führt dazu, dass Informationen nach einem einfachen Ordnungsprinzip abgelegt und für den späteren
Abruf verfügbar gemacht werden. Und zwar ganz beiläufig
und ohne, dass ich für diesen Lernprozess Aufmerksamkeit oder kognitive Ressourcen investieren muss. Tatsächlich kann man davon ausgehen, dass assoziatives Lernen
wesentlich zum (Erst-)Spracherwerb beiträgt, der uns aufgrund seiner scheinbaren Beiläufigkeit und Automatizität
so viel leichter erscheint als der spätere Erwerb einer
zweiten Sprache.

Genau solche Lernprozesse sind daran beteiligt, wenn
unser Gedächtnis Assoziationen mit sozialen Kategorien
anlegt. Unser Gehirn speichert dafür alle Inhalte, die es im
Zusammenhang mit sozialen Gruppen erfahren hat, und
verknüpft sie miteinander. Wie stark diese Assoziationen
sind, hängt vor allem von der Häufigkeit des gemeinsamen
Auftretens ab: Je häufiger mir die Farbe Rosa mit dem
Konzept Mädchen begegnet, umso stärker wird die
Assoziation zwischen Mädchen und Rosa in meinem
Langzeitgedächtnis. Je häufiger ich den Begriff Islam im
Zusammenhang mit Terror höre oder lese, umso stärker
wird die Assoziation Islam und Terror in meinem Lang-

zeitgedächtnis. Je häufiger ich Bilder von hungernden Kindern aus Afrika sehe, umso stärker wird die Assoziation Afrika und Armut in meinem Langzeitgedächtnis. Diese Beispiele machen auch deutlich, dass es für das assoziative Lernen unwesentlich ist, ob es sich um eigene, direkte Erfahrungen mit einem Gruppenmitglied handelt oder um indirekte Erfahrungen, also über Dritte vermittelte Inhalte.

Diesem beiläufigen Lernen steht eine zweite Art von Lernprozessen gegenüber, die zwar ebenfalls zur Bildung mentaler Assoziationen beiträgt, allerdings nicht dem reinen Kontingenzprinzip unterliegt. Entsprechend einer aktuellen Theorie benutze ich hierfür den Begriff *propositionales Lernen* [159]. Hier geht es um eher kontrollierte und beabsichtigte Lernprozesse, die die spezifischen Beziehungen zwischen Informationen und die wahrgenommene Gültigkeit der Beziehungen abspeichern. Als Sie in der fünften Klasse die Grundlagen der Photosynthese für die Bio-Klausur gelernt haben, haben Sie sich Ihr Bio-Buch mit der Absicht vorgenommen, nicht einfach nur die Begriffe Sonnenlicht, Chlorophyll, Kohlendioxid und Sauerstoff abzuspeichern, sondern deren Zusammenhänge zu verstehen – zumindest wird das das Ziel Ihrer Biologie-Lehrerin oder Ihres Lehrers gewesen sein. Und mit hoher Wahrscheinlichkeit ist das nicht beiläufig passiert, sondern Sie mussten sich aktiv mit den Informationen auseinandersetzen. Als Ergebnis ist (hoffentlich) eine recht komplexe Wissensrepräsentation entstanden und vielleicht ist diese sogar noch abrufbar.

Propositionales Lernen findet statt, wenn wir uns bewusst mit Informationen auseinandersetzen, bestimmte Inhalte miteinander verknüpfen oder Meinungen bilden. Und natürlich auch, wenn wir das explizite Ziel haben, uns etwas einzuprägen: wenn wir den Ablauf der Photosynthese lernen oder versuchen, uns die Pin-Nummer unserer Geldkarte einzuprägen. Das Ergebnis kann eine einfache Assoziation sein (Pin = 1234), aber auch deutlich komplexere Zusammenhänge repräsentieren (meine frühere Pin war 1234, aber bei meiner neuen Karte wurde sie zu 4321 geändert und jetzt muss ich beim Geldautomaten immer aufpassen, dass ich nicht durcheinanderkomme und was Falsches eintippe).

Propositionale und assoziative Lernmechanismen unterscheiden sich in mehrfacher Hinsicht. Assoziative Lernprozesse laufen eher spontan und automatisch ab – egal, ob wir das Ziel haben, etwas zu lernen oder nicht, ob wir den Informationen Aufmerksamkeit schenken oder nicht. In vielen Fällen bemerken wir nicht einmal, dass unser kognitiver Apparat Zusammenhänge wahrnimmt und abspeichert. Propositionale Lernprozesse sind dagegen aufwendiger und überlegter, sie benötigen unsere Aufmerksamkeit und beanspruchen mentale Ressourcen. Das Resultat sind bewusst abrufbare Gedächtniseinträge, von denen wir meist auch wissen, wann und wie wir sie gelernt haben.

Diese zwei unterschiedlichen Typen von Lernmechanismen schließen einander nicht aus, sondern finden oft sogar gleichzeitig und in Wechselwirkung miteinander statt. Sie können mitunter aber zu gegensätzlichen Ergebnissen führen, selbst wenn sie ein und denselben Informationsinput verarbeiten. Das lässt sich beispielsweise in Studien nachweisen, in denen Versuchspersonen Aussagen verarbeiten, die Verneinungen enthalten, oder Aussagen, von denen die Versuchspersonen wissen, dass sie falsch sind [160]. Wenn wir beispielsweise die Aussage „Mike hat beim Pokern *nicht* geschummelt" verarbeiten, so wird durch assoziatives Lernen ein einfacher Link zwischen Mike und Schummeln angelegt. Das propositionale Lernen legt dagegen eine Repräsentation der eigenen Überzeugung „Ich glaube, dass Mike *nicht* geschummelt hat" an. Dafür benötigt es aber ein Mindestmaß an Aufmerksamkeit, Bewusstheit und kognitiven Ressourcen und eine bewusste Auseinandersetzung damit, was man subjektiv als wahr und zutreffend ansieht.

Diese beiden grundlegenden Typen von Lernmechanismen setzt unser kognitiver Apparat natürlich auch ein, wenn wir Informationen über Personen oder Gruppen von Personen aufnehmen und verarbeiten. Unsere Umgebung liefert uns permanent Informationen über soziale Kategorien und deren Mitglieder, und wir nehmen diese auf und speichern sie ab, egal für wie richtig oder relevant wir sie halten. Lesen wir im Vorbeilaufen am Kiosk also die Titelseite des *Sterns* mit der groß gedruckten Frage „Wie gefährlich ist der Islam?" [161], so legt unser kognitiver Apparat eine Assoziation zwischen Islam und Gefahr an oder verstärkt eine bestehende Assoziation, obwohl der Inhalt des Artikels möglicherweise das Gegenteil argumentiert oder eine vertiefte Verarbeitung der Argumente des zugehörigen Artikels zu einer Ablehnung der Aussage führen könnte. Und weil wir den Begriff „Islam" so häufig im Kontext Islam*ismus* hören, assoziieren wir ihn automatisch mit Aggression und Gewalt.

Basierend auf diesen Lernmechanismen *weiß* unser Langzeitgedächtnis, dass Rosa eine Mädchenfarbe ist und Fußball ein Männersport, viele, aber nicht alle Frisöre schwul sind, Models dumm und Ossis unzufrieden, dass Afrikaner:innen Rhythmus im Blut haben, Deutsche regeltreu sind und Italiener:innen unpünktlich usw. usf. Stereotype und Vorurteile sind fester Bestandteil unserer kulturellen Sozialisation. Als Teil einer Gesellschaft sind wir alle grundlegend den gleichen Botschaften ausgesetzt, ob wir das wollen oder nicht. Und darum teilen wir auch die meisten gesellschaftlichen Stereotype.

Dazu kommt, dass unsere Gesellschaft hierarchisch strukturiert ist und soziale Gruppenzugehörigkeiten immensen Einfluss auf alle Bereiche des Alltags haben. Wir erleben es ständig, dass Menschen bestimmter sozialer Kategorien unterschiedliche gesellschaftliche Rollen einnehmen, darin unterschiedlichen Status und Anerkennung erhalten, unterschiedlich behandelt werden und unterschiedlich erfolgreich sind. Beobachten wir beispielsweise, dass Mitglieder verschiedener Gruppen (zum Beispiel Frauen, Senior:innen, Migrant:innen, Schulabbrecher:innen, Christ:innen) überproportional häufig in bestimmten Berufsrollen (Richter:in, Lehrer:in, Fast-Food-Mitarbeitende, Geschäftsführer:in, Verkäufer:in, Putzkraft, Manager:in) anzutreffen sind, assoziieren wir sie mit typische Eigenschaften, Interessen und Fähigkeiten für diese Rollen [162]. So bilden wir Stereotype, die uns Erklärungen und damit auch Legitimierungen für die beobachteten gesellschaftlichen Strukturen liefern [163].

Unser Gedächtnis erlernt also nicht einfach nur Häufigkeiten (es gibt mehr Piloten als Pilotinnen) und leitet daraus Wahrscheinlichkeiten ab (es ist wahrscheinlicher, dass mein Flugzeug von einem Piloten gesteuert wird als von einer Pilotin), sondern kreiert Stereotype, die diese Beobachtungen erklären (Männer haben Fähigkeiten, die sie für diesen Job qualifizieren, Frauen nicht), und geht damit weit über das rein Beobachtbare hinaus.

Diese Assoziationen legt unser kognitiver Apparat an, egal ob wir bestimmten Stereotypen und Vorurteilen zustimmen oder nicht. Sie werden teilweise schon in einem Alter angelegt, in dem wir noch gar nicht in der Lage sind, uns Gedanken über ihre Richtigkeit oder Glaubwürdigkeit zu machen. So zeigen aktuelle Studien mit Kindern im Vor- und Grundschulalter beispielsweise [164], dass sie Vorurteile vor allem aus beobachtetem nonverbalem Verhalten von Erwachsenen erlernen. Beobachten sie subtile Anzeichen von Ablehnung, so schließen sie, dass eine Person bzw. Gruppe von Personen nicht vertrauenswürdig ist. Dabei ist es egal, welche verbalen Informationen ihnen zur Verfügung stehen.

Auch zeigt sich, dass Eltern bei diesen Lernprozessen keine herausragende Rolle spielen. Kinder sind ihren Eltern nämlich gar nicht so besonders ähnlich in ihren Gruppeneinstellungen [165]. Wir saugen nicht einfach nur die Einstellungen unseres Elternhauses auf, sondern orientieren uns an *allen* Informationen, die unsere Gesellschaft uns zu bieten hat. Im Ergebnis neigen wir als Mitglieder einer Gesellschaft nicht nur dazu, die gleichen Kategorisierungen vorzunehmen, sondern weisen auch hochgradig überlappende Stereotype und Vorurteile auf. Wir mögen uns darin unterscheiden, ob bzw. welchen Stereotypen und Vorurteilen wir bewusst zustimmen oder ablehnen, wir haben sie jedoch alle grundlegend erlernt.

Nun klingt das erst einmal so, als würden diese Lernprozesse prinzipiell dazu führen, dass unsere Vorurteile und Stereotype ein direktes Abbild existierender gesellschaftlicher Strukturen sind. Was ich Ihnen jedoch bisher vorenthalten habe, ist, dass diese Lernprozesse nicht zu perfekten Abbildern führen, sondern dass systematische Verzerrungen vorkommen.

Baustein 3: Verzerrungen in Lernprozessen

Obwohl unser Gehirn hervorragend dafür ausgestattet ist, Regelmäßigkeiten in unserer Umwelt zu erkennen und abzuspeichern, laufen menschliche Lernprozesse nicht fehlerfrei ab. Erinnern Sie sich an das Beispiel von Linda, der feministischen Bankkauffrau? Auch da führten ganz normale und prinzipiell hoch funktionale Denkprozesse zu systematischen Fehlern. Im Folgenden betrachten wir eine kleine Auswahl an Verzerrungen, die vor allem beim Erlernen von Informationen über soziale Gruppen eine Rolle spielen und zu verzerrten Repräsentationen der Information führen können.

Korrespondenzverzerrungen

Menschen haben generell eine starke Neigung, aus dem beobachteten Verhalten von Personen auf deren Persönlichkeit – also auf nicht sichtbare, stabile Eigenschaften – zu schließen und die Situation, in der sich die Person befindet, dabei weitgehend außer Acht zu lassen [166]. Wir nehmen üblicherweise an, dass jemand so ist, wie er oder sie sich verhält, und vergessen leicht, dass es oft situative Gründe gibt, die ein Verhalten erklären. Solche spontanen Eigenschaftszuschreibungen finden ganz automatisch statt. Wir sind uns meistens gar nicht im Klaren darüber, dass bzw. welchen Eindruck wir uns über eine Person gebildet haben und welche Informationen dafür ausschlaggebend waren [167]. In den meisten Fällen handelt es sich um einen Fehlschluss oder zumindest eine Übergeneralisierung, da für die meisten Verhaltensweisen situative Gründe mindestens ebenso ausschlaggebend sind, wie die Persönlichkeit der handelnden Person.

Ist nun bei der Beobachtung einer Person deren Zugehörigkeit zu einer bestimmten sozialen Kategorie auffällig, resultiert daraus ein noch viel weitreichenderer Fehlschluss: Sie schließen nicht nur auf Eigenschaften einer Person, sondern einer gesamten Gruppe. Lassen Sie mich das an einem Beispiel erklären:

Angenommen, Sie fragen in einem Baumarkt eine Angestellte, wo genau Sie 6er-Holzdübel finden können. Die gefragte Person gibt Ihnen eine falsche Antwort und sendet Sie in die Reihe mit Lichtschaltern statt Dübeln. Es ist sehr wahrscheinlich, dass Sie daraus spontan schließen, dass diese Person inkompetent ist. Es mag zwar viele situative Gründe für die falsche Antwort geben: Vielleicht hat die Mitarbeiterin gerade den Baumarkt gewechselt und an ihrem alten Arbeitsplatz lagen die Holzdübel gleich neben den Lichtschaltern. Wir denken allerdings meist gar nicht über die verschiedenen Gründe nach, die ein Verhalten haben kann, sondern schließen spontan und direkt vom beobachteten Verhalten anderer auf deren Persönlichkeitseigenschaften. Weil in dieser Situation die Kategorienzugehörigkeit besagter Person sehr auffällig ist – immerhin trägt sie das Logo des Baumarktes auf ihrer Kleidung –, ist es wahrscheinlich, dass Sie Ihr Urteil auf die gesamte Gruppe der Baumarktangestellten übertragen und eine Assoziation zwischen Baumarkt XYZ und Inkompetenz anlegen. Vielleicht werden Sie den fraglichen Baumarkt zukünftig meiden und Ihre Holzdübel bei der Konkurrenz kaufen. Sie übergeneralisieren also nicht nur von einer einzelnen Verhaltensbeobachtung (XYZ weiß nicht, wo die Holzdübel liegen) auf eine Persönlichkeitseigenschaft einer Person (XYZ ist inkompetent), sondern einer gesamten Gruppe (alle XYZ sind inkompetent).

Nun mag dieses Beispiel ein triviales oder unproblematisches Fehlurteil beschreiben. Es illustriert jedoch einen typischen Urteilsprozess: Wenn wir das Verhalten anderer beurteilen und sie dabei kategorisieren, gehen wir in unseren Schlussfolgerungen oft weit über das hinaus, was wir beobachten. Eine einfache gemeinsame Assoziation, wie die gleiche Kategorienzugehörigkeit, reicht aus, um automatisch Transfereffekte auszulösen, sodass eine Bewertung einer Person automatisch auf andere übertragen wird. Wichtig hierbei ist: Dies ist kein motivierter, absichtlicher Denkprozess, sondern es handelt sich um einen hochgradig automatischen Schlussfolgerungsprozess, über den wir uns nur klarwerden, wenn wir bewusst darüber nachdenken (was wir selten tun). Mehr noch: Selbst, wenn wir unseren Eindruck als Trugschluss oder Übergeneralisierung erkennen, lassen sich solche automatischen Transfereffekte nicht verhindern.

Solche Verzerrungen zeigen sich vor allem in Eigen- versus Fremdgruppenvergleichen. Sie treten vornehmlich auf, wenn wir Informationen über Mitglieder *anderer* Gruppen verarbeiten. Innerhalb unserer Eigengruppe spielen solche Transfereffekte seltener eine Rolle.

Und: Transfereffekte sind stärker, wenn sie auf unerwünschtem Verhalten beruhen als auf erwünschtem. Wir nehmen negatives Verhalten generell als aussagekräftiger über die Eigenschaften und Absichten einer Person wahr. Dementsprechend neigen wir auch eher dazu, korrespondierende Schlussfolgerungen aus negativem unerwünschtem Verhalten zu ziehen als aus positivem erwünschtem Verhalten. Zusätzlich fallen Transfereffekte stärker für negative als für positive Bewertungen aus [168]. Lenkt unsere Baumarktmitarbeiterin uns bei der Holzdübelsuche zum richtigen Regal (erwünscht), schließen wir daraus noch lange nicht auf Kompetenz, lenkt sie uns aber zum falschen Gang (unerwünscht), halten wir sie für inkompetent. Mehr noch: Wir neigen stärker dazu, die aus unserer Inkompetenzzuschreibung resultierende negative Bewertung auf andere Gruppenmitglieder zu übertragen als eine aus einem Kompetenzurteil abgeleitete positive Bewertung. Die Generalisierung negativer Bewertung braucht auch deutlich weniger Ähnlichkeit zwischen Personen und findet auch bei nur schwachen Gemeinsamkeiten [169] statt; eine scheinbare gemeinsame Gruppenzugehörigkeit reicht hier also schon aus.

Attributionsverzerrungen

Generell führen Eigengruppen- und Fremdgruppenkate-
gorisierungen also zu Verzerrungen in recht basalen Lernprozessen. Diese werden noch dadurch verstärkt, dass wir
das Verhalten von Mitgliedern von Eigen- und Fremdgruppen selbst bereits unterschiedlich beurteilen bzw.
dem Verhalten unterschiedliche Ursachen zuschreiben.
Die zu Beginn dieses Kapitels erklärte soziale Identität führt unter anderem dazu, dass wir das Verhalten von
Mitgliedern unserer Eigengruppe ähnlich interpretieren
wie unser eigenes Verhalten – nämlich wohlwollend. Wir
neigen dazu, eigene positive Verhaltensweisen auf interne
und stabile Eigenschaften zurückzuführen. Eigene negative
Verhaltensweisen werden dagegen eher durch vorüber-
gehende und außerhalb der handelnden Person liegende
Einflüsse erklärt. Wenn wir beispielsweise beim Einstieg
in den Bus freundlich grüßen, erklären wir uns das damit,
dass wir generell so nette Menschen sind. Wenn wir beim
Einstieg in den Bus drängeln oder motzen, erklären wir
das damit, dass wir gerade ausnahmsweise sehr in Eile
waren, der Bus so voll war und es eigentlich eher die
anderen waren, die gedrängelt haben. Das bezeichnet man
als *selbstwertdienlichen Attributionsstil.* Dieser erlaubt es
uns, ein ziemlich positives Bild von uns zu haben, selbst
wenn wir uns danebenbenehmen. Diesen Stil wenden
wir auch eher auf Personen an, denen wir uns nah oder
zugehörig fühlen.

Allerdings kehrt sich unser Erklärungsstil in sein
Gegenteil um, wenn wir Handlungen von Mitgliedern
anderer Gruppen beurteilen. Da neigen wir nämlich dazu,
negatives Verhalten auf stabile interne Persönlichkeitsmerkmale zurückzuführen und positive Handlungen auf
die Umstände. Grüßt eine Frau mit Kopftuch beim Einstieg in den Bus, glauben wir eher, dass das daran lag, dass

der Busfahrer so freundlich lächelte. Drängelt die Frau mit Kopftuch beim Einsteigen, dann, weil sie unfreundlich, egoistisch oder asozial ist. Nicht nur das, wir neigen einmal mehr zur Übergeneralisierung: *Die* sind doch alle so.

Es ist offensichtlich, dass diese unterschiedlichen Interpretationen von Handlungen in Abhängigkeit von der Gruppenzugehörigkeit der handelnden Personen zur Bildung und Aufrechterhaltung von Stereotypen und Vorurteilen beitragen können.

Korrespondenz- und Attributionsverzerrungen beruhen auf vollkommen normalen Denk- und Lernprozessen. In der Konsequenz werden Zusammenhänge zwischen sozialen Kategorien und erwünschten versus unerwünschten Eigenschaften übergeneralisiert und überschätzt. Es gibt jedoch auch Lernprozesse, die nicht nur zu einer Überschätzung existierender Zusammenhänge führen, sondern uns sogar Zusammenhänge wahrnehmen lassen, die es objektiv gar nicht gibt.

Illusorische Korrelationen

Als illusorische Korrelationen oder Scheinkorrelation bezeichnet man die Wahrnehmung von Zusammenhängen, die objektiv nicht gegeben sind. Solche Scheinkorrelationen lassen sich am besten am Beispiel einer typischen sozialpsychologischen Studie zum Erlernen von Gruppeninformationen erklären: Dabei lernen Versuchsteilnehmende einzelne Mitglieder zweier Gruppen anhand kurzer Aussagen kennen, die jeweils ein Verhalten beschreiben. Dieses Verhalten kann erwünscht oder unerwünscht sein, zum Beispiel „Thorsten, Mitglied der Gruppe A, hilft seiner Nachbarin, die Einkäufe hochzutragen" oder „Matthias, Mitglied der Gruppe B, stibitzt den Joghurt seiner Kollegin aus dem Bürokühlschrank". Die beiden Gruppen sind unterschiedlich groß: Es gibt eine Majorität und eine Minorität, die nur halb so viele Mitglieder hat. Auch treten erwünschte Verhaltensweisen deutlich häufiger auf als unerwünschte, nämlich zweimal so häufig. In Tab. 9.1 ist die Verteilung der verfügbaren Informationen aufgelistet. Wichtig ist, dass das *Verhältnis* von erwünschten und unerwünschten Verhaltensweisen in beiden Gruppen genau gleich ist, egal ob sie der Majorität oder der Minorität angehören (Tab. 9.1).

Beurteilen wir diese beiden Gruppen nun strikt anhand der Regelmäßigkeiten des beobachteten Verhaltens, so sollten wir beide gleich beurteilen. Da erwünschtes und unerwünschtes Verhalten in beiden Gruppen gleich häufig bzw. gleich selten ist, lassen sich nämlich aus der Gruppenmitgliedschaft keine Vorhersagen darüber ableiten, wie wahrscheinlich erwünschtes und unerwünschtes Verhalten bei weiteren Gruppenmitgliedern auftreten wird.

Allerdings „lernt" unser kognitiver Apparat trotzdem etwas anderes: Werden die Versuchspersonen nämlich später gebeten, die beiden Gruppen und ihre Mitglieder einzuschätzen, fallen die Beurteilungen der kleineren Gruppe B üblicherweise negativer aus als der größeren Gruppe A. Auch „erinnern" sich die Versuchspersonen

Tab. 9.1 Übersicht der Häufigkeitsverteilungen in einem typischen Lernexperiment, in dem Scheinkorrelationen auftreten

	Gruppe A (Majorität)	Gruppe B (Minorität)
Anzahl der Mitglieder, die **erwünschtes** Verhalten zeigen:	16	8
Anzahl der Mitglieder, die **unerwünschtes** Verhalten zeigen:	8	4
Verhältnis erwünscht/unerwünscht:	2/1	2/1

häufiger an negative Verhaltensweisen von Gruppe B als von Gruppe A und erwarten von neuen Mitgliedern von Gruppe B mehr negatives Verhalten als von neuen Mitgliedern aus Gruppe A. Das heißt, die Versuchspersonen nehmen einen Zusammenhang zwischen Gruppenmitgliedschaft und Erwünschtheit des Verhaltens wahr, der faktisch nicht gegeben ist – daher der Name *illusorische Korrelation* [170].

Als Erklärung für diese Urteilsverzerrung wurde lange angenommen, dass die Informationen in der Lernphase ein unterschiedliches Maß an Aufmerksamkeit erhalten und dies später zu besseren oder schlechteren Gedächtnisleistungen führt, auf denen dann unterschiedliche Urteile beruhen. Wie schon in Kap. 8 erklärt, neigen wir allgemein dazu, unsere Aufmerksamkeit stärker auf seltene und auf negative Informationen zu lenken. Kommt nun eine negative Information deutlich seltener vor als eine positive, erhält diese quasi doppelte Aufmerksamkeit. Wenn es also, wie in unserem obigen Beispiel, besonders selten der Fall ist, dass ein Mitglied einer kleineren Gruppe negatives Verhalten zeigt, erregt diese besonders seltene Seltenheit besonders viel Aufmerksamkeit. Und je mehr Aufmerksamkeit wir auf bestimmte Informationen richten, desto besser erinnern wir uns später daran. Paradoxerweise ist es diese relativ *bessere* Erinnerungsleistung, die dazu führt, dass die seltene Information einen überproportional großen Einfluss auf die Urteilsbildung bekommt. Die kleinere Gruppe erscheint dadurch, als würden ihre Mitglieder überproportional häufiger unerwünschtes Verhalten zeigen als Mitglieder der größeren Gruppe. Eine andere Erklärung ist noch sparsamer in ihren Annahmen: Der deutsche Sozialpsychologe Klaus Fiedler argumentiert, dass illusorische Korrelationen mit Grundprinzipien der Wahrscheinlichkeitstheorie erklärt werden können [171]. Dadurch, dass für Gruppe A eine größere Stichprobe präsentiert wurde, kann beim Gedächtnisabruf das asymmetrische Verhältnis von positiven zu negativen Verhaltensweisen zuverlässiger geschätzt werden als bei B.

Durch illusorische Korrelationen nehmen wir also Zusammenhänge wahr, die in Wirklichkeit nicht existieren. Solche illusorische Korrelationen können übrigens bereits entstehen, wenn nur *ein einzelnes* ungewöhnliches Verhalten innerhalb einer Minorität beobachtet wurde [172]. Es kann aber noch krasser kommen: Unter bestimmten Umständen nehmen wir Zusammenhänge sogar *umgekehrt* wahr, als sie in Wirklichkeit existieren – nämlich dann, wenn eine wichtige Kontextinformation nicht beachtet wird. Lassen Sie mich auch diesen Effekt an einem Beispiel erläutern:

Stellen Sie sich vor, Sie lesen von einer Studie, die Schulleistungstests mit Schülern durchgeführt hat und dabei einen positiven Zusammenhang zwischen der Klassengröße und dem mittleren Lernerfolg von Schüler:innen festgestellt hat: je größer die Schulklasse, umso besser die Schulleistungen der Schüler:innen. In Abb. 9.1 sehen Sie einen solchen Zusammenhang schematisch in einem Streudiagramm dargestellt. Solche Korrelationen kennen wir ja bereits aus früheren Kapiteln. Es handelt sich dabei nicht um echte Daten, sondern um Daten, die ich zu Illustrationszwecken simuliert habe [173].

Wären das echte Daten, so ließe sich aus solchen Ergebnissen – evidenzbasiert auf belastbaren Fakten und statistischen Auswertungen – schließen, dass Schulklassen in Zukunft größer geplant werden sollten, die Schulleistungen scheinen ja davon zu profitieren. Nicht wahr?

Dieser Schluss ist aus zweierlei Hinsicht problematisch: Zum einen kann aus einem statistischem Zusammenhang generell nicht auf Ursächlichkeit geschlossen werden, egal

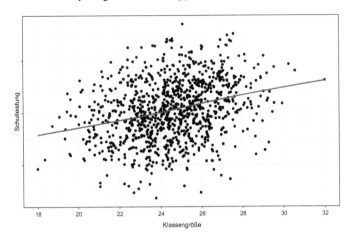

Abb. 9.1 Das Streudiagramm zeigt einen scheinbaren positiven linearen Zusammenhang zwischen Klassengröße und Schulleistungen

wie verführerisch das manchmal sein mag. Sie erinnern sich an den Zusammenhang zwischen Sonnenbrand und Eisessen aus Kap. 2? Zum anderen steckt in diesen Daten aber noch deutlich mehr, als es auf den ersten Blick erscheint. Beziehen wir nämlich zusätzlich den Schultyp in unsere Analysen mit ein und prüfen den Zusammenhang zwischen Schulleistung und Klassengröße getrennt für jeden Schultyp, so kommen wir zu einem vollkommen anderen Ergebnis!

In Abb. 9.2 finden Sie die identischen Daten – mit dem einzigen Unterschied, dass ich die unterschiedlichen Schultypen der untersuchten (simulierten) Schulklassen farblich markiert habe. Wir sehen, dass der Zusammenhang zwischen Klassengröße und Schulleistung innerhalb eines jeden einzelnen Schultyps genau umgekehrt ist: Je größer die Klassen, umso schlechter fallen die Schulleistungen der Schüler:innen aus.

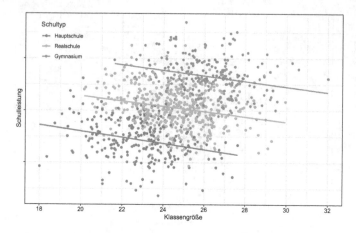

Abb. 9.2 Egal welchen Schultyp wir betrachten, die Schulleistungen innerhalb eines Schultyps sind in kleineren Klassen
besser als in größeren Klassen

Unser vorheriger Fehlschluss entstammt der Tatsache, dass wir übersehen haben, dass beide untersuchten
Variablen, also sowohl die mittlere Klassengröße als auch
die Schulleistungen in unserem Beispiel zusätzlich mit
dem Schultyp zusammenhängen: In Gymnasien gibt es
nämlich häufiger größere Klassen, aber auch häufiger
Schüler:innen mit guten Schulleistungen. Hauptschulen
dagegen haben meist kleinere Klassen und werden von
weniger Schüler:innen mit guten Schulleistungen besucht.

In der Statistik ist dieses Phänomen als Simpson's Paradox bekannt [174]. Es erklärt, warum Zusammenhänge
zwischen Variablen unterschiedlich ausfallen können, je
nachdem, ob Daten über Gruppen hinweg kombiniert
werden oder nicht. In der Statistik gibt es komplexe Ana-
lysemethoden, sogenannte Mehr-Ebenen-Analysen, die
uns davor bewahren können, Fehlschlüsse aus Daten
abzuleiten, wenn wir deren übergeordnete Struktur
nicht betrachten. Wenn das also ein wichtiges Thema in
der Statistikausbildung ist, dann können wir uns schon

denken, dass wir als Laien nicht unbedingt besonders gut darin sind, korrekte statistische Schlussfolgerungen anzustellen.

Tatsächlich zeigt sich, dass nicht nur Laien, sondern auch Experten und Expertinnen dem Simpson's Paradox häufig auf den Leim gehen. Wenig überraschend, dass das Simpson's Paradox auch eine Rolle spielen kann, wenn wir Stereotype über soziale Gruppen bilden [175]. Das scheint vor allem der Fall zu sein, wenn uns wenig Informationen über andere Gruppen zur Verfügung stehen – zum Beispiel, weil wir selbst keinen persönlichen Kontakt zu diesen Gruppen haben.

Nehmen wir das Beispiel der stereotypen Überzeugung, Ausländer im Allgemeinen oder Geflüchtete im Besonderen hätten eine höhere Neigung zu Kriminalität. Wer als Begründung dafür lediglich Daten zu Ladendiebstählen und Einbrüchen im Zusammenhang mit steigenden Flüchtlingszahlen auswertet [176], mag ebenso dem Simpson's Paradox unterliegen. Es gibt nämlich mehrere übergeordnete Drittvariablen, die sowohl mit Flüchtlingszahlen als auch mit Kriminalitätsraten korrelieren. Dazu gehören Alter, Geschlecht und relativer Wohlstand bzw. Armut. Nehmen wir uns nur eine davon heraus: Wir wissen, dass Wohlstand sowohl mit Kriminalität zusammenhängt als auch mit Flucht. Kriminelle Taten werden eher von Menschen mit geringem Wohlstand begangen als von Menschen mit hohem Wohlstand. Geflüchtete leben eher in geringem Wohlstand als Nicht-Geflüchtete. Wenn wir Kriminalitätsstatistiken einfach danach auswerten, ob kriminelle Taten von Personen mit oder ohne Fluchthintergrund begangen werden, werden wir einen Zusammenhang finden. Wenn wir daraus nun schließen, dass geflüchtete Personen generell mehr zu Kriminalität neigen, unterliegen wir aber womöglich einem Fehlschluss. Beziehen wir nämlich den relativen

Wohlstand von Täter:innen in unsere Betrachtung ein, so verschwindet dieser Zusammenhang zwischen Kriminalität und Flüchtlingsstatus. Was bleibt, ist ein linearer Zusammenhang zwischen Wohlstand und Kriminalität, der unabhängig davon ist, wo jemand geboren wurde. Es könnte sich auch hier um ein Simpson's Paradox handeln: Würden wir Kriminalitätsdaten nach Wohlstand gruppieren, könnte es sein, dass sowohl in den unteren als auch in den oberen Wohlstandsgruppen geflüchtete Menschen *weniger* häufig kriminelle Taten begehen als nicht geflüchtete. Das Bild wird deutlich komplexer, wenn wir weitere potenzielle Drittvariablen einbeziehen, zum Beispiel die vielfach zitierte Tatsache, dass unter Geflüchteten mehr junge Männer sind, also Mitglieder derjenigen demografischen Gruppe, die nachweislich sowieso zu höherer Kriminalität tendiert.

Um sich ein akkurates Bild über soziale Gruppen zu bilden, müssten wir solche relevanten Drittvariablen und deren Zusammenhangsgrößen erst einmal kennen (was oft nicht der Fall ist) und in solch komplexen statistischen Analysen geübt sein. Das sind wir aber leider nicht. Selbst wenn wir es wären, wäre es unwahrscheinlich, dass wir solche komplexe statistische Analysen anwenden, wenn wir unsere Alltagsbobachtungen auswerten. Im Gegenteil, unser intuitives statistisches Denken ist eher schlicht und *sehr* fehleranfällig. Studien zeigen, dass wir, selbst wenn wir explizit über die Existenz von Drittvariablen aufgeklärt werden und die korrekten Interpretationsformen üben, weiterhin zu falschen Schlussfolgerungen neigen, die nicht wirklich über primitives Raten hinausgehen [177]. Hier sei noch einmal betont, dass es sich nicht um willentlich verzerrte Fehldarstellungen von sozialen Gruppen handelt, sondern um die Konsequenzen *normaler* Informationsverarbeitungsprozesse, denen wir alle unterliegen können.

Baustein 4: Mediensozialisation

Die oben erläuterten normalen Aufmerksamkeits- und Lernprozesse führen zur Bildung von Fehlannahmen, Stereotypen und Vorurteilen über soziale Gruppen, selbst wenn wir objektiv und akkurat mit Informationen versorgt werden.

Nun ist leicht vorstellbar, dass solche Effekte zusätzlich verstärkt werden, wenn unsere Informationsquellen selbst schon Verzerrungen enthalten. So können beispielsweise illusorische Korrelationen als Folge des alltäglichen Mediengebrauchs entstehen und verstärkt werden. Erfahren wir negative Nachrichten über gesellschaftliche Minoritätsgruppen, neigen wir aufgrund der Tendenz zu illusorischen Korrelationen eher dazu, negative Assoziationen aufzubauen, als bei Majoritäten.

Nun erregen Nachrichten vor allem dann unsere Aufmerksamkeit, wenn sie unerwartet bzw. negativ sind – das ist es quasi, was ihren Nachrichtenwert überhaupt erst definiert. Weder die klassischen Medienkanäle wie Fernsehen und Zeitungen noch die neuen sozialen Medien versorgen uns mit Informationen über Alltäglichkeiten – dabei wäre genau diese Information hochgradig relevant, damit wir uns ein repräsentatives Bild über eine Gruppe machen können. Aber Alltäglichkeiten haben nun mal keinen Nachrichtenwert. Oder würden Sie einen Artikel darüber lesen wollen, dass Fatma M., Geflüchtete aus Syrien, gestern eine Ladung Buntwäsche gewaschen hat? Hat eine ebenso betitelte Person aber einen Ladendiebstahl begangen, wird darüber berichtet, denn das erregt unsere Aufmerksamkeit.

Dieser Effekt wird noch dadurch verstärkt, dass Minoritäten in Nachrichten häufiger explizit als solche benannt werden, Majoritäten nicht. Wird beispielsweise über einen Fall häuslicher Gewalt berichtet, so würde eine typische Schlagzeile lauten: *„Mann schlägt Ehefrau krankenhausreif"* – es sei denn, der Täter hat eine Minoritätszugehörigkeit; dann steht da plötzlich: *„Araber schlägt Ehefrau krankenhausreif"* – und schon haben wir Assoziationen zwischen arabisch und aggressiv verstärkt. Ein weiteres Beispiel dafür ist der sogenannte *linguistische Intergruppenbias*. Damit wird die Tendenz bezeichnet, erwünschtes Verhalten von Mitgliedern der eigenen Gruppe und unerwünschtes Verhalten von Mitgliedern anderer Gruppen abstrakter zu beschreiben – im Vergleich zum gleichen Verhalten der jeweiligen anderen Gruppen. Während wir beispielsweise ein Eigengruppenmitglied ein negatives Verhalten konkret beschreiben als „XYZ beschwert sich in lauten Worten", wählen wir bei einem Fremdgruppenmitglied dafür die abstraktere Beschreibung „XYZ ist aggressiv". Umgekehrt neigen wir dazu, positives Verhalten eines Eigengruppenmitglieds abstrakter zu beschreiben, „XYZ ist vertrauenswürdig" und wählen bei einem Fremdgruppenmitglied die konkretere Beschreibungen „XYZ hat die Abrechnung korrekt durchgeführt". Abstrakte Sprache wiederum unterstützt korrespondierende Schlussfolgerungen, die oben schon erwähnt wurden. Der linguistische Stil vieler Nachrichten kann also dazu führen, dass erwünschtes Verhalten als typisch Eigengruppe und unerwünschtes Verhalten als typisch Fremdgruppe wahrgenommen wird. Medienanalysen zeigen, dass Berichte über stereotypisierte soziale Gruppen recht häufig solche subtilen Verzerrungen aufweisen und dass die Art der Berichterstattung einen Einfluss auf die Einstellungsbildung zu Minderheiten hat, die Bildung von Stereotypen fördert bzw. zu deren Aufrechterhaltung beiträgt [178, 179].

Ich gehe davon aus, dass Medienmachende linguistische Stilentscheidungen oft nicht absichtlich mit Blick auf von ihnen erwünschte oder unerwünschte Meinungsbildung oder gar Manipulation einsetzen. Im Gegenteil, ich gehe davon aus, dass Medienmachende im Normalfall möglichst objektiv berichten wollen. Sie sind aber auch ganz normale Menschen, in deren Gehirn die gleichen Aufmerksamkeits-, Wahrnehmungs- und Informationsverarbeitungsprozesse ablaufen wie bei allen anderen Menschen. Und darum unterliegen sie auch den gleichen Verzerrungstendenzen, auch wenn ihr Ziel die objektive Informationsdarbietung ist. Sich dessen bewusst zu werden und dies in der eigenen Berichterstattung zu korrigieren, ist alles andere als leicht und selbstverständlich.

Zusammenfassend zeigt sich, dass eine Vielzahl *normaler* Lernprozesse dazu führen kann, dass wir verzerrte Annahmen über soziale Gruppen bilden, vor allem dann, wenn es sich um Minoritäten handelt. Verzerrungen sind also eher die Norm als die Ausnahme. Und damit stellt sich für uns alle die Frage, ob und wie stark unser eigenes Denken und Handeln von Stereotypen und Vorurteilen beeinflusst ist.

10

Habe ich Vorurteile?

Lässt sich herausfinden, ob und wenn ja, wie stark das eigene Denken, Fühlen und Handeln von Stereotypen und Vorurteilen beeinflusst sein könnte? Was glauben Sie: Wie hätten Sie abgeschnitten, wenn Sie Versuchsperson in einer der Studien gewesen wären, die in Kap. 8 erklärt wurden? Glauben Sie, dass auch Ihr Verhalten durch soziale Kategorisierung, Stereotype und Vorurteile beeinflusst wird? Und wenn ja, ändert das etwas daran, wie Sie sich in Zukunft verhalten werden?

In den aktuellen gesellschaftlichen Debatten fällt immer wieder die Forderung, dass wir uns unserer eigenen Stereotype und Vorurteile bewusst werden müssten. Einsicht ist ja bekanntlich der beste Weg zur Besserung, und Wandel beginnt immer im Kopf.

Mein Hauptziel beim Schreiben dieses Buches ist es, über Forschungsergebnisse und Erkenntnisse der sozial-kognitiven Psychologie aufzuklären. Denn ich bin der Überzeugung, dass diese wichtige Puzzleteile liefern,

© Springer-Verlag GmbH Deutschland, ein Teil von Springer Nature 2022
J. Degner, *Vorurteile*,
https://doi.org/10.1007/978-3-662-60572-1_10

die helfen, bestehende gesellschaftliche Ungleichbehandlungen und Diskriminierungen zu verstehen und letztendlich auch abzubauen. Die Einsicht in das eigene stereotype Denken und Handeln könnte ein Weg dahin sein.

Wenn Sie bis hierher gelesen haben, dann haben Sie eine Menge darüber erfahren, wie grundlegende psychologische Mechanismen und Prozesse funktionieren, die dazu führen können, dass unser alltägliches Denken, Fühlen und Handeln von Stereotypen und Vorurteilen beeinflusst wird, sogar wenn das unseren selbstgesetzten Zielen und Intentionen widerspricht. Zu Beginn dieses Buches bat ich Sie um Offenheit und Bereitschaft zur Selbsterkenntnis, und Sie haben ja schon das ein oder andere Experiment an sich selbst oder anderen Personen ausprobiert.

Auch im Internet finden sich Webseiten zuhauf, die Aufklärung versprechen und oft Hinweise auf Selbsttests geben, die uns bei der Selbstreflexion und Einsicht unterstützen sollen. Wenn Sie beispielsweise die Begriffe „Selbsttest" und „Vorurteile" in eine Google-Suche eingegeben, landen Sie bei Schlagzeilen wie „Dieser Test zeigt dir, welche Vorurteile du wirklich hast" [180], „Vorurteile: Dieser Test weiß, was du wirklich denkst" [181], „Wie viele Vorurteile hast du? Mach den Test" [182], „Chefsache-Test: Testen Sie Ihre unbewussten Vorurteile!" [183], „Eigene Vorurteile entlarven – ein Test der Harvard University" [184].

Die meisten dieser Seiten berichten über *unbewusste* Vorurteile – ein Begriff, den ich aus gutem Grund bisher weitgehend vermieden habe – und verlinken zu einer Aufklärungsseite, die von Forschenden an der Harvard University ins Leben gerufen wurde und die es erlaubt, verschiedene Varianten des sogenannten *impliziten Assoziationstests* (IAT) als Selbsttest durchzuführen.

Unser Familienministerium hatte sich für die Kampagne „Vorsicht, Vorurteile!" extra eine Version dieses Tests nachprogrammieren lassen [185].

Ist es sinnvoll, einmal einen solchen Test zu machen?

Ohne zu sehr ins Detail zu gehen, möchte ich zuerst kurz darauf verweisen, dass in der Forschungsgemeinschaft nicht nur über den IAT, sondern auch über andere sogenannte implizite experimentalpsychologische Paradigmen seit Jahren intensiv debattiert und gestritten wird. Dabei geht es um viele theoretische und methodische Fragen, die für Außenstehende nicht immer leicht nachvollziehbar sind. Zum jetzigen Zeitpunkt herrscht noch immer keine Einigkeit darüber, was genau diese Methoden eigentlich messen und wie ein Testergebnis zu interpretieren ist. Unter anderem ist ungeklärt, in welcher Beziehung das, was mit diesen Tests gemessen wird, zum individuellen Handeln einer Person in ihrem Alltag steht [186].

Genauso intensiv diskutieren Forschende darüber, ob die theoretische Annahme von *unbewussten* Vorurteilen wirklich haltbar ist, also inwiefern in unserem Gedächtnis wirklich Repräsentationen von sozialen Gruppen existieren, die unserem Bewusstsein nicht zugänglich sind [187]. Ich selbst vermeide den Begriff „unbewusst", wenn Stereotype und Vorurteile thematisiert werden. Zum einen, weil unbewusstes Denken generell wissenschaftlich schwer nachweisbar ist [188], und zum anderen, weil dieser Begriff leicht den Eindruck erweckt, wir seien unserem fiesen, dunklen Unbewussten hilflos ausgeliefert, unsere Gedanken führten ein geheimes Eigenleben und wir könnten dementsprechend generell keine Kontrolle darüber erlangen, wie wir denken und handeln. Ich habe stattdessen vor allem versucht, die Automatizität und Normalität der Entstehung und Wirkungsweise von Stereotypen und Vorurteilen zu erklären. Und natürlich zielt diese Aufklärung darauf ab,

Wissen zu vermitteln, das auch bei der Selbsterkenntnis behilflich sein könnte. Ebenso könnten auch Selbsttests hilfreich sein, um die eigenen Stereotype und Vorurteile besser zu erkennen.

Allerdings wissen wir aus der psychologischen Forschung, dass Selbsterkenntnis alles andere als einfach oder selbstverständlich ist. Es wird Sie nicht überraschen, dass eine Person allein aus der Einsicht, dass Rauchen schädlich ist, nicht automatisch zur Nichtraucherin wird. Aus der reinen Einsicht, dass uns mehr Bewegung und weniger Junkfood guttun würden, hat vermutlich auch noch niemand abgenommen. Und allein die Einsicht, dass es wünschenswert wäre, ordentlicher und organisierter zu sein, bringt mich noch lange nicht dazu, meinen Schreibtisch aufzuräumen. Nicht umsonst gibt es einen riesigen Markt für Selbsthilfebücher, die Menschen bei der Erreichung ihrer Ziele helfen sollen, denn Einsicht allein bringt eben noch nicht besonders viel.

Aber natürlich kann Einsicht ein erster wichtiger Schritt sein. Nur wie genau gelangt man eigentlich zur Einsicht? Gelingt es, durch Introspektion, eigenes Nachdenken, tief in sich selbst hineinschauen, Einsichten über die eigenen Vorurteile zu finden? Oder muss man von anderen darauf gestoßen oder aufgeklärt werden?

Um es vorwegzunehmen: Es ist nicht so einfach. Es gibt eine ganze Reihe von psychologischen Mechanismen, die der Einsicht und dem Weg zur Änderung nicht nur im Wege stehen, sondern zu unerwünschten Nebenwirkungen oder sogar zu gegenteiligen Effekten führen können. Das möchte ich im Folgenden erläutern.

Introspektion, blinde Flecken und tote Winkel

Prinzipiell sollte es doch möglich sein, mit ein wenig Introspektion, Selbstaufmerksamkeit und dem viel gelobten „gesunden Menschenverstand" das eigene Denken, Fühlen und Handeln nachzuvollziehen. Tatsächlich nehmen die meisten Menschen an, ein ganz gutes Bild darüber zu haben, wie ihre Psyche funktioniert. Wir sind eben alle Hobby-Psycholog:innen. Allerdings zeigt die sozialpsychologische Forschung, dass unsere Alltagspsychologie und der scheinbar so gesunde Menschenverstand oft falsche Annahmen und Überzeugungen über unser Denken, Fühlen und Handeln enthält. Dafür gibt es eine Reihe von Gründen.

Nach den früheren Erklärungen zum naiven Realismus (Kap. 5) wird es nicht überraschen, dass wir introspektiv meist einen Eindruck von Objektivität unserer Wahrnehmung und sowohl rationaler als auch moralischer Richtigkeit unseres Denkens und Handelns haben. Unsere eigenen Überzeugungen und Gedanken halten wir für akkurat, valide und moralisch gut begründet. Unser eigenes Verhalten halten wir für angemessen und gerechtfertigt. Wir erkennen, wenn das Urteilen und Handeln anderer durch Stereotype und Vorurteile verzerrt ist – bei uns selbst scheint das aber nicht vorzukommen [189, 190]. Im Gegenteil: Meist sind wir davon überzeugt, sogar toleranter, offener, verständiger und fairer zu sein als andere.

Leider neigen allerdings gerade diejenigen Menschen, die stärker von ihrer eigenen Objektivität und moralischen Überlegenheit überzeugt sind, dazu, stärker durch stereotypes Denken beeinflusst zu werden [191, 192]. Dieses allgemeine Überlegenheitsgefühl, bekannt als *Above-average*-Effekt, was sich als „Überdurchschnittlichkeitseffekt" übersetzen lässt, ist übrigens auch wieder nichts

Besonderes, denn das zeigen fast alle Menschen, wenn sie sich selbst bewerten. Wie an früherer Stelle schon erwähnt, kommen wir uns durchweg schlauer, ehrlicher, hilfsbereiter, warmherziger, humorvoller als durchschnittliche Menschen vor. Das gilt für fast alle Bereiche, in denen wir uns selbst beurteilen können. Selbst beim Autofahren tendieren wir dazu, uns als überdurchschnittlich, geschickter, vorausschauend und sicherer zu beurteilen [193]. Wir haben generell eine hohe Meinung von uns selbst, unabhängig davon, wie schlau, verträglich oder humorvoll wir tatsächlich sind oder von anderen gehalten werden und wie gut wir tatsächlich hinterm Steuer sind.

Ebenso glauben die meisten Menschen, dass sie weniger voreingenommen sind als andere. Erinnern Sie sich an die Ergebnisse der Mitte-Studie, die ich ganz zu Beginn dieses Buches zitiert habe? Da gaben zuletzt 85 % der Befragten an, alle Menschen gleich zu behandeln. Selbst Donald Trump sprach von sich als „the least racist person you have ever met" (die am wenigsten rassistische Person, die Sie je getroffen haben). Nun mag man Donald Trump unterstellen, dass er mit solchen Aussagen reine Selbstdarstellung betrieb. Ich würde aber nicht ausschließen, dass er wirklich meinte, was er da sagte. Tatsächlich zeigen viele Studien, dass die Mehrheit derjenigen Personen, die soziale Stereotype und Vorurteile für generell unerwünscht halten, sich selbst für weniger vorurteilsbehaftet halten als andere. Vorurteile haben eben doch immer nur die anderen.

Es ist gar nicht unwahrscheinlich, dass Sie, liebe Lesende, die Sie gerade lesen, dass die Mehrheit der Menschen tendenziell die eigene Toleranz überschätzt, das zwar nachvollziehbar finden, aber *trotzdem* weiterhin der Meinung sind, dass das genau bei *Ihnen* eben nicht so ist, weil *Sie* dem Durchschnitt eben doch überlegen sind. Anzuerkennen, dass unser Selbstbild mitunter nicht ganz so akkurat ist und stark von Idealen und Wunschdenken geprägt ist, ist alles andere als einfach. Es entspricht unserer menschlichen Natur, uns selbst positiv zu sehen und von anderen absetzen zu wollen.

Aber wie kommt es eigentlich, dass wir solche blinden Flecken und toten Winkel im Selbstbild haben?

Zum einen liegt das daran, dass wir, wenn wir über uns selbst nachdenken, vor allem unsere Gedanken, Einstellungen, Werte oder Absichten betrachten, weniger unser tatsächliches Handeln und dessen Konsequenzen [194]. Wir beurteilen uns selbst basierend auf dem, was wir denken oder beabsichtigen, weniger dach dem, was wir tatsächlich tun. Außerdem wird unser Nachdenken über uns selbst entscheidend davon beeinflusst, was wir dabei gern herausfinden wollen. Wenn Sie also introspektiv überprüfen wollen, ob Sie ein toleranter, weltoffener und liebenswürdiger Mensch sind, dann sucht und findet Ihr Gehirn vor allem tolerante, egalitäre oder wohlwollende Einstellungen und erinnert sich vornehmlich an Verhalten, das diesen Einstellungen entsprach und somit Ihre ursprüngliche Annahme über sich selbst bestätigt. Das bezeichnet man als konfirmatorische – bestätigende – Informationssuche.

Sie werden sich vielleicht daran erinnern, dass Sie freundlich gegenüber bestimmten Personen waren, vielleicht, dass Sie für die Flüchtlingshilfe gespendet haben oder dass Sie einmal einen Anti-Rassismus-Aufkleber irgendwo hingeklebt haben oder an einer Demonstration oder Lichterkette teilgenommen haben. Und immerhin haben Sie ja ein Buch über Vorurteile gekauft oder geliehen und schon über 190 Seiten darin gelesen. Und obwohl Sie beim Lesen dieses Buches schon viel darüber erfahren haben, dass menschliches Alltagsverhalten oft auch unbeabsichtigt durch Stereotype und Vorurteile beeinflusst ist, könnte es Ihnen trotzdem sehr schwerfallen, sich auch nur an eine einzige Gelegenheit zu erinnern, in der das tatsächlich auch bei Ihnen der Fall war.

Das liegt nicht nur an der konfirmatorischen Informationssuche, die es uns schwermacht, uns zu erinnern. Sondern auch an den Vergleichsstandards, die wir nutzen, um unser eigenes Verhalten zu beurteilen.

Erstens beurteilen wir unser Handeln üblicherweise basierend auf unseren Handlungsabsichten, nicht basierend auf dessen Wirkung. Darum gehen wir auch üblicherweise davon aus, dass wir von anderen so wahrgenommen werden, wie wir das beabsichtigen, und sind perplex, wenn dem nicht so ist. Und wenn wir beispielsweise keine rassistischen oder sexistischen Absichten hegen, dann kann doch unser Verhalten auch nicht so wirken.

Ich habe vorher schon den Begriff „Mikroaggression" benutzt, der sich auf alltägliche subtile Bewertungen, Beleidigungen, Ausschlüsse oder Angriffe bezeichnet, die der oder die Handelnde oft nicht als solche erkennt. Wer solche Erfahrungen nicht kennt, für den kann es beispielsweise schwer sein, nachzuvollziehen, warum das Kompliment, gut Hochdeutsch zu sprechen, oder die interessierte Nachfrage nach der (spannenden, exotischen) Herkunft unangenehm oder sogar beleidigend wirken kann. Und wenn wir diese Wirkung selbst nicht bemerken, können wir das auch nicht in unsere Selbsterkenntnis einbeziehen. Wir haben doch mit den besten Absichten gehandelt, wollten ein Kompliment machen oder unser Interesse signalisieren! Und genau daran erinnern wir uns und diese Erinnerung nutzen wir zur Selbstbeurteilung.

Zweitens ist unser allgemeines einvernehmliches Verständnis darüber, was Vorurteile sind und wer Vorurteile hegt, meist stark vereinfachend und extremisierend, in gewissem Maße sensationslüstern. Das habe ich bereits zu Beginn dieses Buches thematisiert. Wenn beispielsweise in Deutschland über Rassismus gesprochen wird, fällt dabei immer auch der Begriff „Rechtsextremismus"; oft wird beides gleichgesetzt. Dann denken wir an Menschen, die antisemitische Standpunkte vertreten, den Holocaust leugnen oder gutheißen, wir denken an extremistische Gruppierungen oder einzelne Fanatiker, die Hassverbrechen begehen und unsere Demokratie gefährden, oder an Polizeibeamte, die rassistische Witze in Chatgruppen austauschen. Der prototypische Rassist ist in unserer Vorstellung ein Neonazi, Terrorist, Skinhead und/oder Verschwörungstheoretiker. Wer sich selbst mit solchen extremen Prototypen vergleicht, kommt unweigerlich zu dem Schluss, definitiv kein:e Rassist:in zu sein.

Wenn wir über Sexismus diskutieren, dann geht es dabei oft um frauenfeindliche Sprüche, offene Abwertung und Benachteiligung oder sexualisierte Gewalt. Der prototypische Sexist ist ein Macho, Chauvinist, Frauenfeind, Grapscher oder im schlimmsten Falle Vergewaltiger. Wer sich selbst mit solchen Prototypen vergleicht, kommt unweigerlich zu dem Schluss, selbst definitiv kein Sexist zu sein. Natürlich bringen uns solche verzerrten sozialen Vergleiche zu dem Urteil, selbst überdurchschnittlich tolerant, offen und vorurteilsfrei zu sein [195]. Vorurteile haben letztendlich immer nur die anderen.

Selbst wenn wir bemerken oder von anderen darauf hingewiesen werden, dass unser Verhalten eine andere Wirkung hatte als beabsichtigt oder dass auch alltägliche subtile Verhaltensweisen unbeabsichtigte diskriminierende Wirkungen haben, heißt das noch lange nicht, dass wir diese Rückmeldung annehmen und in unser Selbstbild integrieren können. Stattdessen finden wir Erklärungen und Rechtfertigungen für unser Verhalten, die unser Selbstbild vor unerwünschter Erkenntnis schützen. Wir sehen dann Gründe im Verhalten des Gegenübers oder der Situation und erklären und entschuldigen uns damit, dass es auf keinen Fall unsere Absicht gewesen sei. Vielleicht erinnern Sie sich an das Beispiel mit dem Drängeln im Bus, an dem natürlich immer die anderen Schuld sind, nie wir selbst.

Wichtig ist: Hier geht es nicht um faule Ausreden, mit denen wir uns herausreden wollen weil wir uns ertappt fühlen, sondern wir sind tatsächlich von diesen selbstbildschützenden Erklärungen überzeugt. Schlussendlich kommen wir bei aller Introspektion meist zum Schluss, dass wir moralisch hochwertige Mitglieder unserer Gesellschaft sind, genauso wie wir uns das schon immer gedacht hatten. Denn selbst wenn wir nach Selbsterkenntnis streben, so ist das Streben nach einem konstanten und möglichst positivem Selbstbild meist größer. Wir suchen also gar nicht wirklich nach Selbsterkenntnis, sondern eher nach Erkenntnis, die unser – positives – Bild über uns selbst bestätigt. Und wenn immer Selbsterkenntnis und Selbstbestätigung im Widerstreit miteinander liegen, dann gewinnt üblicherweise die Selbstbestätigung [196].

Abwehrmechanismen

Wenn's also mit der reinen Introspektion nicht klappt, dann braucht es halt den Anstoß von außen. Wenn andere uns Rückmeldung über die Wirkung unseres eigenen Verhaltens geben, dann sollten wir doch in der Lage sein, daraus zu lernen. Dafür gibt es ja auch die vorhin schon erwähnten Selbsttests oder Übungen und Selbsterfahrungsexperimente wie solche, die Sie in den vorherigen Kapiteln vielleicht selbst ausprobiert haben. Nehme ich an einem wissenschaftlich fundierten Test teil und erhalte objektives Feedback über meine Vorurteile, müsste sich doch der tote Winkel ausleuchten lassen, oder?

Leider ist das aber eher selten der Fall. Wie gut Feedback oder Aufklärung wirken, hängt nämlich wiederum damit zusammen, ob es zu dem passt, was wir erwarten bzw. gern hören möchten: Entspricht ein Feedback unseren Erwartungen, so nehmen wir es an und bauen es in unser Selbstbild ein. Widerspricht es unseren Erwartungen, reagieren wir selten mit Selbsteinsicht, sondern erst einmal mit defensiven Reaktionen: Wir verweigern, bestreiten, verwerfen, spielen herunter und/oder vermeiden es, uns weiter damit zu beschäftigen – auch wenn es eigentlich unser Ziel war, mehr über uns selbst zu erfahren. Und auch, wenn die Quelle des Feedbacks noch so seriös und glaubhaft wirken sollte.

Das heißt, wer ein Selbstbild von sich als tolerant und vorurteilsfrei denkende und handelnde Person hat, wird dies nicht so leicht infrage stellen.

Ich habe vorhin im Internet verfügbare Selbsttests erwähnt. Eine der bekanntesten Internetseiten ist die von Project Implicit [197], eine von Sozialpsycholog:innen ins Leben gerufene gemeinnützige Organisation, die sich der Erforschung von und Aufklärung über Stereotype, Vorurteile, Diskriminierung und Toleranz verschrieben hat (www.projectimplicit.net). Auf dieser Webseite kann man Selbsttests machen, sogenannte Implizite Assoziationstests (IATs) zu unterschiedlichen Vorurteilsdomänen. Bei solchen IATs handelt sich um einfache Kategorisierungsaufgaben, die miteinander kombiniert werden (zum Beispiel Schwarz und Weiß mit Gut und Schlecht oder Männlich und Weiblich mit Karriere und Haushalt). Anhand ihrer Reaktionszeiten erhalten die Teilnehmenden dann Rückmeldung zu ihren Einstellungen, zum Beispiel dass sie keine, eine leichte, mittlere oder starke Präferenz für die eine oder die andere Gruppe haben oder dass ihre Reaktionen auf leichte, mittlere oder starke stereotype Einstellungen hinweisen. Das Hauptziel dieser IATs ist es, den Teilnehmenden eine Selbsteinsicht in ihre automatischen Verhaltenstendenzen zu ermöglichen.

Weil diese Internetseite aber auch wissenschaftliche Forschung betreibt, werden zusätzlich weitere Informationen oder Einstellungen erfragt. Zum Beispiel geben Teilnehmende auch selbst an, ob bzw. wie stark sie eine Präferenz für die eine oder andere Gruppe haben; das wird als explizite Einstellungsmessung oder direkter Selbstbericht bezeichnet. Auch erhalten Teilnehmende die Möglichkeit, ihre eigene Meinung zu ihrem Testergebnis auszudrücken, zum Beispiel anzugeben, für wie glaubhaft oder zutreffend sie es halten. Project Implicit sammelt alle Daten aus diesen Selbsttests und stellt sie der Forschung zur Verfügung. Dabei zeigt sich – wenig überraschend –, dass ein Großteil der Teilnehmenden sich selbst als deutlich weniger vorurteilsbelastet wahrnimmt als alle anderen. Die meisten geben tatsächlich an, keine Präferenz für die eine oder andere Gruppe zu empfinden – ein typischer Überdurchschnittlichkeitseffekt, wie wir ihn an früherer Stelle schon besprochen haben [198].

Auch äußert ein nicht unerheblicher Anteil von Teilnehmenden Misstrauen oder Ablehnung gegenüber ihrem persönlichen Feedback aus der Reaktionszeitmessung. Sie verwerfen sie als unglaubwürdig oder äußern Zweifel daran, dass diese Testung irgendetwas über ihre automatischen Gedanken und Gefühle in Bezug auf diese Gruppen wiedergeben oder überhaupt irgendetwas Wichtiges über ihre Person aussagen könnte. Diese Ablehnung ist am höchsten bei denjenigen Teilnehmenden, die statushohen Majoritäten angehören (also zum Beispiel weiß und/oder männlich sind), und fällt umso stärker aus, je mehr ihre Rückmeldung impliziert, dass ihre Reaktionsmuster von ihrem Selbstbild abweichen [199]. Diese Ergebnisse deuten darauf hin, dass die Teilnehmenden, bei denen Selbstbild und Verhalten am weitesten auseinander klaffen und die also am meisten aus ihrem Feedback lernen könnten, es am ehesten ablehnen und daher letztendlich am wenigsten aus der Testteilnahme lernen. Und das, obwohl es sich bei Project Implicit um eine Webseite handelt, die Menschen gezielt aufsuchen, um etwas über sich selbst zu erfahren. Wenn diese Erfahrung aber nicht ins Selbstbild passt, so wird sie schnell als unglaubwürdig abgetan. Und je abwehrender Personen reagieren, umso geringer ist ihre Bereitschaft, sich überhaupt mit dem Thema zu beschäftigen, zu lernen, wie Vorurteile und Stereotypen das eigene Urteilsvermögen beeinflussen könnten, oder an den eigenen Einstellungen und Verhaltensweisen zu arbeiten.

Einsicht durch Selbstaufmerksamkeit

Wenn es so schwer ist, das Vorhandensein von Stereotypen und Vorurteilen im eigenen Denken zu erkennen, und wir introspektiv kaum Einsicht in unsere Verarbeitungsprozesse erlangen können, ist es dann vielleicht doch gerechtfertigt, von *unbewussten* Stereotypen und Vorurteilen zu sprechen, denen wir schlicht und einfach ausgeliefert sind?

Aber so aussichtslos, wie es jetzt wirken könnte, ist die Lage gar nicht. Wir sind nämlich sehr wohl fähig dazu, Einsicht und Verständnis für die Stereotype und Vorurteile zu erlangen, die unser Denken und Handeln beeinflussen. Und es ist auch gar nicht so schwer. Wir müssen dafür nur einen etwas anderen Weg einschlagen als den Schocktherapieansatz („Mach den Test auf unbewusste Vorurteile und du erfährst, ob/dass du ein Rassist bist!"). Stattdessen reicht es, die eigene Aufmerksamkeit auf die eigenen spontanen Reaktionstendenzen zu richten. Wir sind nämlich sehr wohl in der Lage, diese Automatismen zu erkennen. Wir müssen nur auf sie achten – und ehrlich uns selbst gegenüber sein.

Dies zeigen Studien, die die beiden Sozialpsychologen Adam Hahn und Bertram Gawronski durchgeführt haben. Sie leiteten Teilnehmende in ihren Studien dazu an, sich auf ihre spontanen ersten Reaktionen zu konzentrieren,

die in ihnen beim Anblick von Menschen aus unterschiedlichen sozialen Gruppen aufstiegen, und erklärten ihnen,
dass spontane erste Eindrücke anders ausfallen können
als durchdachte Einstellungen. Alles, was die Versuchspersonen tun sollten, war, zu beobachten, wie sie sich
selbst intuitiv fühlten und ob ihnen spontan positive oder
negative Bewertungen in den Sinn kamen. Erst danach
führten die Versuchspersonen die oben schon erwähnten
IATs durch und gaben Selbstbeurteilungen ihrer Einstellungen ab. Folgten Versuchspersonen dieser einfachen
Anweisung, hatte das zwei wichtige Konsequenzen: Zum
einen waren sie in der Lage, ihre Bewertungsmuster in
Vorurteils-IATs mit einem hohen Maß an Genauigkeit
vorherzusagen; sie schienen also Einsicht in ihre automatischen Reaktionstendenzen zu erlangen [200]. Zum
anderen führte diese Übung dazu, dass die Teilnehmenden
deutlich höhere Akzeptanz dafür äußerten, dass Vorurteile
ihr eigenes Denken und Verhalten beeinflussen könnten.
Dafür war es letztendlich gar nicht mehr nötig, tatsächlich
einen IAT durchzuführen und Feedback über die eigenen
Reaktionszeiteffekte zu erhalten [201].

Es braucht also keine Schocktherapie, sondern die
Bereitschaft, auf die eigenen spontanen Reaktionen zu
achten und zu akzeptieren, dass diese potenziell von den
eigenen Überzeugungen und Meinungen abweichen und
anderes Verhalten auslösen können als das, was wir gern
zeigen würden, wenn wir darüber nachdenken. Unsere
spontanen Reaktionen laufen nicht unbewusst ab. Wir
achten nur im Alltag wenig auf sie, weil unsere Aufmerksamkeit und Konzentration meist nach außen statt nach
innen gerichtet sind. Wir können diese Art der Selbstaufmerksamkeit aber üben – und das kann uns helfen zu verstehen, ob und unter welchen Bedingungen unser eigenes
Verhalten potenziell bewertend oder diskriminierend
wirkt, auch wenn wir das nicht wollen.

Unerwünschte Nebenwirkungen

An diesem Punkt müssen wir noch einmal zu der Frage zurückkehren, ob Einsicht der erste Schritt zur Besserung ist. Zumindest sollten wir nicht annehmen, dass Einsicht automatisch zu Verbesserung führt. Die sozialpsychologische Forschung weist nämlich darauf hin, dass Einsicht sogar paradoxe Effekte haben kann.

Zum einen kann die Bewusstheit, dass das eigene Verhalten potenziell von unerwünschten Stereotypen oder Vorurteilen beeinflusst ist, uns im Kontakt mit betroffenen Menschen ängstlich und nervös machen. Vor allem wer den festen Anspruch an sich selbst hat, sich vorurteilsfrei zu verhalten, kann diese Aussicht als sehr bedrohlich wahrnehmen [202, 203]. In der Sozialpsychologie wird das als *intergroup anxiety*, also als Intergruppen-Ängstlichkeit bezeichnet. Diese Befürchtung ungewollt stereotyp- oder vorurteilsbasiert zu handeln kann wiederum dazu führen, dass Interaktionssituationen als sehr anstrengend, unangenehm oder gar bedrohlich empfunden werden, weil wir uns unsicher darüber sind, wie wir uns eigentlich richtig verhalten sollten. Letztendlich werden Kontaktsituationen vollständig vermieden, um ja nicht Gefahr zu laufen, sich unbeabsichtigt vorurteilsbehaftet zu verhalten oder so zu wirken [204]. Kontaktvermeidung wiederum ist aber eine Art von Diskriminierung, weil wir uns und anderen somit die Möglichkeit nehmen, positive Kontakterfahrungen miteinander zu sammeln. Das heißt, aus dem hohen Anspruch heraus, fair und tolerant zu handeln, folgt die widersprüchliche Konsequenz, unfair und vermeidend zu handeln.

Ein anderer paradoxer Effekt wird als *moral self-licensing* bezeichnet, was übersetzt so viel wie moralische Selbstlizenzierung heißt. Die intensive Auseinandersetzung mit dem Thema Stereotype und Vorurteile, die Ihnen ja auch beim Lesen dieses Buches abverlangt wird, meldet Ihrem Selbstbild zurück, dass Sie sich sehr viel Mühe geben. Und immer, wenn wir den Eindruck haben, dass wir uns bei etwas viel Mühe geben, dann glauben wir leichter daran, dass wir ein bestimmtes Ziel (schon) erreicht hätten. Wir verwechseln also das Ausmaß unserer Anstrengung mit der Qualität des Ergebnisses. Wir erhalten dann leicht den Eindruck, dass wir unsere moralischen Pflichten erfüllt haben und *es jetzt auch mal gut sein muss*. Wir klopfen uns quasi imaginär auf die Schulter und ruhen uns auf den vorherigen Bemühungen aus.

Tatsächlich kann dieses moralische Selbstlob uns aber leicht dazu bringen, zu selbstsicher zu sein und in der Folge weniger überlegt und kontrolliert zu handeln – gerade weil wir überzeugt sind, dass wir jetzt nichts mehr falsch machen können, weil wir uns ja lang und breit mit dem Thema beschäftigt haben und nur die allerbesten Absichten haben. Unser Selbstbild und Selbstverständnis als aufgeklärt und „woke" gibt uns die moralische Lizenz, unser eigenes Denken, Urteilen, und Handeln nicht infrage stellen zu müssen. Das kann dazu führen, dass die notwendige Achtsamkeit verloren geht und wir uns tatsächlicher wohler dabei fühlen, intolerante Ansichten zu äußern oder vorurteilsbehaftet zu handeln [205].

Letztendlich gibt es noch einen dritten Grund, infrage zu stellen, ob Einsicht der wichtige und notwendige erste Schritt zur Besserung ist. Selbst wenn wir nämlich all die Hürden unserer Selbstbildverzerrungen und unseres Wunschdenkens überwinden, verstehen und anerkennen, dass Stereotype und Vorurteile unser Denken und Handeln notwendigerweise beeinflussen – wenn wir all das annehmen –, wissen wir darum noch lange nicht, was wir jetzt eigentlich *tun* sollen. Können wir Stereotype und Vorurteile verlernen und uns Diskriminierung abtrainieren?

Wie schön wäre es, wenn ich Ihnen in den zwei letzten Kapiteln dieses Buches Tipps, Tricks oder Rezepte für ein vorurteilsfreies Leben vermitteln könnte! Aber leider ist das nicht so einfach.

Was ich aber tun kann, ist, Ihnen erklären, was nicht unbedingt so funktioniert wie erhofft und warum, und dann werde ich auch diskutieren, ob der Versuch, sich selbst zu ändern, überhaupt der einzig richtige Ansatzpunkt ist.

11

Interventionen, die gut gemeint, aber wenig erfolgreich sind

„Das Gegenteil von gut ist nicht böse, sondern gut gemeint."

Dieses weitverbreitete Zitat wird irrtümlich immer mal wieder Kurt Tucholsky, Bertolt Brecht, Karl Kraus oder Gottfried Benn zugeschrieben – dabei taucht es in keiner ihrer Schriften auf. Aber es ist ja zumindest eine Alltagsweisheit, dass gute Absichten nicht unbedingt zu guten Taten führen.

Ich habe dieses Buch mit der Grundannahme begonnen, dass es in unserer Gesellschaft eine große Mehrheit an Menschen gibt, die tolerante und egalitäre Grundeinstellungen haben. Darunter finden sich viele Menschen mit vielen guten Absichten, die viele Ideen haben, wie sich Vorurteile abbauen lassen und wie Toleranz und Gleichberechtigung erreicht werden könnten. Einige dieser Ideen zielen auf Strategien für das eigene Denken und Handeln, andere werden in Kampagnen, Aktionen oder Programmen zur Aufklärung

© Springer-Verlag GmbH Deutschland, ein Teil von Springer Nature 2022
J. Degner, *Vorurteile*,
https://doi.org/10.1007/978-3-662-60572-1_11

und Intervention umgesetzt. Leider funktionieren viele dieser spontanen Strategien nicht unbedingt so, wie wir uns das vorstellen. Mehr noch, mitunter haben diese Strategien unerwünschte Nebenwirkungen oder sogar paradoxe Wirkungen oder Bumerangeffekte. Darum möchte ich im Folgenden einige dieser intuitiven Interventionsideen und Strategien kurz betrachten und erläutern, welche Ziele damit erreichbar sind und welche Risiken und Nebenwirkungen zu beachten sind.

Strategie Nr. 1: Einfach nicht dran denken

Strategie Nr. 1 ist der persönliche Vorsatz, Gedanken an unerwünschte Stereotype und Vorurteile gar nicht erst aufkommen zu lassen bzw. sie zu unterdrücken, um nicht von ihnen beeinflusst zu werden. Wir könnten uns beispielsweise vornehmen, in einem Bewerbungsgespräch mit einer attraktiven Bewerberin einfach gar nicht erst an das „schön, aber doof"-Stereotyp zu denken; bei der Benotung von Klassenarbeiten einfach nicht daran zu denken, dass manche Kinder aus bildungsfernen Familien kommen; bei einem fremd klingenden Namen einfach nicht anzunehmen, dass die Person nicht aus Deutschland käme; bei der übergewichtigen Kundin an der Supermarktkasse einfach nicht daran zu denken, dass sie lieber mehr Gemüse kaufen sollte, und beim Spaziergang durch den Park einfach nicht auf den Gedanken zu kommen, die Gruppe junger schwarzer Männer seien alle Drogendealer.

Kann es denn gelingen, Stereotype zu unerwünschten Gedanken zu erklären und sie dann einfach gar nicht zu denken, sie aktiv zu unterdrücken? Und verhalten wir uns dann fairer? Welche psychologischen Prozesse spielen eigentlich eine Rolle, wenn wir Gedanken kontrollieren oder unterdrücken wollen? Und wie erfolgreich können wir damit sein?

Um das zu verstehen, können wir ein kleines Gedankenexperiment wagen, das Fjodor Dostojewski in seinen *Winterlichen Aufzeichnungen über sommerliche Eindrücke* vorschlug: „Nehmen Sie sich einmal vor, nicht an den weißen Bären zu denken und Sie werden sehen, der Verflixte wird Ihnen immerfort einfallen." [206] Probieren wir das doch mal aus: Bitte nehmen Sie sich eine Eieruhr und stellen Sie sie auf eine Minute ein. Ihre Aufgabe für diese Minute wird es sein, jegliche Gedanken an *Eisbären* zu unterdrücken. Achten Sie während dieser Minute bitte genau darauf, was Ihnen durch den Kopf geht. Sie können dafür auch laut nachdenken, also einfach alles aussprechen, was Ihnen durch den Kopf geht. Sollten Sie dabei doch wider Willen an einen *Eisbären* denken müssen, so klopfen Sie bitte einfach einmal auf den Tisch.

Egal, ob Sie die Aufgabe wirklich ausprobiert haben oder nicht, Sie sind sich im Klaren darüber, dass diese scheinbar einfache Aufgabe erstaunlich schwer sein kann, und vermutlich haben Sie innerhalb der letzten Minute das ein oder andere Mal auf den Tisch klopfen müssen. Erstaunlich deshalb, weil Sie vermutlich den ganzen Tag über bis eben noch nicht ein einziges Mal an Eisbären denken mussten. Trotzdem scheint der Gedanke an das vermaledeite Ding plötzlich unauslöschbar. Dabei haben Sie überhaupt keinen vernünftigen Grund, jetzt gerade an einen Eisbären zu denken. Woran liegt das?

Prinzipiell sind wir Menschen zwar in der Lage, ein gewisses Maß an Kontrolle über unsere Gedankenwelt auszuüben: Wir können uns vornehmen, bestimmte Gedanken zu denken, bestimmte Ideen nicht zu vergessen oder uns von bestimmten Vorsätzen nicht ablenken zu lassen. Solche bewusste und zielgerichtete Gedanken- und Verhaltenskontrolle beruht allerdings auf aufwendigen mentalen Prozessen, die unsere Aufmerksamkeit, Konzentration und Energie benötigen. Und wenn wir die nicht mehr zur Verfügung haben, zum Beispiel, wenn wir weiteren Aktivitäten nachgehen, die unsere Aufmerksamkeit benötigen, wenn andere unsere Konzentration unterbrechen oder wenn wir müde oder erschöpft sind, dann wird die Gedankenkontrolle sehr fehleranfällig.

So können wir uns noch so sehr vornehmen, einen bestimmten Gedanken zu denken oder nicht zu denken – es wird nur begrenzt gelingen. Wir alle kennen Situationen, in denen uns die Gedankenkontrolle misslingt. Zum Beispiel, wenn wir in einen Raum gegangen sind, nur um uns, dort angekommen, zu fragen, was genau wir hier eigentlich wollten. Oder wenn wir frisch verliebt sind und nicht aufhören können, an die geliebte Person zu denken, obwohl wir uns eigentlich auf die Arbeit konzentrieren wollen. Oder wenn wir nach einer Trennung immer wieder an den oder die Ex denken müssen, obwohl wir uns fest vorgenommen hatten, nie wieder einen Gedanken an diese Person zu verschwenden. Oder wenn es uns nicht gelingt, ein Grinsen zu unterdrücken, weil uns beim Anblick eines Kollegen der lustige, aber unfaire Witz einfällt, den jemand gestern über ihn gerissen hat? Oder wenn der Gedanke an Schokolade immer dann auftaucht, wenn wir eigentlich weniger naschen und uns nicht verführen lassen wollen? Liegt das einfach nur daran, dass diese unerwünschten Gedanken am Ende gar nicht *so* unerwünscht sind?

Und wie sieht es dann bei Stereotypen und Vorurteilen aus? Vielleicht klappt es ja da besser, weil das im Vergleich zum Gedanken an Ex, Witz oder Schokolade *wirklich* unerwünschte Gedanken sind?

Um das zu untersuchen, führte der schottische Sozialpsychologe Neil Macrae in den 1990er Jahren eine Serie an Studien durch [207]. Er gab Versuchspersonen ein Foto in Hand und bat sie, sich eine Geschichte über einen Tag im Leben der abgebildeten Person auszudenken und aufzuschreiben. Das Foto zeigte einen jungen Mann mit kahlgeschorenem Kopf, Bomberjacke und hochgeschnürten Stiefeln – einen Skinhead. Eine Gruppe von Versuchspersonen sollte bei ihrer Geschichte darauf achten, sich nicht von Stereotypen über Skinheads leiten zu lassen; eine andere Gruppe erhielt diese Zusatzaufgabe nicht. Kann es gelingen, eine Geschichte über so eine Person zu schreiben, ohne dabei unser stereotypes Wissen – Annahmen über Eigenschaften, soziale Schicht, Bildungsniveau, Sportpräferenzen, Trinkverhalten, Gewaltbereitschaft usw. – zu nutzen? Den Versuchspersonen gelang dies tatsächlich: Im Vergleich zur Kontrollgruppe enthielten die Geschichten der Experimentalgruppe deutlich weniger Stereotype. Wurden diese Versuchspersonen allerdings danach gebeten, eine weitere Geschichte über eine andere Person, einen anderen Skinhead, zu schreiben und erhielten dann nicht mehr die explizite Anweisung, Stereotype zu vermeiden, so enthielten ihre Geschichten deutlich *mehr* und *stärkere* stereotype Zuschreibungen als die derjenigen Versuchspersonen, die vorher gar nicht erst aufgefordert worden waren, Stereotype zu unterdrücken. Dies wird als *Rebound*-Effekt bezeichnet. Im Basketball bezeichnet ein Rebound einen unkontrolliert herumspringenden Ball, der, statt im Korb zu landen, von diesem abprallt und zurück im Spielfeld landet. Also einen Fall, bei dem das eigentliche Ziel – nämlich durch einen Korbwurf zu punkten – nicht nur nicht erreicht wird, sondern das Gegenteil davon, da der Ball an die gegnerische Mannschaft verloren gehen kann.

Angewendet auf die Gedankenunterdrückung wird der Begriff Rebound für Gedanken benutzt, die zwar zuerst erfolgreich unterdrückt wurden, dann aber wie ein Bumerang mit verstärkter Kraft zurückkommen. Durch den Versuch der Gedankenunterdrückung werden die unerwünschten

Stereotype also sogar stärker verfügbar als ohne Gedankenunterdrückung, und das kann sich auch auf das Verhalten
auswirken. So zeigten Versuchspersonen in Macraes Studien
beispielsweise in Worterkennungsaufgaben eine höhere
Tendenz, stereotyp-assoziierte Wörter zu erkennen. Die
Stereotype schienen also nach der Gedankenunterdrückung
stärker verfügbar zu sein. Am spannendsten ist, dass auch ihr
Interaktionsverhalten davon beeinflusst war: Diejenigen Versuchspersonen, die das negative Stereotyp eines Skinheads
zuerst unterdrücken sollten, wählten später größere räumliche
Distanz zu einem vermeintlichen Skinhead.

Solche unerwünschten Rebound-Effekte lassen sich
damit erklären, dass der Startpunkt von Gedankenunterdrückung notgedrungen immer eine erste Aktivierung
des unerwünschten Gedankens sein muss. Bis zu Beginn
dieses Buchkapitels waren Sie vermutlich sehr erfolgreich darin, nicht an einen Eisbären zu denken. Um
sich nun aber aktiv vorzunehmen, nicht an einen Eisbären zu denken, mussten Sie eben zuerst an einen Eisbären denken. Diese initial notwendige Aktivierung
des unerwünschten Gedankens wird dann durch den
Versuch der Gedankenunterdrückung paradoxerweise
verstärkt und dadurch wird der Gedanke immer aufdring-
licher und schwerer abzuwehren. Solange wir uns gut
konzentrieren und unsere Aufmerksamkeit darauf verwenden, den unerwünschten Gedanken nicht zu denken,
können wir ihn halbwegs in Schach halten. Sobald unsere
Konzentration jedoch abfällt oder unsere Aufmerksamkeit abgelenkt wird, kann sich der unerwünschte Gedanke
ungehindert durchsetzen.

Denken wir zurück an eines der Beispiele zu Beginn
dieses Kapitels. Zu Beginn des Bewerbungsgesprächs
mag es mir gelingen, das „schön, aber doof"-Stereotyp

zu unterdrücken. Aber dann wird meine Aufmerksamkeit abgelenkt, weil ich mich nach der Begrüßung auf das eigentliche Gespräch konzentrieren muss, und schon wird das unerwünschte Stereotyp wieder zugänglich. Und je zugänglicher das Stereotyp, umso stärker kann es meine Wahrnehmung und Informationsverarbeitung beeinflussen – und schon kommen mir die Antworten der attraktiven Bewerberin weniger schlau vor.

Nicht nur das: Weil ich mir ja zu Beginn des Bewerbungsgespräches fest vorgenommen hatte, nicht in Stereotypen zu denken und vorurteilsfrei zu urteilen, nehme ich jetzt meinen Eindruck und mein Urteil über die andere Person auch als vorurteilsfrei wahr und damit gerechtfertigt und legitim. Das heißt, Stereotypeinflüsse können nicht nur durch versuchte Gedankenunterdrückung verstärkt werden, sondern wir stellen sie auch weniger infrage.

Um andere fair zu beurteilen, bringt die Strategie der Gedankenunterdrückung also eher weniger. Es gibt zwar einige Tricks und Strategien, die ein wenig helfen können. Stereotypunterdrückung kann zum Beispiel eher erfolgreich sein, wenn es mein persönliches Ziel ist und keine von anderen aufgedrängte Verpflichtung oder gar Zwang [208]. Auch ist es prinzipiell erfolgreicher, wenn man sich Ersatzgedanken bereitlegt. Statt sich also vorzunehmen, bloß nicht an einen Eisbären zu denken, sollten Sie sich lieber vornehmen, unbedingt an Blaubeeren zu denken – das klappt besser. Allerdings führt das langfristig dazu, dass Gedanken an Blaubeeren automatisch auch Gedanken an Eisbären auslösen. Auf Dauer hilft also auch diese Strategie nicht. Auch illustriert dies, dass Gedankenkontrolle generell eine Strategie ist, die scheitern muss – haben wir in einem Bewerbungsgespräch wirklich Zeit, über Blaubeeren nachzudenken [209–211]?

Strategie Nr. 2: Klischees geraderücken und Stereotype umlernen

Es gibt Unmengen an Kampagnen für mehr Toleranz und gegen Klischees und Vorurteile, die auf der Grundannahme beruhen, dass Stereotype und Vorurteile falsche oder übertriebene Überzeugungen sind, die einfach nur richtiggestellt werden müssen. Dass es nicht so einfach ist, den Wahrheitsgehalt von Stereotypen zu bestimmen, habe ich bereits in einem vorherigen Kapitel ausführlich dargestellt. Trotzdem möchte ich an dieser Stelle noch einmal kurz auf das Geraderücken von Klitschees oder Richtigstellen von Stereotypen und Vorurteilen eingehen. Gerade weil es eine häufige spontane Strategie ist, um vorurteilsfrei zu handeln und zu denken: Wir nehmen uns vor, uns erst einmal unvoreingenommen an etwas oder jemanden anzunähern und dann zu schauen, ob was an den bekannten Vorurteilen dran ist. Wenn wir offen und aufgeschlossen für andere sind, können wir selbst herausfinden, was stimmt und was nicht. Und wenn die Vorurteile und Stereotype sich als falsch herausstellen, dann korrigieren wir sie einfach und ersetzen sie durch richtige Überzeugungen. Das klingt doch nach einem gangbaren Weg!

Allerdings gibt es da einige Haken: Wie wir aus Kapitel 8 wissen, ist unser Wahrnehmungsapparat gar nicht in der Lage, Informationen vollkommen unvoreingenommen aufzunehmen und zu verarbeiten. Ich habe an anderer Stelle auch unsere Tendenz zu konfirmatorischem Denken und den sich selbst erfüllenden Funktionen von Stereotypen und Vorurteilen erläutert.

Wenn wir überprüfen wollen, ob eine Erwartung über stereotype Eigenschaften bei einer Person zutrifft oder nicht, dann sucht unser Informationsverarbeitungsapparat ganz automatisch vor allem nach Informationen, die unsere Erwartungen bestätigen, weniger nach widerlegender Information. Auch sorgen stereotype Erwartungen dafür, dass eigentlich neutrale oder uneindeutige Informationen im Lichte der Erwartungen interpretiert werden. Zusätzlich beeinflussen unsere Erwartungen unser eigenes Interaktionsverhalten dahin gehend, dass wir damit bestimmte Gegenreaktionen provozieren, die unsere Erwartungen bestätigen können, und sie zu sich selbst erfüllenden Prophezeigungen machen. Wir selbst mögen uns zwar wie unvoreingenommene Beobachter:innen vorkommen – dabei spielen wir selbst eine sehr aktive Rolle in Interaktionen mit anderen. Genau deshalb wird es wahrscheinlicher, dass stereotyp-basierte Erwartungen bestätigt werden, als dass sie widerlegt werden. Insgesamt ist die scheinbare Unvoreingenommenheit und Offenheit zum Geraderücken von Klischees also keine erfolgsversprechende Strategie.

Ich halte diese Strategie aber noch aus einem weiteren Grund für problematisch. Wir übertragen damit nämlich quasi die Verantwortung dafür, welche Stereotype in *unserem* Kopf stecken, einfach auf andere, nämlich auf diejenigen, auf die unsere Stereotype zielen. Von Mitgliedern negativ stigmatisierter Minoritäten wird ständig erwartet, dass sie sich ja nicht stereotyp-konform verhalten, immer alles richtig machen und nicht den kleinsten Fehltritt begehen. Auch sollen sie sich möglichst aktiv von stereotyp-konformem Verhalten anderer Eigengruppenmitglieder distanzieren. Damit setzen wir vollkommen andere Standards an andere als an uns selbst. Auch verpflichten wir die Einzelperson dabei, quasi immer als Repräsentant:in einer ganzen Gruppe von Menschen aufzutreten, egal ob sie sich selbst mit dieser Kategorienzugehörigkeit identifiziert oder nicht, und wir sprechen ihr das Recht auf individuelle Stärken und Schwächen ab. Immer nur Vorbild sein und die Rollenerwartungen anderer zu erfüllen ist ein Anspruch, der Einzelne leicht überfordert und überlastet. Auf solcherart Einschränkung von Individualität und Handlungsfreiheit resultiert nicht selten Widerstand, aktive Kontaktvermeidung und Segregation.

Aber selbst wenn stereotype Erwartungen in einzelnen Situationen oder im Kontakt mit einzelnen Personen widerlegt werden, dann führt eine Einzelerfahrung noch lange nicht dazu, dass unsere Stereotype einfach geändert werden. Das erläutere ich im nächsten Punkt.

Strategie Nr. 3: Kontrast-Stereotype

Es gibt sie für jede Gruppe: die Exemplare und Vorbilder, auf die gängige Stereotype nicht zutreffen. Frauen, die es in Politik, Wirtschaft oder Wissenschaft ganz nach oben gebracht haben, erfolgreiche Unternehmer:innen, Sportler:innen, Schauspieler:innen oder Fernsehmoderator:innen mit Migrationshintergrund, die dann gern gebeten werden, als Botschafter:innen für Integration und Vielfalt aufzutreten. Allesamt sichtbare Personen, die es selbst *geschafft* haben und mit ihrer Existenz beweisen, dass Hindernisse und Widerstände überwindbar sind und somit auch die gängigen Stereotypen und Vorurteile überwunden werden können. Solche Rollenvorbilder sind enorm wichtig, denn vor allem für Mitglieder von Minoritäten, die in verschiedenen sozialen Rollen und Positionen unterrepräsentiert sind, bieten sie eine wichtige Repräsentations- und Identifikationsmöglichkeit.

Die Frage, die sich hier stellt, ist, ob der Verweis auf solche Vorbilder auch helfen kann, Stereotype und Vorurteile zu widerlegen und abzubauen. Wenn einzelne positive Vorbilder aus einer Gruppe verdeutlichen, dass ein Vorurteil nicht zutrifft, kann das nicht dazu beitragen, dass wir unsere Vorurteile ändern? Oder wenigstens sichtbar machen, dass Vorurteile und Stereotype nicht auf alle zutreffen und es „solche und solche" gibt?

Die Forschung zeigt, dass es kurzfristig tatsächlich hilfreich sein kann, sich stereotyp-inkonsistente Einzelexemplare aus einer Gruppe in Erinnerung zu rufen, denn es ändert das momentane Aktivierungsmuster verfügbarer Informationen im Arbeitsgedächtnis und kann so den Filtereffekt stereotyper Erwartungen auf unsere Wahrnehmung unterbrechen [213]. Allerdings gibt es keine Studie, die einen daraus resultierenden längerfristigen Effekt der Stereotypveränderung dokumentieren konnte. Woran liegt das? Warum lernen wir nicht einfach um?

Verarbeiten wir Informationen über Gruppenmitglieder, die wir als (stereo-)untypisch wahrnehmen, so löst das zwei Prozesse aus, die als Subtyping und Subgrouping bezeichnet werden [214]. Subtyping bedeutet, dass wir sie als Einzelfälle betrachten; Subgrouping bedeutet, dass wir für sie separate Untergruppen bilden. Als Einzelfall oder Sondergruppe gelten sie dann als Ausnahmen von der Regel. Werden untypische Einzelexemplare auf diese Art und Weise von der überordneten Kategorie abgegrenzt, so bleiben die stereotypen Erwartungen der übergeordneten Kategorie unverändert. Statt also eine Veränderung des Stereotyps zu bewirken, werden untypische Exemplare eher als eigene Gruppe definiert und stellen somit keine Herausforderung für bestehende Überzeugungen mehr dar. Wir kommen höchstens zu dem Schluss, dass ja nicht alle *so* sind, es gibt auch Ausnahmen.

Als Barack Obama zum Präsidenten der USA gewählt wurde, nährte dies beispielsweise die Hoffnung, dass sich damit auch Stereotype über Schwarze in den USA langfristig ändern würden. Die Forschung und unsere Erfahrungen in den Jahren nach seiner Präsidentschaft zeigen jedoch, dass es keine substanziellen Veränderungen gab [215]. Ebenso hat auch die 16-jährige Kanzlerschaft von Angela Merkel nicht dazu geführt, dass Führungsstärke nun als typisch weibliches oder typisch ostdeutsches

Attribut gilt – Frau Merkel wird nach wie vor oft als Ausnahmefrau und Ausnahme-Ossi wahrgenommen.

Einige wenige Ausnahmen reichen also nicht aus, um gesellschaftlich etablierte, gut gelernte Stereotype zu ändern – vor allem nicht, wenn gleichbleibende strukturelle Ungleichheit innerhalb der Gesellschaft Stereotype fortwährend bestätigt.

Strategie Nr. 4: Empathie und Perspektivübernahme

Eine andere sinnvoll erscheinende Strategie kann es sein, sich selbst darin zu üben, sich in andere hineinzuversetzen und Mitgefühl für Mitglieder einer anderen Gruppe zu empfinden.

Tatsächlich zeigen Studien, dass eine Übung der Perspektivübernahme, bei der man sich intensiv vorstellt, den Alltag aus der Perspektive einer anderen Person zu erleben und nachzuempfinden, was sie dabei fühlt und denkt, zumindest kurzfristig Vorurteilsaktivierungen reduziert [216, 217].

Andrew Todd, Sozialpsychologe an der University of California in Davis (USA), hat dazu eine Vielzahl von Studien durchgeführt. In einer seiner ersten Studienserien sahen US-amerikanische Versuchspersonen beispielsweise kurze Videos oder schrieben kleine Aufsätze über einen vorgestellten Tag im Leben einer anderen Person, von deren Bild sie wussten, dass sie schwarz oder weiß war [218]. Waren die Versuchspersonen während des Schreibens aufgefordert, sich aktiv in die Perspektive dieser Person hineinzuversetzen und sich dabei mit den vorgestellten Eindrücken, Erfahrungen und Reaktionen dieser Person auseinanderzusetzen, so beeinflusste dies ihr nachfolgendes Interaktionsverhalten: Sie verhielten sich freundlicher, aufgeschlossener und zugewandter gegenüber einer schwarzen Versuchsleiterin, als wenn sie den Aufsatz ohne die Aufforderung zur Perspektivübernahme schrieben. In dieser Studienserie waren sogar Messungen automatischer Einstellungen und Verhaltensindikatoren positiv beeinflusst.

Andere Studien zeigen, dass solche Übungen auch dazu führen, dass kontrast-stereotype Informationen besser aufgenommen und erinnert werden und sich Attributionsprozesse auch verändern. Auch Anerkennung von Diskriminierungs- und Benachteiligungserfahrungen fällt leichter [219]. Es scheint also tatsächlich, dass ein kurzer Gang in den Schuhen der anderen hilfreich sein kann – zumindest ist das erfolgversprechender als der Versuch, stereotypes Denken zu unterdrücken.

Allerdings müssen wir auch hier Einschränkungen vornehmen. Diese Studien zeigen vor allem eine kurzfristige Verringerung mittlerer negativer Einstellungsindikatoren im. Im Mittel fallen Vorurteilsaktivierungen zwar geringer aus, verschwinden aber nicht, jedenfalls nicht bei allen Versuchspersonen. Bisher ist auch nicht geprüft, ob solche Übungen länger andauernde Effekte haben können oder sie nur kurzfristig wirksam sind und im Alltag also häufig wiederholt werden müssten.

Letztendlich ist meines Wissens auch noch nicht geprüft, wie alltagstauglich solche Übungen sein können bzw. wie viel Anleitung nötig ist, um erfolgreiche Perspektivübernahme zu üben, wenn man nicht gerade Versuchsperson in einem psychologischen Experiment ist. Dies ist wichtig, weil Empathie und Perspektivübernahme Fähigkeiten sind, die vielen Menschen in vielen Alltagssituationen generell schwerfallen.

Letztendlich sind die meisten Missverständnisse oder Streits, die wir im Alltag erleben, doch darauf zurückzuführen, dass wir Dinge unterschiedlich sehen als andere und es uns nicht gelingt, uns in ihre Perspektive hineinzuversetzen. Das gilt selbst für die Personen, die uns sehr nahestehen und die wir sehr gut kennen. Wir haben im Alltag oft nicht die Motivation, Zeit und/oder Konzentrationsfähigkeit, um darüber nachzudenken, was unser Gegenüber gerade denkt und fühlt.

Außerdem wird die Perspektivübernahme umso schwerer, je weniger wir eine andere Person und deren Lebensumstände kennen und je weniger Informationen wir zur Verfügung haben [220]. Darum fällt uns Empathie und Perspektivübernahme für Mitglieder anderer Gruppen auch schwerer [221], und zwar umso schwerer, je unähnlicher sie uns erscheinen. Studien zeigen beispielsweise, dass die Perspektivübernahme nicht funktioniert oder sogar vorurteilsverstärkend wirken kann, wenn sich Personen stark mit ihrer Eigengruppe identifizieren [222]. Es fällt ihnen dann schwerer, das notwendige Gefühl von Verbundenheit mit Mitgliedern einer Fremdgruppe zu empfinden. Leider bemerken wir es nicht unbedingt, wenn die Perspektivübernahme misslingt oder notwendiges Wissen fehlt, und füllen Informationslücken automatisch mit stereotypem Wissen und Erwartungen aus. Das geschieht vor allem dann, wenn uns unser Gegenüber besonders typisch für die Fremdgruppe erscheint [223].

Am Ende besteht also die Gefahr, durch den missglückten Versuch der Perspektivübernahme das eigene stereotype Denken wiederum zu verstärken.

Strategie Nr. 5: Farbenblindheit

> *„Ich denke gar nicht in solchen Kategorien. Ich sehe nur Menschen."*

Diese oder ähnliche Aussagen höre ich sehr oft, wenn ich Vorträge über Stereotype und Vorurteile halte. Hinter diesem idealistischen Vorsatz steht die Annahme, dass, wenn wir andere gar nicht erst in Schubladen einteilen, Stereotype und Vorurteile gar nicht erst aktiviert werden und unser Denken nicht beeinflussen können.

Das ist prinzipiell eine sehr schöne Idee, in der sich der Wunsch nach Gleichheit aller Menschen ausdrückt. Aber natürlich kommt jetzt wieder ein Haken.

Es es schlicht und einfach unrealistisch, sich einzubilden, man könne dem eigenen Gehirn das Kategorisieren abtrainieren. Es handelt sich um eine hochautomatisierte Fähigkeit, die weitestgehend außerhalb unserer kognitiven Kontrolle abläuft; darauf haben wir leider wenig Einfluss.

Würde unser Gehirn *nicht* kategorisieren, würde eine basale Funktion des Denkens nicht funktionieren. Es wäre ein großes Defizit unseres Gehirns, wenn es die kategorialen und hierarchischen Strukturen unserer Gesellschaft nicht erkennen würde, die jedes soziale Miteinander determinieren. Letztendlich wäre es ohne Kategorisierungen auch sehr schwer, sich in Alltagssituationen sozial angemessen zu verhalten, wir müssten in jeder individuellen Interaktionssituation von Neuem herausfinden, wie wir uns eigentlich verhalten sollten. Das würde uns tatsächlich vollkommen überfordern. Genau weil soziales Verhalten auf der schnellen und effizienten Verarbeitung einer Unmenge entscheidungsrelevanter Informationen beruht, benötigen wir Automatismen der sozialen Kategorisierung, Informationsbereitstellung, Erwartungsbildung und Handlungsentscheidung. Diese adaptive Leistungsfähigkeit können wir dem eigenen Gehirn auch nicht abtrainieren.

Okay, mögen Sie einwenden, wenn Nicht-Kategorisieren nicht funktioniert, dann tauschen wir Nachteile der sozialen Kategorisierung gegen deren Vorteile: Wir kategorisieren neu, indem wir einfach alle Menschen in unsere Eigengruppe einbeziehen und ein inklusives *Wir* definieren. Wir sind alle Menschen und teilen so viele Gemeinsamkeiten, da können wir uns ja auch als eine Gruppe begreifen. Und das hätte auch noch den Vorteil, dass all die positiven Effekte sozialer Identitätsbildung auf alle unsere Mitmenschen angewendet würden: Aus reiner Eigengruppenkategorisierung würden wir andere automatisch als Individuum betrachten und an ihren persönlichen Eigenschaften interessiert sein. Aus reiner Eigengruppenbevorzugung würden wir enorm kooperativ, höflich und hilfsbereit gegenüber allen sein.

Leider kann auch das nicht gelingen, denn ohne eine Kontrastkategorie kann unser Gehirn mit einer Eigengruppenkategorie wenig anfangen. Bilden wir also übergeordnete Eigengruppen (wir sind alle Hamburger:innen, Deutsche, Europäer:innen, Menschen, Erdenbewohner:innen), braucht es dafür mindestens eine Fremdgruppe als Kontrast (Berliner:innen, Niederländer:innen, Amerikaner:innen, Tiere, Außerirdische?); es verschiebt sich also lediglich das Abstraktheitsniveau des sozialen Vergleichs. Auch zeigt die Forschung, dass der Identitätswert sozialer Gruppen sinkt, je abstrakter und weniger distinkt eine Kategorie ist. Damit werden auch positive Eigengruppenbewertung und Eigengruppenbevorzugung schwächer. Letztendlich verlieren wir persönliches Zugehörigkeitsgefühl und soziale Identität.

Sowohl die Idee des Nicht-Kategorisierens als auch des Wir-Kategorisierens sind verbunden mit Grundgedanken der *color blindness,* der Ideologie der Farbenblindheit. Diese Ideologie propagiert Gleichheit vor dem Gesetz, die auf alle Lebensbereiche angewandt werden sollte. Das heißt, alle Menschen sollten unabhängig von ihren Gruppenzugehörigkeiten als Individuen nur nach ihren individuellen Verdiensten beurteilt und behandelt werden. Wir stellen uns gern vor, wir würden alle gleich behandeln.

Ohne hier vertieft auf Kritik an dieser Ideologie einzugehen, sei nur kurz zusammengefasst, dass die Strategie der Farbenblindheit aus verschiedenen Gründen abgelehnt wird. Vor allem impliziert sie eine Art der Gleichmacherei, die vor allem Mitgliedern von Minderheiten abspricht, dass sich ihre Lebensrealität von Majoritätsmitgliedern unterscheidet und fundamental durch ihre Identität und den gesellschaftlichen Status und Diskriminierungserfahrungen ihrer sozialen Gruppenmitgliedschaft beeinflusst wird. Farbenblindheit negiert kulturelle Unterschiede und wird oft mit dem Anspruch verbunden, sich möglichst an einer von der Majoritätsgesellschaft definierten Normalität zu orientieren. Dies ist oft mit einem enormen Assimilationsdruck auf Minderheiten verbunden. Mit Fairness und Chancengleichheit hat das wenig zu tun [224–226].

Strategie Nr. 6: Das Multi-Kulti-Straßenfest

Als Gegenpol zur Farbenblindheit gilt das Konzept der multikulturellen Gesellschaft, deren Grundidee ist, Vielfalt anzuerkennen und Toleranz zu feiern. Tatsächlich zeigt sich in der Integrationsforschung, dass Diversitätsakzeptanz und -begrüßung generell positive Effekte im Sinne von Konfliktreduktion und gesellschaftlicher Teilhabe für Minoritätengruppen hat. Allerdings braucht es dafür gesellschaftlich breit getragenen Multikulturalismus, der auch strukturell umgesetzt wird. Wenn dies (noch) nicht gegeben ist, können dann wenigstens Kampagnen und Aktivitäten, die Vielfalt feiern und multikulturelle Kontakterfahrung ermöglichen, zum Abbau von Stereotypen und Vorurteilen beitragen? Das Straßenfest mit einem Karneval der Kulturen, die multikulturelle Projektwoche in der Schule, bei der alle Kinder Traditionen aus ihren Kulturen vorstellen oder typisches Essen mitbringen, das Kiez-Fußballturnier, zu dem die Kinder aus dem Asylbewerberheim eingeladen werden, der queere Straßenumzug?

Einer der Grundgedanken solcher Aktivitäten ist es, dass sich unterschiedlichste Gruppen, vor allem gesellschaftliche Minoritäten mit Stolz selbst präsentieren können und so positive Kontakterfahrungen zwischen Gruppen ermöglicht werden. Kontakt mit einzelnen Mitgliedern verschiedener Gruppen ermöglicht es, Unwissen, Befürchtungen und Ängste abzubauen, positive Erfahrungen zu sammeln, Vertrauen zu schaffen, Freundschaften zu bilden und idealerweise auch die neuen, positiven Erfahrungen mit Einzelnen auf die Wahrnehmung der jeweiligen gesamten Gruppe zu übertragen. Tatsächlich zeigt die sozialpsychologische Forschung, dass Kontakterfahrungen einer der Schlüssel zur Veränderung von Intergruppenbeziehungen sind. Allerdings müssen dafür spezifische Kontaktbedingungen erfüllt werden. Darauf komme ich später noch einmal zurück.

Auch das Multikulti-Kiezfest oder die Projektwoche kann prinzipiell für positive Kontakterfahrungen sorgen. Allerdings gibt es auch hier die nicht unerhebliche Gefahr unerwünschter Nebenwirkungen. Zum einen kann Kontakt natürlich auch immer schief gehen und negative Kontakterfahrungen verstärkern Stereotype und Vorurteile. Darauf werde ich später noch einmal eingehen. Zum anderen ergeben sich oft widersprüchliche Ansprüchen die Teilnehmenden der Kontaktsituation: Die Einzelperson soll nämlich möglichst typisch für ihre Gruppe sein (zumindest typisch genug, um als Repräsentant:in wahrgenommen zu werden), dabei aber gleichzeitig möglichst die gängigen Stereotype über ihre Gruppe widerlegen. Die Non-Stereotypikalität

ist notwendig, um eventuell bestehende Kontakt-
ängste oder Befürchtungen überwindbar zu machen und
negative Stereotype als unbegründet auszuweisen. Die
Stereotypikalität hingegen ist notwendig, damit positive
Kontakterfahrungen nicht als Einzelfall und Ausnahme
wegerklärt werden, sondern auf die Einstellungen gegenüber der ganzen Gruppe übertragen werden. Man soll
also gleichzeitig typisch, aber nicht zu typisch sein. Wohlgemerkt liegt das Urteil darüber, was als typisch, zu
typisch oder untypisch gilt, im Auge der Beobachtenden,
der Urteilenden.

Nun überlegen Sie mal selbst, wie es Ihnen ginge,
forderte ich Sie auf, für mein Straßenfest oder meinen
Karneval der Kulturen mal eben typisch *deutsch* zu sein.
Dafür ist unerheblich, ob Sie mit oder ohne Migrationshintergrund deutsch sind. Fühlen Sie sich dem gewachsen?
Wüssten Sie, wie Sie sich kleiden sollten? Welches Essen
würden Sie bei meinem Multikulti-Buffet servieren?
Wären Sie bereit, wildfremden Personen auf die noch so
persönlichsten Fragen zum Beispiel zu Ihrer Herkunft
und den Lebensentscheidungen Ihrer Vorfahren Rede und
Antwort zu stehen? Könnten Sie Auskunft geben über
alle Fragen deutscher Kultur, Politik, Geschichte, Wirtschaft und Kunst? Und wüssten Sie eigentlich, wie Sie
sich verhalten sollten, um die gängigen Klischees über die
Deutschen zu widerlegen, dabei aber immer noch typisch
deutsch zu bleiben? Wie schaffen Sie das beispielsweise
mit Bezug auf den Mangel an Humor, der den Deutschen
üblicherweise nachgesagt wird?

Wenn Sie leichtes Unbehagen bei dieser Vorstellung
empfinden, liegt das sicher nicht nur an der Wider-
sprüchlichkeit der Anforderung, gleichzeitig typisch und
untypisch zu sein, sondern sicher auch daran, dass Sie
lieber als Individuum wahrgenommen werden würden
statt als austauschbares Exemplar und Repräsentant:in

einer Gruppe. Und vielleicht würde es Ihnen schwerfallen auszuwählen, was eigentlich attraktiv deutsch genug für so ein Projekt wäre: Kartoffelsalat und Bratwurst, Dirndl und Lederhose, schnelle Autos und deutsche Pünktlichkeit? Und das, obwohl Sie in diesem Fall eine Mehrheitsgruppe mit hohem Status zu vertreten würden.

Für Mitglieder von Minoritätsgruppen verstärkt sich dieses Dilemma vor allem dadurch, weil das Urteil darüber, was als typisch oder untypisch, authentisch oder unauthentisch gilt, eher im Auge der Betrachtenden liegt. Als typisch und authentisch wird anerkannt, was möglichst aufregend oder unbekannt ist und als besonders, ungewöhnlich, exotisch wahrgenommen wird. Und egal, wie wohlwollend es gemeint sein mag, es impliziert eine weitere Form des *Othering*, der Zuschreibung von Fremdheit und der Reduktion auf diese.

Nun soll diese kritische Diskussion nicht implizieren, dass Intergruppenkontakte, das Feiern von Diversität und Stolz auf soziale Identitäten und Gruppenzugehörigkeiten immer nur unerwünschte Konsequenzen hätten. Das ist nicht der Fall. Sichtbarkeit, Repräsentation und Stolz sind wichtig, genauso wie deren Anerkennung und Wertschätzung. Dabei sollte jedoch immer bedacht werden, bei wem die Deutungs- und Identifikationsmacht liegt, und Mitgliedern von Minoritäten sollte es selbst überlassen werden, ob sie sich solchen Aktivitäten aussetzen und wie sie sich dabei definieren wollen.

Strategie Nr. 6: Das Diversitätstraining

Wenn all unsere intuitiven Ideen zum Kampf gegen Vorurteile und Stereotypen unerwünschte Nebenwirkungen haben oder sogar Bumerangeffekte produzieren, dann sollten wir uns vielleicht stärker auf die Profis und

Expert:innen verlassen. So buchen beispielsweise viele große Organisationen und Firmen Diversity-, Sensibilisierungs- oder Kulturkompetenztrainings und Workshops für Führungskräfte, Pflegepersonal und Entscheidungsträger in der Wirtschaft, im Gesundheitswesen, in der Polizei und im Rechtssystem. Zwar ist in Deutschland das Angebot noch nicht so groß wie in den USA, aber es wächst beständig. Aber wirken solche Trainings denn überhaupt? Und wenn ja, welche Trainingskonzepte sind denn am erfolgreichsten?

Tatsächlich lassen sich diese Fragen derzeit nicht beantworten, denn es gibt eine riesige Lücke zwischen dem, was in der Praxis angeboten wird, und den Erkenntnissen der Forschung. Zum einen gibt nur sehr wenig Forschung dazu, ob und wie all das Grundlagenwissen, dass die sozialkognitive Forschung zum Verständnis von Stereotypen und Vorurteilen erarbeitet hat, sich effektiv in Interventionsansätze umwandeln ließe. Ich will damit nicht nahelegen, dass die meisten Trainings Unfug wären. Nicht selten greifen sie auf Theorien und Erkenntnisse aus der Grundlagenforschung zurück. Aus Mangel an Interventionsforschung beruhen die Aufgaben, Selbsterfahrungen oder praktischen Übungen in Diversity-Trainings jedoch meist oft auf den eigenen Ideen und Intuition der jeweiligen Anbieter:innen [230].

Zum anderen gibt es nur sehr wenig Evaluationsforschung, also systematische Untersuchungen dazu, ob Diversitätstrainings ihre selbst gesteckten Ziele erreichen. Im besten Fall werden Teilnehmende im Anschluss an ein solches Training befragt, wie sie es fanden und ob sie den Eindruck haben, durch das Training etwas gelernt oder sich durch das Training verändert zu haben. Solche Selbsteinschätzungen können nicht als belastbarer Nachweis von Effektivität gelten. Eine kürzlich veröffentlichte

Metaanalyse belegt beispielsweise, dass die Menge und Teilnehmendenzahlen der verfügbaren Studien, die in der Praxis durchgeführte Diversitätstrainings systematisch untersuchen, so klein ist, dass es nicht zulässig ist, belastbare Schlussfolgerungen über ihre Effektivität zu ziehen [227].

In Anbetracht der Tatsache, wie stark solche Interventionen in der Praxis gebraucht, gefordert und nachgefragt werden, ist das ein sehr enttäuschender Stand der Forschung. Hier sind sowohl Wissenschaft als auch Politik gefragt, Anreize für eine Weiterentwicklung der Forschung und einen besseren Austausch zwischen Grundlagenfächern und Anwendungspraxis zu setzen.

Warum wir trotzdem nicht in Pessimismus verfallen sollten

In diesem Kapitel wurden verschiedene Strategien zum Abbau stereotypen und vorurteilsbehafteten Denkens und Handelns diskutiert. Viele davon klingen intuitiv sinnvoll, sind jedoch nicht unbedingt wirksam oder produzieren unerwünschte Nebenwirkungen oder sogar Bumerangeffekte. Das ist frustrierend.

Aber haben Sie wirklich gedacht, dass es einfach sein könnte? Wenn die Strategien funktionierten, die wir intuitiv nutzen, um unerwünschte Vorurteile, Stereotype und Diskriminierung zu bekämpfen, dann wären wir als Gesellschaft doch sicher weiter, als wir es derzeit sind. Einfach und gut gemeint wirkt eben nicht automatisch auch gut. Nur merken wir das oft gar nicht und wiegen uns in der Wohlfühl-Illusion, auf dem Wege des Fortschritts voranzukommen.

An dieser Stelle ist es mir noch einmal wichtig, an den im vorherigen Kapitel erwähnten Effekt der moralischen Selbstlizenzierung zu erinnern, der hier als zusätzlich relevante Nachwirkung noch einmal stärker zum Tragen kommt. Haben wir den Eindruck, entsprechend unseren moralischen Überzeugungen und Zielen richtig gehandelt zu haben (die eigenen Stereotype unterdrückt oder widerlegt zu haben, an der Kampagne, Aktion oder Demonstration teilgenommen zu haben, das zweitägige Diversitätstraining absolviert zu haben), führt das leicht dazu, dass wir uns einen moralischen Freifahrtschein ausstellen. Und dieser führt dazu, dass wir Gefahr laufen, dass unsere Meinungsäußerungen und Handlungen danach tatsächlich *intoleranter* und weniger gleichberechtigend ausfallen [228, 229].

Nun soll dieses Buch aber nicht mit Pessimismus und Fatalismus enden. Wir stehen Stereotypen und Vorurteilen nicht vollkommen machtlos gegenüber. Diskriminierendes Handeln lässt sich verhindern. Allerdings sollten wir hinterfragen, ob der psychologische Ansatz – also der Anspruch, das individuelle eigene Denken und Handeln zu verändern –, wirklich jemals ausreichend sein kann oder ob nicht andere Ansätze deutlich erfolgversprechender sind.

12

Ist es wirklich leichter, ein Atom zu spalten als ein Vorurteil?

Können wir unser Wissen über soziale Kategorisierungen und automatische Denk- und Entscheidungsprozesse überhaupt dafür nutzen, diese zu wandeln und in erwünschtere Bahnen zu lenken?

Die sozialpsychologische Forschung zu automatischen Prozessen der Stereotyp- und Vorurteilsaktivierung hat in den letzten Jahren gesteigerte Aufmerksamkeit darauf gerichtet, ob bzw. wie sich Stereotype, Vorurteile und diskriminierendes Verhalten verändern lassen. So wurde beispielsweise in vielen experimentellen Studien untersucht, ob Menschen lernen können, Strategien zur Denk- und Emotionsregulierung einzusetzen, um ihre persönlichen Vorurteile zu bekämpfen.

Der aktuelle Stand dieser Forschung lässt sich in fünf Zeilen zusammenfassen: In Laborstudien zeigt sich zwar, dass soziale Informationsverarbeitung und Aktivierungsmuster, die automatischen Stereotypen und Vorurteilen zugrunde liegen, prinzipiell veränderbar sind. Allerdings

© Springer-Verlag GmbH Deutschland, ein Teil von Springer Nature 2022
J. Degner, *Vorurteile*,
https://doi.org/10.1007/978-3-662-60572-1_12

sind diese Effekte durchweg eher klein und meist nur von kurzer Dauer [230–234]. Auch bleibt fraglich, ob bzw. inwiefern die untersuchten Strategien alltagstauglich sind. So zeigte sich beispielsweise in einer groß angelegten Vergleichsstudie, dass sich stereotype Aktivierungsmuster zwar kurzfristig verändern lassen, wenn Versuchspersonen wiederholt Kontraststereotype aktivieren. Wenn Versuchspersonen beispielsweise immer wieder per Tastendruck auf Paare von schwarzen Gesichtern und positiven Wörtern sowie Paare von weißen Gesichtern und negativen Wörtern reagieren, also quasi entgegengesetzt zum Vorurteil konditioniert werden, so sind Stereotypaktivierungen daraufhin signifikant reduziert. Aber diese Veränderungen sind klein und nicht von Dauer. Auch ist unklar, wie sich so eine Konditionierungsübung in eine alltagstaugliche Intervention übersetzen ließe. Bräuchte es dafür eine tägliche Konditionierungsübung für jede denkbare soziale Kategorie und jedes unerwünschte Vorurteil?

Mit Blick auf die Veränderbarkeit automatischer Prozesse der Kategorisierung und Stereotyp- und Vorurteilsaktivierung sind viele Fragen noch nicht geklärt. In ihrer kürzlich veröffentlichten Metaanalyse fasst Betsy Levy Paluck, Sozialpsychologin und Vorurteilsforscherin an der Universität Princeton in den USA, den Stand der Forschung so zusammen:

„Wir kommen zu dem Schluss, dass viele Forschungsbemühungen theoretisch und empirisch ungeeignet sind, um umsetzbare, evidenzbasierte Empfehlungen zum Abbau von Vorurteilen zu geben.“ [235]

Wie kann das sein?
Gerade in der sozialen Kognitionsforschung gibt es eine riesige Forschungslücke zwischen dem *proof of concept,* also dem prinzipiellen experimentellen Machbarkeitsnachweis

von Veränderbarkeit, und dem, was im Alltagsleben tatsächlich und realistisch umsetzbar ist. Das ist auch damit erklärbar, dass viele Forschende, mich eingeschlossen, die Sozialpsychologie vor allem als Grundlagenfach verstehen. Wir interessieren uns vor allem dafür, grundlegende Prozesse und Mechanismen zu erforschen und deren Veränderungsprinzipien zu erklären. Daraus Ansätze für Interventionen zu entwickeln, überlassen wir meist den angewandten Fächern. Die Theorien und Befunde der Grundlagenforschung müssen aber nicht nur für den Anwendungsgebrauch übersetzt werden, wir müssen auch untersuchen, ob die daraus resultierenden Ideen für Interventionsprogramme tatsächlich die gewünschten Effekte erzielen. Das kommt in der aktuellen Forschung leider zu kurz. Wir müssen uns also aktuell mit der Erkenntnis zufriedenstellen, dass die sozialkognitive Grundlagenforschung derzeit keine wirklich brauchbaren Rezepte für den Abbau von Stereotyp- und Vorurteilen im Alltag liefern.

Nun wäre es fatal, daraus das Fazit abzuleiten, Stereotype und Vorurteile seien gar nicht veränderbar. Das wäre zu pauschal gedacht. Auch Einsteins These bezeichnet die Spaltung von Vorurteilen als schwer, aber nicht als unmöglich. Und Betsy Paluck stellt in ihrer Übersicht einige einzelne richtungsweisende Beispielstudien heraus, die zeigen, dass evidenzbasierte Interventionen auch im Alltag funktionieren können [236, 237].

Auch hat sich in der sozialpsychologischen Interventionsforschung ein Grundansatz als langfristig erfolgreich für die Veränderung von Stereotypen und Vorurteilen und den Abbau von Konflikten zwischen Gruppen erwiesen: der Intergruppenkontakt. Bei genauerer Betrachtung zeigt dieser Ansatz auch, dass die Veränderung von Stereotypen, Vorurteilen und Diskriminierung nicht nur Veränderungsauftrag an das

Individuum sein kann, sondern gesamtgesellschaftlicher, struktureller Veränderung bedarf.

Wie Kontakt zum Abbau von Stereotypen und Vorurteilen beitragen kann

Die Kontaktforschung untersucht bereits seit den 1950er Jahren, ob und wie Kontakte zwischen Mitgliedern verschiedener Gruppen gestaltet werden können, damit Spannungen, Konflikte und Aggressionen zwischen sozialen Gruppen abgebaut werden können. In den letzten Jahren wurde die Aufmerksamkeit zunehmend darauf gelenkt, ob und unter welchen Bedingungen positive Kontakterfahrungen nicht nur zur Konfliktreduktion, sondern auch zum Abbau von Stereotypen und Vorurteilen führen können.

Die Grundannahme ist dabei die gleiche, die wir schon im vorherigen Kapitel diskutiert haben: Wenn wir Kontakt mit Mitgliedern anderer Gruppen haben, können wir Wissen über Eigenschaften, Interessen und Absichten der anderen aufbauen, können wir Ähnlichkeiten und Gemeinsamkeiten erkennen und begreifen, dass nicht alle Mitglieder einer Gruppe gleich sind. Somit kann Empathie erhöht werden und Angst und Unsicherheit im Umgang miteinander können reduziert werden [238]. Gelungene Kontakterfahrungen können uns dazu bringen, positive Gefühle für Andere zu empfinden und persönliche Beziehungen und Freundschaften einzugehen [239]. Intergruppenkontakt ist also ein vielversprechender Weg, um Stereotype, Vorurteile und Konflikte zwischen Gruppen abzubauen. Das kann auch außerhalb des Labors gelingen und lang anhaltende Wirkung haben [240].

Diese positiven Konsequenzen von Kontakterfahrungen sind vor allem deshalb vielversprechend, weil es im Alltag prinzipiell enorm viele Möglichkeiten gibt, Kontakt zwischen Mitgliedern verschiedener Gruppen herzustellen, vor allem in der Schule, am Ausbildungsplatz und im Arbeitsleben. Haben wir positiven Kontakt zu Mitschüler:innen, Kommiliton:innen oder Kolleg:innen aus unterschiedlichen sozialen Gruppen und Kategorien, so ermöglicht uns das, Stereotype und Vorurteile übereinander abzubauen.

Das klingt schon fast zu schön und zu einfach, um wahr zu sein. Und tatsächlich: Ganz so einfach ist es eben nicht.

Bereits im vorherigen Kapitel habe ich einige Schwierigkeiten und Tücken von Kontakterfahrungen erläutert, die umgangen werden müssen. Generell gilt: Positive Kontakterfahrungen gelingen am ehesten, wenn bestimmte strukturelle Grundbedingungen und Voraussetzungen erfüllt sind [241]. Dazu gehört gleicher Status aller Beteiligten innerhalb der Kontaktsituation, gruppenübergreifende Zusammenarbeit, gemeinsame Ziele sowie unterstützende Normen durch Außenstehende und Freiwilligkeit der Kontakterfahrung. Diese Bedingungen sind im Alltag leider selten erfüllt.

Statusgleichheit bedeutet beispielsweise, dass alle Beteiligten vergleichbare Voraussetzungen, Ressourcen und Einflussmöglichkeiten innerhalb der Kontaktsituation haben. Das ist aber weder in der Schule noch am Arbeitsplatz die Norm. In der Schule beispielsweise haben Schüler:innen basierend auf ihrer Herkunft oder der sozialen Schicht ihres Elternhauses sehr unterschiedliche Ausgangsbedingungen, die im deutschen Schulsystem leider nicht ausgeglichen, sondern meist eher verstärkt werden [242]. Auch am Arbeitsplatz ist Statusgleichheit selten Realität, wenn statushöhere versus statusniedrigere Berufe und Positionen überproportional häufig von Personen bestimmter Gruppen eingenommen werden. Dadurch bedingt sind auch weder gemeinsame Ziele noch eine kooperative Zusammenarbeit selbstverständlich. Eine Person in Leitungsfunktion hat beispielsweise nicht zwingend die gleichen Ziele wie ihre Mitarbeitenden und auch in der Schule haben Lehrer:innen und Schüler:innen nicht selbstverständlich gemeinsame Ziele, auch untereinander unterschieden sich die Ziele von Schüler:innen deutlich. Statusgleichheit und gemeinsame Ziele müssen also durch unterstützende Strukturen gemeinsamen Arbeitens (in der Schule, am Arbeitsplatz) erst geschaffen werden.

Letztendlich wird auch selten darauf geachtet, soziale Unterstützung zu sichern, zum Beispiel indem sowohl Schulleitung und Lehrkörper als auch Schüler:innenschaft und Eltern aktiv in die Schulgestaltung einbezogen werden. Wird Diversität in Schulen und Klassen nur geduldet oder als notwendiges Übel wahrgenommen, das sich nun einmal aus der Struktur des Stadtviertels ergibt, oder sogar als unerwünscht, erzwungen, aufwendig oder anstrengend erlebt, so werden sich nicht nur keine positiven Konsequenzen zeigen, sondern sind potenzielle Bumerangeffekte wahrscheinlich. Das gilt genauso, wenn Diversität zwar als Aushängeschild („Schule ohne Rassismus") genutzt wird, ansonsten aber keine unterstützenden Bedingungen für positive Kontakterfahrungen erarbeitet werden.

Letztendlich ist auch die Freiwilligkeit der Kontakterfahrung oft eine große Hürde. Viele Menschen vermeiden Kontakterfahrungen mit Mitgliedern anderer Gruppen. Entweder ganz gezielt aufgrund verfestigter negativer Vorurteile und Stereotypen – vor allem wenn diese Bedrohungsassoziationen beinhalten. Oder aus Unsicherheit und der Befürchtung, das eigene Verhalten könnte unbeabsichtigt als vorurteilsbehaftet erscheinen. Diese Vermeidungstendenzen müssen erst durchbrochen

werden, um die Bereitschaft für Kontakterfahrungen zu
schaffen. Die Forschung zu indirekten Kontakten zeigt
Möglichkeiten auf, Einstellungen und Erwartungen
behutsam auf Kontakterfahrungen vorzubereiten. Zum
Beispiel, indem zuerst indirekte oder stellvertretende
Kontakterfahrungen gesammelt werden. Dabei erfahren
Menschen von positiven Kontakterfahrungen, die andere
Mitglieder der eigenen Gruppe gemacht haben. Solche
Erfahrungen können relativ direkt sein, zum Beispiel
wenn wir erfahren, dass Bekannte oder Freund:innen
mit Mitgliedern einer Fremdgruppe befreundet sind,
oder eher indirekt, zum Beispiel über Geschichten in
Büchern, Filmen oder Fernsehserien. So können Kinder-
bücher und faire Schulmaterialien beispielsweise indirekte
Kontakterlebnisse vermitteln, genauso wie Kino- oder
Fernsehfilme. Aber auch dafür gilt, dass die oben
beschriebenen Kontaktbedingungen eingehalten werden
sollten und vor allem Klischees und stigmatisierende
Rollenzuschreibungen zu vermeiden sind. Indirekte
Kontakterfahrungen können einerseits zur Wissens-
vermittlung, aber auch zur Angst- und Unsicherheits-
reduktion beitragen und somit Sicherheit und Bereitschaft
für eigene Kontakterfahrungen schaffen.

Generell gilt, dass positive Kontakterfahrungen vor
allem dann gelingen können, wenn strukturelle Voraussetzungen geschaffen werden, die Statusgleichheit,
gemeinsame Ziele, kooperative Zusammenarbeit und
normative Unterstützung ermöglichen. Wird zusätzlich
darauf geachtet, dass die diversen individuellen Bedürfnisse in Kontaktsituationen erfüllt werden (die sich
zwischen Beteiligten deutlich unterscheiden können),
dass Unterschiede zwischen Individuen und Gruppen
respektiert statt glattgebügelt werden und dass Rück-
zugsmöglichkeiten etabliert sind, sodass Kontakt freiwillig und nicht erzwungen möglich ist, so können

Kontakterfahrungen von Beteiligten als wertvoll und positiv erlebt werden und die Basis positiver persönlicher Beziehungen und Freundschaften bilden.

Diese nicht erschöpfende Menge an notwendigen und unterstützenden Bedingungen zeigt deutlich, dass erfolgreiche Kontakterfahrungen unterstützende Strukturen und Normen benötigen. Diese werden jedoch oft nicht bedacht und sind beispielsweise weder in unserem Bildungswesen noch im Arbeitsleben oder im Kontakt mit Behörden gegeben.

Letztendlich muss auch bedacht werden, dass Kontaktsituationen natürlich auch misslingen können. Wenn beispielsweise gemeinsame Ziele nicht erreicht werden, die Schuld für einen Misserfolg den anderen gegeben wird oder Konflikte entstehen. Negative Vorurteile und Stereotype können dadurch nicht nur bestätigt, sondern sogar verstärkt werden. Auch ist zu bedenken, dass selbst gelungene Kontaktsituationen immer noch unerwünschte Nebeneffekte haben können. So gehen positive Kontakterfahrungen oft mit einer paradox wirkenden ideologischen Legitimierung von Ungleichheit einher: Menschen mit positiven Kontakterfahrungen, neigen dazu, weniger Ungleichheit zwischen Gruppen wahrzunehmen oder bewerten wahrgenommene Ungleichheiten als weniger ungerecht oder sogar als begründet und legitim. Eine positive Kontakterfahrung kann gerade bei Mitgliedern negativ stigmatisierter Minoritäten zu demobilisierenden Effekten führen, sodass sie generell weniger Notwendigkeit und Bereitschaft sehen, gegen soziale Ungleichheit in der Gesellschaft zu protestieren bzw. sich an anderen Formen von Aktivismus zu beteiligen [243–245], oder sogar Widerstand gegen politische Maßnahmen des Nachteilsausgleichs ausdrücken, von denen die eigene Gruppe profitieren könnte [246]. Einzelne positive Kontakterfahrungen können also auf diesem Wege paradoxe systemstabilisierende Wirkung haben, da zwar individuelle Vorurteile und Stereotype abgebaut werden, systemimmanente Ungleichheiten und Benachteiligungen aber verdeckt oder legitimiert werden.

Zusammenfassend lässt sich festhalten, dass die Schaffung von positiven Kontaktmöglichkeiten derzeit die einzige in der Psychologie gut erforschte Interventionsstrategie ist, die individuelle Einstellungen verändern kann und negative Vorurteile und Stereotype überwindbar werden lässt. Allerdings wird auch deutlich, dass Kontakt kein einfaches Interventionsrezept bietet, sondern systemischer und struktureller Bedingungen bedarf, die im Alltag eher selten gegeben sind.

Es zeigt sich also, dass sich Gesellschaft als Ganzes ändern muss, um individuelle Veränderung zu ermöglichen. Dies bringt mich dazu, generell zu diskutieren, ob der psychologische Interventionsfokus, der individuelle Veränderung in das Zentrum der Aufmerksamkeit stellt, überhaupt der passendste Ansatzpunkt für Interventionsideen ist. Und ob andere Ansatzpunkte nicht vielversprechender sind.

Über Sinn und Unsinn psychologischer Änderungsansätze

Ein Vorurteil zu brechen, ist keine einfache Angelegenheit, da lag Einstein wohl richtig.

Warum sollte das auch gelingen? Wieso erwarten wir eigentlich von unserem Gehirn, dass es ohne soziale Kategorisierungen arbeitet, wenn es doch in einer sozialen Umgebung lebt, in der jede Alltagserfahrung an soziale Kategorienzugehörigkeiten gebunden ist? Wieso erwarten wir, Stereotype und Vorurteile wegtrainieren

oder löschen zu können, wenn unsere wiederholten Alltagsbeobachtungen und Medieneinflüsse unser Gehirn
ständig mit Informationen versorgen, die Stereotype und
Vorurteile nähren? Wie soll unser Gehirn lernen, alle
Menschen als gleichwertig anzusehen, wenn es in einer
hierarchisch strukturierten Gesellschaft aufwächst, in der
es massive Statusunterschiede zwischen verschiedenen
Gruppen von Menschen gibt? Wie soll ein Gehirn, das
in einer rassistisch strukturierten Gesellschaft aufwächst,
nicht rassistisch denken? Wie soll ein Gehirn, das in einer
heteronormativ und sexistisch strukturierten Gesellschaft
aufwächst, nicht heteronormativ und sexistisch denken?
Dieser Anspruch wäre genauso wenig umsetzbar, wie der
Anspruch unserem Gehirn abzutrainieren, automatisch
davon auszugehen, dass Licht von oben kommt, damit wir
der Schachbrettillusion von Kapitel 5 nicht unterliegen.

Diese Überlegung bringt mich dazu, zwei grundlegende, oft unausgesprochene Grundannahmen psycho-
logischer Interventionsansätze für die Bekämpfung von
Diskriminierung zu hinterfragen. Da herrscht erstens die
Annahme, dass eine Intervention individuelle *Einstellungs*-
veränderungen auslösen sollte, auf deren Basis es langfristig
zu individuellen Verhaltensänderungen kommen sollte.
Wollen wir also Diskriminierung im Handeln abbauen,
so die Annahme, dann müssen wir dafür zuerst die Stereotype und Vorurteile in den Köpfen der Menschen abbauen,
und dann werden sie automatisch anders handeln.
Damit verbindet sich zweitens die Annahme, dass solche
individuellen Veränderungen von Einstellungen und Verhalten bei möglichst vielen Individuen erreicht werden
müssen und das dann aufsummiert zu einer langfristigen
gesellschaftlichen Veränderung führt.

Mit diesen Grundannahmen verschieben wir die Verantwortung für gesellschaftliche Veränderung auf die
Schultern der einzelnen Individuen. Dabei wissen wir

sowohl aus der psychologischen als auch aus der soziologischen Forschung, dass diese angenommenen Kausalketten alles andere als alternativlos sind. Im Gegenteil, es lässt sich sogar diskutieren, ob ein umgekehrter Weg nicht sogar erfolgversprechender sein kann.

Einstellungsveränderung bringt Verhaltensänderung?

Wir nehmen grundlegend an, dass unsere individuellen Einstellungen die Basis unseres Verhaltens seien. Aus dieser Sicht ist es durchaus sinnvoll, Verhaltensänderungen durch Einstellungsänderungen erreichen zu wollen. Allerdings gilt es dabei zu beachten, dass unser Handeln oft durch sehr viele, teilweise sehr unterschiedliche Einstellungen beeinflusst wird. Auch die Einstellungen anderer, die als soziale Normen auf uns wirken, spielen eine wichtige Rolle für unser Handeln. Entscheiden wir uns beispielsweise, mit welchem Verkehrsmittel wir zu unserem Arbeitsplatz gelangen, dann spielt dabei nicht einfach nur unsere Einstellung zu Emmissionsreduktion und Klimaschutz eine Rolle. Wir haben auch Einstellungen zum öffentlichen Nahverkehr, Einstellungen darüber, wie viel Zeit und Geld wir in den Weg zur Arbeit investieren können oder wollen, und Einstellungen darüber, wie einfach, bequem oder umständlich unser Arbeitsweg sein sollte. Und letztendlich wird unsere Entscheidung auch von externen Anreizen, situativen Bedingungen, Normen und gesetzlichen Regelungen beeinflusst. Wir sind eher bereit, mit den Öffentlichen zu fahren, wenn eine Kollegin das auch tut, wenn es vom Arbeitgeber gefördert wird oder wenn der Benzinpreis steigt, um nur einige Beispiele zu nennen. Eine klimafreundliche Grundeinstellung allein bringt uns nicht automatisch dazu, auf die Fahrt mit dem Auto zu verzichten.

In allen Lebensbereichen, in denen gesellschaftliche Veränderungen erreicht werden sollen, werden dafür durch die Politik gesellschaftliche Strukturen, Normen, Regelungen und Gesetze geschaffen oder verändert. Diese können individuelles Handeln maßgeblich beeinflussen. Interessanterweise folgen auf so erreichte Verhaltensänderungen oft auch rückwirkende Veränderungen unserer Einstellungen. Um bei einem Beispiel aus dem Straßenverkehr zu bleiben: Heutzutage haben die meisten Menschen eine eher positive Einstellung zum Anlegen des Sicherheitsgurtes beim Autofahren. Wir legen ihn uns selbstverständlich um und bestehen üblicherweise auch darauf, dass sich alle anderen Passagiere im Auto anschnallen.

Als Sicherheitsgurte in den 1970ern eingeführt wurden, gab es dagegen jedoch breiten Widerstand; die Menschen fanden sie nicht nur unbequem, sondern assoziierten die Gurte mit schweren Verkehrsunfällen und befürchteten auch, sich im Falle eines Unfalls nicht schnell genug befreien zu können. Basierend auf ihren individuellen Einstellungen zum Sicherheitsgurt entschieden sich also viele Menschen dagegen, ihn anzulegen. Dass das heute anders ist, liegt nicht einfach nur an Aufklärungskampagnen, die Einstellungen verändert haben, sondern auch daran, dass neue Gesetze geschaffen und deren Einhaltung kontrolliert wurden. So wurde zuerst die Autoindustrie gesetzlich verpflichtet, Neuwagen mit Sicherheitsgurten auszustatten, dann wurde eine Anschnallpflicht eingeführt, später auch das Bußgeld für das Nichtanschnallen. Für die Einzelperson wurde dadurch die Entscheidung über das Anlegen eines Sicherheitsgurtes weitestgehend unabhängig von ihrer individuellen Einstellung gegenüber dem Gurt. Man legte den Gurt nicht an, weil man ihn gut fand, sondern weil man das musste. Die darauf basierenden Verhaltensänderungen wiederum hatten langfristige Einstellungsänderungen zur Folge. Daher ist es heute kaum noch vorstellbar, dass früher mal irgendwer irgendetwas gegen das Anschnallen beim Autofahren gehabt haben könnte.

Lässt sich dies als Analogie für die Schaffung einer Gesellschaft frei von Stereotypen, Vorurteilen und Diskriminierung nutzen? Ja und nein. Das hängt, wie beim Sicherheitsgurt, fundamental von der Art der Umsetzung ab. Wir haben ja bereits Regelungen und Gesetze, die Gleichbehandlung gebieten und Diskriminierung verbieten. Im Grundgesetz ist das Gleichheitsprinzip verankert. Es besagt, dass niemand aufgrund von Geschlecht, Abstammung, Rasse[1], Sprache, Heimat und Herkunft, Glauben, religiöser oder politischer Anschauung oder einer Behinderung benachteiligt oder bevorteilt werden darf. Auch haben wir ein Antidiskriminierungsgesetz, das bestehende Benachteiligungen verhindern und beseitigen soll. Allerdings dürfen wir uns als Gesellschaft nicht allein auf die Existenz dieser Regelungen verlassen und es den Einzelnen überlassen, herauszufinden, ob bzw. wie das eigene Handeln diesen übergeordneten Gleichheitsprinzipien entspricht. Denn nach all dem, was wir über unsere eingeschränkte Fähigkeit, Stereotype und Vorurteile in unserem eigenen Denken und Handeln zu erkennen, wissen, erscheint das als kaum ausreichend.

Daher braucht es gesellschaftliche, institutionalisierte und strukturelle Unterstützung, die dem Individuum die einzelne Verantwortung für vorurteilsfreies Handeln zumindest teilweise abnehmen kann.

So lassen sich beispielsweise für individuelle Entscheidungen klare Verfahrensregeln und Entscheidungskriterien festsetzen, die den Einfluss von Stereotypen und Vorurteilen reduzieren können. Zum Beispiel können

---

[1] Die aktuellen Gesetzestexte beinhalten derzeit noch diesen problematischen Begriff, er sei daher im Sinne eines Zitates genannt.

Bewerbungsverfahren standardisiert, anonymisiert und qualifikationszentriert gestaltet werden. Dabei wird ein Bewerbungsformular zur Verfügung gestellt, das alle stellenrelevanten Fähigkeiten und Fertigkeiten abfragt. Für die erste Beurteilung werden irrelevante kategoriale Informationen (wie Alter, Geschlecht oder Name) aus den Bewerbungsunterlagen entfernt. Sind Kategorienzugehörigkeiten der urteilenden Person nicht bekannt, so können sie die Beurteilung der Qualität der Unterlagen und der Qualifikation der Bewerber:innen nicht beeinflussen. Studien zeigen beispielsweise, dass durch das Entfernen von Name und Alter aus Bewerbungsunterlagen Personen mit ausländisch klingendem Namen, Frauen und ältere Bewerber:innen größere Chancen erhalten, zu einem Bewerbungsgespräch eingeladen zu werden [247].

Nun mag man einwerfen, dass damit eine potenzielle Ungleichbehandlung nur von der ersten Beurteilung der Bewerbungsunterlagen auf das spätere Bewerbungsgespräch verschoben wird, bei dem viele soziale Kategorienzugehörigkeiten nicht mehr verborgen werden können. Dieser Einwand ist durchaus berechtigt. Es braucht daher weitere strukturelle Unterstützung, wie beispielsweise standardisierte vorstrukturierte Bewerbungsgespräche oder Fähigkeitstests, klar und eindeutig ausformulierte Entscheidungskriterien und deren Gewichtung. Und da wir wissen, dass Menschen sich von wahrgenommener Ähnlichkeit und Eigengruppenpräferenz dazu verführen lassen, bestimmte Bewerber:innen zu bevorzugen, müssen wir dafür sorgen, dass Entscheidungsgremien die Diversität unserer Gesellschaft widerspiegeln, auch wenn es dafür in Übergangszeiten Quoten brauchen könnte.

Sowohl in der Soziologie als auch in der Sozialpsychologie werden aktuell verschiedene Maßnahmen vorgeschlagen, umgesetzt und evaluiert, die Institutionen und Organisationen helfen können, systematische und strukturelle Benachteiligungen zu vermeiden. So schlägt beispielsweise Mary Murphy, Sozialpsychologin an der Indiana University Bloomington in den USA, hierfür konkrete Handlungsschritte vor, um Diskriminierungspotenziale an Orten bzw. in Organisationen zu identifizieren und abzubauen. Sie bezieht dabei sowohl die Identifikation systemischer und institutioneller Strukturen, Hierarchien, Regeln, Praktiken und Verfahren ein als auch relevante sozial-geteilte Normen und Werte, sowie individuelle Einstellungen und Handlungsentscheidungen [248, 249].

Wenn wir beispielsweise wissen, dass soziale Kategorisierungen, Stereotype und Vorurteile Leistungsbeurteilungen in Schule, Ausbildung oder Universität beeinflussen, dann können wir faire Korrektursysteme entwickeln, zum Beispiel indem (Zweit-)Korrektor:innen, ohne persönliche Kenntnis der Schüler:innen oder Studierenden schriftliche Prüfungsleistungen bewerten. Wenn wir beispielsweise wissen, dass die intuitiven Entscheidungen von Polizist:innen darüber, wer für eine „verdachtsunabhängige" Personenkontrolle angehalten wird, potenziell vorurteilsbehaftet ist, dann können wir auch hier faire Entscheidungsalgorithmen entwickeln, die ihnen die individuelle Entscheidung abnehmen, zum Beispiel durch zufallsgenerierte Aufforderungen zur Personenkontrolle. Diese Beispiel sollen nicht als Maßnahmenempfehlungen gewertet werden, denn nur eine genauere Analyse der jeweiligen institutionellen Kontexte individuellen Verhaltens ermöglicht es, die richtigen strukturellen und institutionellen Stellschrauben zu identifizieren, die es zu verändern gilt, um höhere Chancengleichheit zu erreichen.

Gesellschaftliche Veränderung als Summe der Veränderung der Einzelnen?

Letztendlich erscheint es wenig sinnvoll, von Menschen einfach nur zu fordern, an sich selbst zu arbeiten, und dann zu hoffen, dass aus einer Menge aus besserdenkenden Individuen irgendwann eine besser-denkende Gesellschaft wird. Stattdessen müssen wir auf strukturelle gesellschaftliche Veränderung hinwirken, die langfristig eine Veränderung des individuellen Denkens und Handelns erwirkt. So wie Gesetze zum Tragen eines Sicherheitsgurtes beim Autofahren nicht nur die Zahl an Unfalltoten auf deutschen Straßen reduziert haben, sondern langfristig auch auf individuelle Einstellungen zur Sicherheit beim Autofahren wirkten.

Da wir wissen, dass unser Gehirn aus der beobachteten Ungleichverteilung sozialer Rollen innerhalb der Gesellschaft Stereotype und Vorurteile über Mitglieder sozialer Kategorien ableitet, müssen wir dafür sorgen, dass diese Ungleichverteilung abgebaut wird, auch wenn dafür Quoten notwendig sein sollten. Das beinhaltet letztendlich auch die Notwendigkeit, *gesellschaftliche* Bedingungen zu schaffen, die alle Menschen mit den gleichen Chancen ausstatten. Das heißt zum Beispiel auch, dass unser Bildungssystem so umstrukturiert werden muss, dass alle die Chance erhalten, gleichwertige Qualifikationen zu erreichen. Dass unser Bildungssystem das derzeit nicht erreicht, ist allgemein bekannt.

Tatsächlich erhält ein solcher struktureller Ansatz Unterstützung aus Ergebnissen der individuumszentrierten sozialpsychologischen Forschung. Aktuelle Studien zeigen beispielsweise, dass übergeordnete institutionelle Veränderungen wie neue Gesetzgebungen tatsächlich auch auf

Normwahrnehmungen und Einstellungsveränderungen wirken [250]. So zeigte eine groß angelegte Studie aus den USA, dass lokale und nationale Änderungen der Gesetzgebung zur „Ehe für alle" und die damit einhergehenden gesellschaftlichen und politischen Debatten eine Reduktion von Vorurteilen gegenüber Menschen mit homosexueller Orientierung zur Folge hatten [251]. Einstellungsmessungen von Absolvent:innen von Universitäten zeigten, dass Geschlechterstereotype bezüglich naturwissenschaftlicher Fähigkeiten im Laufe des Studiums dann abnahmen, wenn Studierende an Universitäten mit einem diversen Lehrkörper Rollenvorbilder erlebten, die Annahmen über geschlechterstereotype akademische Fähigkeiten hinterfragen [252]. Wohlgemerkt gelingt das nicht durch die Hervorhebung des Einzelfalls, sondern durch eine strukturelle Veränderung und systematische Sichtbarkeit von Mitgliedern unterrepräsentierter Gruppen.

Die bisher aufgeführten Einzelmaßnahmen sollen nicht als Erfolgsrezepte herhalten, sondern als Beispiele für eine Denkrichtung, wie Intervention auch und vielleicht sogar besser funktionieren kann. Natürlich wird jede solche Maßnahme und Veränderung auf Widerspruch stoßen – wie auch in den 1970er Jahren die Einführung des Sicherheitsgurts auf großen Widerstand stieß.

Ein wichtiger Anteil jeglicher systemischen Intervention braucht daher unbedingt begleitende Aufklärung und Verständigung darüber, dass Regulationen keine Strafmaßnahmen für vergangene Diskriminierung sind, sondern Unterstützungsmaßnahmen, die bei der individuellen Entscheidungsfindung und Handlung helfen. Wird Diskriminierung nicht ausschließlich als das Resultat individueller Einstellungen und Handlungsentscheidungen verstanden, sondern ebenso als Folge struktureller, institutioneller und gesellschaftlicher Handlungskontexte, so können dadurch auch die vorhin schon besprochenen paradoxen Effekte von Defensivität, Rechtfertigung und Legitimierung eigenen Handelns vermieden und die individuelle Motivation und Veränderungsbereitschaft erhöht werden.

Und natürlich ist jede strukturelle Veränderung mit Aufwand und Kosten verbunden. Wir brauchen daher gesellschaftliche Debatten und gemeinsames Aushandeln über Normen und Werte, Ziele und Maßnahmen zum Erreichen von Chancengleichheit und darüber, was uns Chancengleichheit als Gesellschaft wert ist. Dieser Wert kann nicht allein von denjenigen bemessen werden, die von Stabilität systematischer Ungleichheit profitieren, egal ob ihnen diese Privilegien bewusst sind oder nicht. Solche Debatten müssen daher inklusiv geführt werden und brauchen Toleranz, Geduld und die Bereitschaft, Dissens und Konflikt auszuhalten und sich auf gemeinsame Ziele zu verständigen. Schaffen wir es als Gesellschaft, solche Debatten gemeinsam zu führen und uns auf Grundsätze der Chancengleichheit zu einigen, so können wir regulative und strukturelle Maßnahmen ergreifen und die notwendigen systemischen, strukturellen und institutionellen Veränderungen anzustoßen.

Das heißt nicht, dass unser Gehirn irgendwann keine sozialen Kategorien mehr bilden wird, oder wir frei von Stereotypen und Vorurteilen sein werden. Aber wenn unsere Stereotype über soziale Gruppen keine sozialen Hierarchien und Machtgefälle mehr abbilden, die den einen mehr Wert zuweisen als den anderen, kommen wir dem Ideal einer wahrhaft vielfältigen, fairen und toleranten Gesellschaft ein Stück näher.

Literatur

1. https://de.wikipedia.org/wiki/Vorurteil. Zugegriffen: 15. Sept. 2021.
2. Siehe zum Beispiel Jenaer Erklärung: *„Das Konzept der Rasse ist das Ergebnis von Rassismus und nicht dessen Voraussetzung."* https://www.uni-jena.de/190910_JenaerErklaerung. Zugegriffen: 4. Okt. 2019.
3. Zick, A., & Küpper, B. (2021). Die geforderte Mitte. Rechtsextreme und demokratiegefährdende Einstellungen in Deutschland 2020/21. Herausgegeben für die Friedrich-Ebert-Stiftung von Franziska Schröter. Dietz. https://www.fes.de/index.php?eID=dumpFile&t=f&f=65543&token=be951e80f3f538cca04a67567b9da4b995a93c64 . Zugegriffen: 4. Okt. 2021.
4. Bild-Zeitung (28.07.2018). https://www.bild.de/politik/inland/rassismus/lassen-wir-uns-nicht-ein-reden-dass-wir-rassistisch-sind-56462676.bild.html. Zugegriffen: 15. Okt. 2021.
5. Mercator, S., VolkswagenStiftung, B. S., Stiftung, F., & Hertie-Stiftung, G. (2014). *Diskriminierung am Ausbildungsmarkt Ausmaß, Ursachen und Handlungsperspektiven.*

© Springer-Verlag GmbH Deutschland, ein Teil von Springer Nature 2022
J. Degner, *Vorurteile*,
https://doi.org/10.1007/978-3-662-60572-1

6. Koopmans, R., Veit, S., & Yemane, R. (2018). Andere Werte, weniger Chancen: Kulturelle Distanz erklärt Diskriminierung auf dem Arbeitsmarkt. *WZB-Mitteilungen,160,* 10–13.

7. Antidiskriminierungsstelle des Bundes. (2017). Diskriminierung in Deutschland. Dritter Gemeinsamer Bericht der Antidiskriminierungsstelle des Bundes und der in ihrem Zuständigkeitsbereich betroffenen Beauftragten der Bundesregierung und des Deutschen Bundestages. https://www.antidiskriminierungsstelle. de/SharedDocs/Downloads/DE/publikationen/ BT_Bericht/Gemeinsamer_Bericht_dritter_2017. pdf%3F__blob%3DpublicationFile%26v%3D10.

8. Quillian, L., Pager, D., Hexel, O., & Midtbøen, A. H. (2017). Meta-analysis of field experiments shows no change in racial discrimination in hiring over time. *Proceedings of the National Academy of Sciences, 114,* 10870–10875.

9. McConahay, J. B. (1986). *Modern racism, ambivalence, and the modern racism scale.*

10. Swim, J. K., Aikin, K. J., Hall, W. S., & Hunter, B. A. (1995). Sexism and racism: Old-fashioned and modern prejudices. *Journal of personality and social psychology, 68,* 199.

11. Sears, D. O. (1988). Symbolic racism. In P. A. Katz, & D. A. Taylor (eds). *Eliminating racism* (S. 53–84). Springer.

12. De Maizière. (2015). *Anstehen können ist auch eine Tugend. Dann muss man auch zwei Stunden anstehen können in einer Erstaufnahmeeinrichtung, um zum Essen zu kommen.*

13. Die baden-württembergische CDU bat im Sommer 2016 darum, die „Genderschreibweise" in Tweets der Landesregierung zu unterlassen...

14. Behauptet der Präsident des Gesamtverbands Kommunikationsagenturen (GWA).

15. „An Spießigkeit kaum zu überbieten" (Christian Lindner) bzw. damit „die Wiederkehr von Prüderie und Sittenstrenge drohe", „keine Geschmacksvorschriften für Werbeplakate" benötigt würden (Berlins Justizsenator Thomas Heilmann; CDU) oder dies eine „Geste der kulturellen Unterwerfung sei".

16. Glick, P., & Fiske, S. T. (1996). The ambivalent sexism inventory: Differentiating hostile and benevolent sexism. *Journal of Personality and Social Psychology, 70,* 491.

17. Jordan, J. A., Lawler, J. R., & Bosson, J. K. (2021). Ambivalent classism: The importance of assessing hostile and benevolent ideologies about poor people. *Basic and Applied Social Psychology, 43,* 46–67.

18. Cuddy, A. J. C., Fiske, S. T., Glick, P. (2007). The BIAS map: Behaviors from intergroup affect and stereotypes. *Journal of Personality and Social Psychology, 92,* 631–48.

19. Rudman, L. A., & Fairchild, K. (2004). Reactions to Counterstereotypic Behavior: The Role of Backlash in Cultural Stereotype Maintenance. *Journal of Personality and Social Psychology, 87,* 157–176.

20. Cuddy, A. J., Fiske, S. T., & Glick, P. (2004). When professionals become mothers, warmth doesn't cut the ice. *Journal of Social issues, 60,* 701–718.

21. Hipp, L. (2018). Damned if you do, damned if you don't? Experimental evidence on hiring discrimination against parents with differing lengths of family leave. SocArXiv

22. Gaertner, S. L., Dovidio, J. F., Nier, J., Hodson, G., & Houlette, M. A. (2005). Aversive racism: Bias without intention. In L. B. Nielsen and R. L. Nelson (eds.), *Handbook of employment discrimination research* (S. 377–393). Springer.

23. El-Mafaalani, A. (2021). *Wozu Rassismus? Von der Erfindung der Menschenrassen bis zum rassismuskritischen Widerstand.* Verlag Kiepenheuer & Witsch.

24. Zick, A., Wolf, C., Küpper, B., Davidov, E., Schmidt, P., Heitmeyer, W. (2008). The syndrome of group-focused enmity: The interrelation of prejudices tested with multiple cross-sectional and panel data. *Journal of Social Issues, 64,* 363–384.

25. Heitmeyer, W. (Hrsg.). (2002). *Deutsche Zustände* (Bd. 1). Suhrkamp.

26. Onraet, E., Van Hiel, A., Dhont, K., Hodson, G., Schittekatte, M., & De Pauw, S. (2015). The association of cognitive ability with right-wing ideological attitudes and prejudice: A meta-analytic review. *European Journal of Personality, 29,* 599–621.

27. Wagner, U., & Zick, A. (1995). The relation of formal education to ethnic prejudice: Its reliability, validity and explanation. *European Journal of Social Psychology, 25,* 41–56.

28. Sibley, C. G., & Duckitt, J. (2008). Personality and prejudice: A meta-analysis and theoretical review. *Personality and Social Psychology Review, 12,* 248–279.

29. Grafik erstellt mit Magnusson, K. (2020). *Interpreting Correlations: An interactive visualization* (Version 0.6.5) [Web App]. R Psychologist. https://rpsychologist.com/correlation/.

30. Brandt, M. J., & Crawford, J. T. (2016). Answering unresolved questions about the relationship between cognitive ability and prejudice. *Social Psychological and Personality Science, 7,* 884–892.

31. Crawford, J. T., & Brandt, M. J. (2019). Who is prejudiced, and toward whom? The big five traits and generalized prejudice. *Personality and Social Psychology Bulletin, 45,* 1455–1467.

32. Crawford, J. T., & Brandt, M. J. (2020). Ideological (a)symmetries in prejudice and intergroup bias. *Current Opinion in Behavioral Sciences, 34,* 40–45.

33. Brandt, M. J., & Crawford, J. T. (2020). Worldview conflict and prejudice. *Advances in Experimental SocialPsychology, 61,* 1–66. https://doi.org/10.1016/bs.aesp.2019.09.002.

34. Gustafsson, A., & Lindenfors, P. (2004). Human size evolution: no evolutionary allometric relationship between male and female stature. *Journal of human evolution, 47,* 253–266.

35. Lenhard, W., & Lenhard, A. (2016). *Calculation of effect sizes.* Dettelbach (Germany): Psychometrica. Retrieved from: https://www.psychometrica.de/effect_size.html.

36. Magnusson, K. (2021). *Interpreting Cohen's d effect size: An interactive visualization* (Version 2.5.1) [Web App]. R Psychologist. https://rpsychologist.com/cohend/.

37. https://www.nobelprize.org/prizes/facts/nobel-prize-facts/.

38. Jensen, A. (1998). *The g factor.* Praeger.

39. Johnson, W., & Bouchard, T. J. (2007). Sex differences in mental abilities: g masks the dimensions on which they lie. *Intelligence, 35,* 23–39.

40. Kahneman, D. (2011). Thinking, fast and slow. New York: Farrar, Straus and Giroux. in Deutschland erscheinen als „Schnelles Denken, langsames Denken", 2016.

41. Übrigens wurde Daniel Kahneman für diese Forschung im Jahre 2002 mit einem Nobelpreis geehrt – dem *Wirtschafts*-Nobelpreis.

42. Lippmann, W. (1922/1965). *Public opinion.* The Free Press.

43. Griffin, D. W., & Ross, L. (1991). Subjective construal, social inference, and human misunderstanding. In *Advances in experimental social psychology* (Bd. 24, S. 319–359). Academic.

44. Siehe auch: http://persci.mit.edu/gallery/checkershadow/description.

45. Bargh, J.A. (1994). The four horsemen of automaticity: Awareness, intention, efficiency, and control in social cognition. In R. S. Wyer & T. K. Srull (Hrsg.), *Handbook of social cognition* (2. Aufl., Bd. 1, S. 1–40). Erlbaum.

46. Moors, A., & De Houwer, J. (2006). Automaticity: A theoretical and conceptual analysis. *Psychological Bulletin, 132,* 297.

47. Collins, A. M., & Loftus, E. F. (1975). A spreading-activation theory of semantic processing. *Psychological Review, 82*(6), 407.

48. Hamilton, D. L., & Sherman, J. W. (1994). Stereotypes. In R. S. Wyer & T. K. Srull (Hrsg.), *Handbook of social cognition* (S. 1–68). Erlbaum.

49. Kunda, Z. (1999). *Social cognition. Making sense of people.* MIT Press.

50. Hamilton, D. L., & Sherman, S. J. (1996). Perceiving persons and groups. *Psychological Review, 103,* 336–255.

51. Hamilton, D. L., & Trolier, T. K. (1986). Stereotypes and stereotyping: An overview of the cognitive approach. In J. Dovidio & S. Gaertner (Hrsg.), *Prejudice, discrimination, and racism* (S. 127–163). Academic.

52. Hilton, J. L., & von Hippel, W. (1996). Stereotypes. *Annual Review of Psychology, 47,* 237–271.

53. Stangor, C., & Schaller, M. (2000). Stereotypes as individual and collective representations. In C. Stangor (Hrsg.), *Stereotypes and prejudice: Essential readings* (S. 64–82). Psychology Press.

54. De Houwer, J., Van Dessel, P., & Moran, T. (2021). Attitudes as propositional representations. *Trends in Cognitive Sciences, 25,* 870–882.

55. Fazio, R. H. (2007). Attitudes as object-evaluation associations of varying strength. *Social Cognition, 25*(5), 603–637.

56. Gawronski, B., Brannon, S. M., & Bodenhausen, G. V. (2017). The associative-propositional duality in the representation, formation, and expression of attitudes. In R. Deutsch, B. Gawronski, & W. Hofmann (Hrsg.), *Reflective and impulsive determinants of human behavior* (S. 103–118). Psychology Press.

57. Roth, J., Deutsch, R., & Sherman, J. W. (2018). Automatic antecedents of discrimination. *European Psychologist, 24,* 219–230.

58. Gawronski, B., Luke, D. M., & Creighton, L. A. (in press). Dual-process theories. In D. E. Carlston, K. Johnson, & K. Hugenberg (Hrsg.), *The Oxford handbook of social cognition* (2. Aufl.). Oxford University Press.

59. Goldstone, R. L. (1995). Effects of categorization on color perception. *Psychological Science, 6,* 298–304.

60. McGarty, C., & Penny, R. E. C. (1988). Categorization, accentuation and social judgement. *British Journal of Social Psychology, 27,* 147–157.

61. Judd, C. M., & Park, B. (1988). Out-group homogeneity: Judgments of variability at the individual and grouplevels. *Journal of Personality and Social Psychology, 54,* 778–788.

62. Dieser Effekt tritt übrigens nicht immer auf: Wenn die Ingroup sehr klein ist, also Minoritätsstatus hat, aber sehr bedeutend für die soziale Identität ist, dann tendieren Gruppenmitglieder eher dazu die Eigengruppe als homogener wahrzunehmen.

63. Simons, D. J., & Levin, D. T. (1998). Failure to detect changes to people during a real-world interaction. *Psychonomic Bulletin & Review, 5,* 644–649.

64. Webseite von Daniel Simons. http://www.dansimons.com/videos.html.

65. Hier eine aktuellere Demonstration. https://www.youtube.com/watch?v=VkrrVozZR2c.

66. Meissner, C. A., & Brigham, J. C. (2001). Thirty years of investigating the own-race bias in memory for faces: A meta-analytic review. *Psychology, Public Policy, and Law, 7,* 3.

67. Singh, B., Mellinger, C., Earls, H. A., Tran, J., Bardsley, B., & Correll, J. (2021). Does cross-race contact improve cross-race face perception? A meta-analysis of the cross-race deficit and contact. *Personality and Social Psychology Bulletin.* online first publication.

68. Hugenberg, K., Miller, J., & Claypool, H. M. (2007). Categorization and individuation in the cross-race recognition deficit: Toward a solution to an insidious problem. *Journal of Experimental Social Psychology, 43,* 334.

69. Hugenberg, K., Wilson, J. P., See, P. E., & Young, S. G. (2013). Towards a synthetic model of own group biases in face memory. *Visual Cognition, 21,* 1392–1417.

70. Meissner, C. A., & Brigham, J. C. (2001). Thirty years of investigating the own-race bias in memory for faces—A meta-analytic review. *Psychology Public Policy and Law, 7*(1), 3–35.

71. https://innocenceproject.org/dna-exonerations-in-the-united-states/.

72. McKone, E., Dawel, A., Robbins, R. A., Shou, Y., Chen, N., & Crookes, K. (2021). Why the other-race effect matters: Poor recognition of other-race faces impacts everyday social interactions. *British Journal of Psychology*. online first publication.

73. Derryberry, D., & Tucker, D. M. (1994). *Motivating the focus of attention.*

74. Pratto, F., & John, O. P. (1991). Automatic vigilance: The attention-grabbing power of negative social information. *Journal of Personality and Social Psychology, 61,* 380–391.

75. Morton, J. & Johnson, M. H.(1991). Conspec and Conlearn: A two-process theory of infant face recognition. *Psychological Review, 98,* 164–181.

76. Vouloumanos, A., Hauer, M. D., Werker, J. F., & Martin, A. (2010). The tuning of neonates preference for speech. *Child Development, 81,* 517–527.

77. Ito, T. A., & Urland, G. R. (2003). Race and gender on the brain: electrocortical measures of attention to the race and gender of multiply categorizable individuals. *Journal of personality and social psychology, 85,* 616.

78. Trawalter, S., Todd, A. R., Baird, A. A., & Richeson, J. A. (2008). Attending to threat: Race-based patterns

of selective attention. *Journal of Experimental Social Psychology, 44,* 1322–1327.

79. Eberhardt, J. L., Goff, P. A., Purdie, V. J., & Davies, P. G. (2004). Seeing black: Race, crime, and visual processing. *Journal of Personality and Social Psychology, 87,* 876.

80. Guillermo, S., & Correll, J. (2016). Attentional biases toward Latinos. *Hispanic Journal of Behavioral Sciences, 38,* 264–278.

81. Donders, N. C., Correll, J., & Wittenbrink, B. (2008). Danger stereotypes predict racially biased attentional allocation. *Journal of Experimental Social Psychology, 44,* 1328–1333.

82. Langton, S. R. H, Anna S. Law, A. Burton, M., & Stefan, R. Schweinberger. (2008). Attention capture by faces. *Cognition, 107,* 330–342.

83. Lu, H. J., & Chang, L. (2012). Automatic attention towards face or body as a function of mating motivation. *Evolutionary Psychology, 10,* 147470491201000113.

84. Al-Janabi, S., MacLeod, C., & Rhodes, G. (2012). Non-threatening other-race faces capture visual attention: Evidence from a dot-probe task. *PloS one, 7,* e46119.

85. Abele, A. E., & Wojciszke, B. (2014). Communal and agentic content in social cognition: A dual perspective model. *Advances in Experimental Social Psychology, 50,* 195–255.

86. Abele, A. E., & Wojciszke, B. (2018). *Agency and communion in social psychology.* Routledge.

87. Wilson, J. P., Hugenberg, K., & Rule, N. O. (2017). Racial bias in judgments of physical size and formidability: From size to threat. *Journal of Personality and Social Psychology, 113,* 59.

88. Hayes, M. (2014). Dontre Hamilton's Autopsy Shows Police Officer Shot Him From Behind. https://www.

buzzfeednews.com/article/mikehayes/dontre-hamilton-autopsy. Zugegriffen: 6. Okt. 2021.

89. Hugenberg, K., & Bodenhausen, G. V. (2003). Facing prejudice: Implicit prejudice and the perception of facial threat. *Psychological Science, 14,* 640–643.

90. Hugenberg, K. (2005). Social categorization and the perception of facial affect: target race moderates the response latency advantage for happy faces. *Emotion, 5,* 267.

91. Bijlstra, G., Holland, R. W., Dotsch, R., Hugenberg, K., & Wigboldus, D. H. (2014). Stereotype associations and emotion recognition. *Personality and Social Psychology Bulletin, 40,* 567–577.

92. Bijlstra, G., Holland, R. W., Dotsch, R., & Wigboldus, D. H. (2019). Stereotypes and prejudice affect the recognition of emotional body postures. *Emotion, 19,* 189.

93. Mende-Siedlecki, P., Qu-Lee, J., Backer, R., & Van Bavel, J. J. (2019). Perceptual contributions to racial bias in pain recognition. *Journal of Experimental Psychology: General, 148,* 863–889.

94. Bijlstra, G., Holland, R. W., & Wigboldus, D. H. (2010). The social face of emotion recognition: Evaluations versus stereotypes. *Journal of Experimental Social Psychology, 46,* 657–663.

95. Hugenberg, K., & Sczesny, S. (2006). On wonderful women and seeing smiles: Social categorization moderates the happy face response latency advantage. *Social Cognition, 24,* 516–539.

96. Eberhardt, J. L., Goff, P. A., Purdie, V. J., & Davies, P. G. (2004). Seeing black: race, crime, and visual processing. *Journal of Personality and Social Psychology, 87,* 876.

97. Payne, B. K. (2006). Weapon bias: Split-second decisions and unintended stereotyping. *Current Directions in Psychological Science, 15,* 287–291.

98. Rubinstein, R. S., Jussim, L., & Stevens, S. T. (2018). Reliance on individuating information and stereotypes in implicit and explicit person perception. *Journal of Experimental Social Psychology, 75,* 54–70.

99. Dunning, D., & Sherman, D. A. (1997). Stereotypes and tacit inference. *Journal of Personality and Social Psychology, 73,* 459–471.

100. Hamilton, D. L., Sherman, S. J., & Ruvolo, C. M. (1990). Stereotype-based expectancies: Effects on information processing and social behavior. *Journal of Social Issues, 46,* 35–60.

101. Tiedemann, J. (2000). Gender-related beliefs of teachers in elementary school mathematics. *Educational Studies in Mathematics, 41,* 191–207.

102. Okonofua, J. A., & Eberhardt, J. L. (2015). Two strikes: Race and the disciplining of young students. *Psychological Science, 26,* 617–624.

103. Blair, I. V., Judd, C. M., & Chapleau, K. M. (2004). The influence of Afrocentric facial features in criminal sentencing. *Psychological Science, 15,* 674–679.

104. Petersen, A. M. (2017). Complicating race: Afrocentric facial feature bias and prison sentencing in Oregon. *Race and Justice, 7,* 59–86.

105. Zebrowitz, L. A., & McDonald, S. M. (1991). The impact of litigants' baby-facedness and attractiveness on adjudications in small claims courts. *Law and Human Behavior, 15,* 603–623.

106. Kleider, H. M., Pezdek, K., Goldinger, S. D., & Kirk, A. (2008). Schema-driven source misattribution errors: Remembering the expected from a witnessed event. *Applied Cognitive Psychology: The Official Journal of the Society for Applied Research in Memory and Cognition, 22,* 1–20.

107. Lenton, A. P., Blair, I. V., & Hastie, R. (2001). Illusions of gender: Stereotypes evoke false memories. *Journal of Experimental Social Psychology, 37,* 3–14.

108. Kleider, H. M., Goldinger, S. D., & Knuycky, L. (2008). Stereotypes influence false memories for imagined events. *Memory, 16,* 97–114.

109. Word, C. O., Zanna, M. P., & Cooper, J. (1974). The nonverbal mediation of self-fulfilling prophecies in interracial interaction. *Journal of Experimental Social Psychology, 10,* 109–120.

110. Snyder, M., & Klein, O. (2005). Construing and constructing others: On the reality and the generality of the behavioral confirmation scenario. *Interaction Studies, 6,* 53–67.

111. Madon, S., Jussim, L., Guyll, M., Nofziger, H., Salib, E. R., Willard, J., & Scherr, K. C. (2018). The accumulation of stereotype-based self-fulfilling prophecies. *Journal of Personality and Social Psychology, 115,* 825.

112. Sinclair, S., Huntsinger, J., Skorinko, J., & Hardin, C. D. (2005). Social tuning of the self: Consequences for the self-evaluations of stereotype targets. *Journal of Personality and Social Psychology, 89,* 160.

113. Sue, D. W. (2010). *Microaggressions in everyday life: Race, gender, and sexual orientation.* Wiley.

114. Williams, M. T. (2021). Racial microaggressions: Critical questions, state of the science, and new directions. *Perspectives on Psychological Science, 16,* 880–885.

115. Gawronski, B., Luke, D. M., & Creighton, L. A. (in press). Dual-process theories. In D. E. Carlston, K. Johnson, & K. Hugenberg (Hrsg.), *The Oxford handbook of social cognition* (2. Aufl.). Oxford University Press.

116. Correll, J., Park, B., Judd, C. M., & Wittenbrink, B. (2002). The police officer's dilemma: Using ethnicity to disambiguate potentially threatening individuals. *Journal of personality and social psychology, 83,* 1314.

117. http://psych.colorado.edu/~jclab/FPST/demo/canvas/testPrograms/st_v.1.html

118. Correll, J., Wittenbrink, B., Crawford, M., & Sadler, M. S. (2015). Stereotypic vision: How stereotypes disambiguate complex visual stimuli. *Journal of Social & Personality Psychology, 108,* 219–233.

119. Frenken, M., Hemmerich, W., Izydorczyk, D., Scharf, S., & Imhoff, R. (2022). Cognitive processes behind the shooter bias: Dissecting response bias, motor preparation and information accumulation. *Journal of Experimental Social Psychology, 98,* 104230.

120. Correll, J., Hudson, S. M., Guillermo, S., & Ma, D. S. (2014). The police officer's dilemma: A decade of research on racial bias in the decision to shoot. *Social and Personality Psychology Compass, 8,* 201–213.

121. Correll, J., Park, B., Judd, C. M., Wittenbrink, B., Sadler, M. S., & Keesee, T. (2007). Across the thin blue line: Police officers and racial bias in the decision to shoot. *Journal of Personality and Social Psychology, 92,* 1006–1023.

122. Sim, J. J., Correll, J., & Sadler, M. S. (2013). Understanding police and expert performance: When training attenuates (vs. exacerbates) stereotypic bias in the decision to shoot. *Personality & Social Psychology Bulletin, 39,* 291–304.

123. Hehman, E., Flake, J. K., & Calanchini, J. (2018). Disproportionate use of lethal force in policing is associated with regional racial biases of residents. *Social psychological and personality science, 9,* 393–401.

124. Stelter, M., Essien, I., Sander, C., & Degner, J. (2022). Racial bias in police traffic stops: White residents' county-level prejudice and stereotypes are related to disproportionate stopping of Black drivers. *Psychological Science, 33*(4), 483–496.

125. James, L. (2018). The stability of implicit racial bias in police officers. *Police Quarterly, 21,* 30–52.

126. Essien, I., Stelter, M., Kalbe, F., Koehler, A., Mangels, J., & Meliß, S. (2017). The shooter bias: Replicating the classic effect and introducing a novel paradigm. *Journal of Experimental Social Psychology, 70,* 41–47.

127. Stelter, M., Essien, I., Rohmann, A., Degner, J., & Kemme, S. (2022) Shooter biases and stereotypes in Police and Civilians. *Acta Psychologica*.

128. Cameron, C. D., Brown-Iannuzzi, J. L., & Payne, B. K. (2012). Sequential priming measures of implicit social cognition: A meta-analysis of associations with behavior and explicit attitudes. *Personality and Social Psychology Review, 16,* 330–350.

129. Oswald, F. L., Mitchell, G., Blanton, H., Jaccard, J., & Tetlock, P. E. (2013). Predicting ethnic and racial discrimination: A metaanalysis of IAT criterion studies. *Journal of Personality and Social Psychology, 105,* 171–192.

130. Kurdi, B., Seitchik, A. E., Axt, J. R., Carroll, T. J., Karapetyan, A., Kaushik, N., ... & Banaji, M. R. (2019). Relationship between the implicit association test and intergroup behavior: A meta-analysis. *American Psychologist, 74,* 569.

131. Rae, J. R., Newheiser, A.-K., & Olson, K. R. (2015). Exposure to racial out-groups and implicit race bias in the United States. *Social Psychological and Personality Science, 6,* 535–543.

132. Hehman, E., Calanchini, J., Flake, J. K., & Leitner, J. B. (2019). Establishing construct validity evidence for regional measures of explicit and implicit racial bias. *Journal of Experimental Psychology: General, 148,* 1022.

133. Riddle, T., & Sinclair, S. (2019). Racial disparities in school-based disciplinary actions are associated with county-level rates of racial bias. *Proceedings of the National Academy of Sciences, 116,* 8255–8260.

134. Orchard, J., & Price, J. (2017). County-level racial prejudice and the Black-White gap in infant health outcomes. *Social Science & Medicine, 181,* 191–198.

135. Nosek, B. A., Smyth, F. L., Sriram, N., Lindner, N. M., Devos, T., Ayala, A., . . . Greenwald, A. G. (2009). National differences in gender-science stereotypes predict national sex differences in science

and math achievement. *Proceedings of the National Academy of Sciences of the United States of America, 106,* 10593–10597.

136. Payne, B. K., Vuletich, H. A., & Lundberg, K. B. (2017). The bias of crowds: How implicit bias bridges personal and systemic prejudice. *Psychological Inquiry, 28,* 233–248.

137. Payne, B. K., Vuletich, H. A., & Brown-Iannuzzi, J. L. (2019). Historical roots of implicit bias in slavery. *Proceedings of the National Academy of Sciences, 116,* 11693–11698.

138. El-Mafaalani, A. (2021). *Wozu Rassismus? Von der Erfindung der Menschenrassen bis zum rassismuskritischen Widerstand.* Verlag Kiepenheuer & Witsch.

139. Bar-Haim, Y., Ziv, T., Lamy, D., & Hodes, R. M. (2006). Nature and nurture in own-race face processing. *Psychological Science, 17,* 159–163.

140. Quinn, P. C., Yahr, J., Kuhn, A., Slater, A. M., & Pascalis, O. (2002). Representation of the gender of human faces by infants: A preference for female. *Perception, 31,* 1109–1121.

141. Kelly, D. J., Quinn, P. C., Slater, A. M., Lee, K., Gibson, A., Smith, M., ... & Pascalis, O. (2005). Three-month-olds, but not newborns, prefer own-race faces. *Developmental Science, 8,* F31–F36

142. Kinzler, K. D., Dupoux, E., & Spelke, E. S. (2007). The native language of social cognition. *Proceedings of the National Academy of Sciences, 104,* 12577–12580.

143. Bar-Haim, Y., Ziv, T., Lamy, D., & Hodes, R. M. (2006). Nature and nurture in own-race face processing. *Psychological Science, 17,* 159–163.

144. Pun, A., Ferera, M., Diesendruck, G., Kiley Hamlin, J., & Baron, A. S. (2018). Foundations of infants' social group evaluations. *Developmental Science, 21,* e12586.

145. Rhodes, M. (2020). Are humans born to hate? Three myths and three developmental lessons about the origins of social categorization and inter-group bias.

In Decety, J. (Hrsg.), *The social brain: A developmental perspective*. MIT Press.

146. Baumeister, R. F., & Leary, M. R. (1995). The need to belong: Desire for interpersonal attachments as a fundamental human motivation. *Psychological Bulletin, 117,* 497.

147. Diese Verwaltungsvorschrift ist erst 2005 mit einer Entscheidung des Bundesverfassungsgerichtes gekippt worden. https://www.bundesverfassungsgericht.de/SharedDocs/Entscheidungen/DE/2008/12/rk20081205_1bvr057607.html.

148. Tajfel, H. (1970). Experiments in intergroup discrimination. *Scientific American, 223,* 96–103.

149. Tajfel, H., Billig, M., Bundy, R. P., & Flament, C. (1971). Social categorization and intergroupbehaviour. *European Journal of Social Psychology, 1,* 149–178.

150. Tajfel, H. (Hrsg.). (1978). *Differentiation between social groups: Studies in the social psychology ofIntergroup relations*. Academic.

151. Tajfel, H., & Turner, J. C. (1979). An intergrative theory of intergroup conflict. In W. G. Austin & S. Worchel (Hrsg.), *The Social Psychology of Intergroup Relations* (S. 33–47). Brooks/Cole.

152. Tajfel, H., & Turner, J. C. (1986). The social identity theory of intergroup behavior. *Psychology of intergroup relations, 2,* 7–24.

153. Otten, S., & Wentura, D. (1999). About the impact of automaticity in the minimal group paradigm: Evidence from affective priming tasks. *European Journal of Social Psychology, 29,* 1049–1071.

154. Brown, D. E. (1991). *Human Universals*. McGraw-Hill.

155. Mummendey, A., & Otten, S. (1998). Positive–negative asymmetry in social discrimination. *European Review of Social Psychology, 9,* 107–143.

156. Hamley, L., Houkamau, C. A., Osborne, D., Barlow, F. K., & Sibley, C. G. (2020). Ingroup love or outgroup hate (or both)? Mapping distinct bias profiles in the

population. *Personality and Social Psychology Bulletin, 46,* 171–188.

157. Credit to Daniel Wigboldus, Sozialpsychologie an der Radboud Universität in den Niederlanden, für diese illustrative Idee.

158. Gawronski, B., & Bodenhausen, G. V. (2018). Evaluative conditioning from the perspective of the associative-propositional evaluation model. *Social Psychological Bulletin, 13,* e28024.

159. Gawronski, B., & Bodenhausen, G. V. (2018). Evaluative conditioning from the perspective of the associative-propositional evaluation model. *Social Psychological Bulletin, 13,* 1–33.

160. Peters, K. R., & Gawronski, B. (2011). Are we puppets on a string? Comparing the impact of contingency and validity on implicit and explicit evaluations. *Personality and Social Psychology Bulletin, 37,* 557–569.

161. Titelseite des Stern Ausgabe 38/2007.

162. Koenig, A. M., & Eagly, A. H. (2014). Evidence for the social role theory of stereotype content: observations of groups' roles shape stereotypes. *Journal of Personality and Social Psychology, 107,* 371.

163. Jost, J. T. (2019). A quarter century of system justification theory: Questions, answers, criticisms, and societal applications. *British Journal of Social Psychology, 58,* 263–314.

164. Skinner, A. L., Olson, K. R., & Meltzoff, A. N. (2019). Acquiring group bias: Observing other people's non-verbal signals can create social group biases. *Journal of Personality and Social Psychology, 119,* 824–838.

165. Degner, J., & Dalege, J. (2013). The apple does not fall far from the tree, or does it? A meta-analysis of parent–child similarity in intergroup attitudes. *Psychological Bulletin, 139,* 1270.

166. Gilbert, D. T., & Malone, P. S. (1995). The correspondence bias. *Psychological Bulletin, 117,* 21.

167. Bott, A., Brockmann, L., Denneberg, I., Henken, E., Kuper, N., Kruse, F., & Degner, J. (2022). *A meta-analysis covering 33 years on research on spontaneous trait inferences.*

168. Ratliff, K. A., & Nosek, B. A. (2011). Negativity and outgroup biases in attitude formation and transfer. *Personality and Social Psychology Bulletin, 37,* 1692–1703.

169. Shook, N. J., Fazio, R. H., & Eiser, J. R. (2007). Attitude general-ization: Similarity, valence, and extremity. *Journal of Experi-mental Social Psychology, 43,* 641–647

170. Hamilton, D. L., & Gifford, R. K. (1976). Illusory correlation in interpersonal perception: A cognitive basis of stereotypic judgments. *Journal of Experimental Social Psychology, 12,* 392–407.

171. Fiedler, K. (1991). The tricky nature of skewed frequency tables: An information loss account of distinctiveness-based illusory correlations. *Journal of Personality and Social Psychology, 60,* 24.

172. Risen, J. L., Gilovich, T., & Dunning, D. (2007). One-shot illusory correlations and stereotype formation. *Personality and Social Psychology Bulletin, 33,* 1492–1502.

173. Siehe https://paulvanderlaken.com/2017/09/27/simpsons-paradox-two-hr-examples-with-r-code/.

174. Simpson, E. H. (1951). The interpretation of inter-action in contingency tables. *Journal of the Royal Statistical Society: Series B (Methodological), 13,* 238–241.

175. Schaller, M., & O'Brien, M. (1992). „Intuitive Ana-lysis of Covariance" and Group Stereotype Formation. *Personality and Social Psychology Bulletin, 18,* 776–785.

176. Küch, U. (2016). *SOKO Asyl: eine Sonderkommission offenbart überraschende Wahrheiten über Flüchtlings-kriminalität.* Riva.

177. Fiedler, K., Walther, E., Freytag, P., & Nickel, S. (2003). Inductive reasoning and judgment interference: Experiments on Simpson's paradox. *Personality and Social Psychology Bulletin, 29,* 14–27.

178. Ruhrmann, G., & Sommer, D. (2009). Vorurteile und Diskriminierung in den Medien. In A. Beelmann & K. J. Jonas (Hrsg.), *Diskriminierung und Toleranz: Psychologische Grundlagen und Anwendungsperspektiven* (S. 419–431). VS Verlag.

179. Geschke, D., Sassenberg, K., Ruhrmann, G., & Sommer, D. (2010). Effects of linguistic abstractness in the mass media. *Journal of Media Psychology, 22,* 99–104.

180. https://ze.tt/dieser-test-zeigt-dir-welche-vorurteile-du-wirklich-hast/. Zugegriffen: 19. Sept. 2021.

181. https://www.stern.de/neon/wilde-welt/vorurteile--dieser-test-weiss--was-du-wirklich-denkst-7889282.html. Zugegriffen: 19. Sept. 2021.

182. https://www.brigitte.de/liebe/persoenlichkeits-tests/wie-viele-vorurteile-habe-ich--11039870.html. Zugegriffen: 19. Sept. 2021.

183. https://initiative-chefsache.de/chefsache-test/. Zugegriffen: 19. Sept. 2021.

184. https://www.hyperkulturell.de/eigene-vorurteile-entlarven-ein-test-der-harvard-university/. Zugegriffen: 19. Sept. 2021.

185. https://www.demokratie-leben.de/magazin/magazin-details/kampagne-vorsicht-vorurteile-zu-ende-gegangen-46. Zugegriffen: 19. Sept. 2021.

186. Corneille, O., & Hütter, M. (2020). Implicit? What do you mean? A comprehensive review of the delusive implicitness construct in attitude research. *Personality and Social Psychology Review, 24,* 212–232.

187. Brownstein, M., Madva, A., & Gawronski, B. (2020). Understanding implicit bias: Putting the criticism into perspective. *Pacific Philosophical Quarterly, 101,* 276–307.

188. Hahn, A., & Gawronski, B. (2014). Do implicit evaluations reflect unconscious attitudes? *Behavioral and Brain Sciences, 37*, 28–29.

189. Uhlmann, E. L., & Cohen, G. L. (2007). "I think it, therefore it's true": Effects of self-perceived objectivity on hiring discrimination. *Organizational Behavior and Human Decision Processes, 104*, 207–223.

190. Pronin, E., Gilovich, T., & Ross, L. (2004). Objectivity in the eye of the beholder: divergent perceptions of bias in self versus others. *Psychological Review, 111*, 781.

191. Bell, A. C., Burkley, M., & Bock, J. (2019). Examining the asymmetry in judgments of racism in self and others. *The Journal of social psychology, 159*(5), 611–627.

192. Pronin, E., Lin, D. Y., & Ross, L. (2002). The bias blind spot: Perceptions of bias in self versus others. *Personality and Social Psychology Bulletin, 28*, 369–381

193. Koppel, L., Andersson, D., Tinghög, G., Västfjäll, D., & Feldman, G. (2021). *We are all less risky and more skillful than our fellow drivers: Replication and extension of Svenson (1981).*

194. Pronin, E., & Kugler, M. B. (2007). Valuing thoughts, ignoring behavior: The introspection illusion as a source of the bias blind spot. *Journal of Experimental Social Psychology, 43*, 565–578.

195. O'Brien, L. T., Crandall, C. S., Horstman-Reser, A., Warner, R., Alsbrooks, A., & Blodorn, A. (2010). But I'm no bigot: How prejudiced White Americans maintain unprejudiced self-images. *Journal of Applied Social Psychology, 40*, 917–946.

196. Swann, W. B. (1990). To be adored or to be known? The interplay of self-enhancement and self-verification. In E. T. Higgins & R. M. Sorrentino (Hrsg.), *Handbook of motivation and cognition: Foundations of social behavior* (Bd. 2., S. 408–448). Guilford.

197. https://www.projectimplicit.net/. Zugegriffen: 21. Sept. 2021.

198. Howell, J. L., & Ratliff, K. A. (2017). Not your average bigot: The better-than-average effect and defensive responding to Implicit Association Test feedback. *British Journal of Social Psychology, 56,* 125–145.

199. Howell, J. L., Redford, L., Pogge, G., & Ratliff, K. A. (2017). Defensive responding to IAT feedback. *Social Cognition, 35*(5), 520–562.

200. Hahn, A., Judd, C. M., Hirsh, H. K., & Blair, I. V. (2014). Awareness of implicit attitudes. *Journal of Experimental Psychology: General, 143,* 1369.

201. Hahn, A., & Gawronski, B. (2019). Facing one's implicit biases: From awareness to acknowledgment. *Journal of Personality and Social Psychology, 116,* 769.

202. Perry, S. P., Dovidio, J. F., Murphy, M. C., & Van Ryn, M. (2015). The joint effect of bias awareness and self-reported prejudice on intergroup anxiety and intentions for intergroup contact. *Cultural Diversity and Ethnic Minority Psychology, 21,* 89.

203. Perry, S. P., Murphy, M. C., & Dovidio, J. F. (2015). Modern prejudice: Subtle, but unconscious? The role of Bias Awareness in Whites' perceptions of personal and others' biases. *Journal of Experimental Social Psychology, 61,* 64–78.

204. Dovidio, J. F., & Gaertner, S. L. (2004). Aversive racism. In M. P. Zanna (Hrsg.), *Advances in experimental social psychology,* (Bd. 36, S. 1–52). Elsevier Academic Press.

205. Effron, D. A., Miller, D. T., & Monin, B. (2012). Inventing racist roads not taken: The licensing effect of immoral counterfactual behaviors. *Journal of Personality and Social Psychology, 103,* 916.

206. Dostoevskij, F. M., Geier, S., & Eliasberg, A. (1962). *Winterliche Aufzeichnungen über sommerliche Eindrücke* [1.–15. Tsd.]. Rowohlt. (Zitat Seite 46).

207. Macrae, C. N., Bodenhausen, G. V., Milne, A. B., & Jetten, J. (1994). Out of mind but back in sight: Stereotypes on the rebound. *Journal of Personality and Social Psychology, 67,* 808.

208. Gordijn, E. H., Hindriks, I., Koomen, W., Dijksterhuis, A., & Van Knippenberg, A. (2004). Consequences of stereotype suppression and internal suppression motivation: A self-regulation approach. *Personality and Social Psychology Bulletin, 30*, 212–224.

209. Wyer, N. A., Sherman, J. W., & Stroessner, S. J. (1998). The spontaneous suppression of racial stereotypes. *Social Cognition, 16*, 340–352.

210. Galinsky, A. D., & Moskowitz, G. B. (2007). Further ironies of suppression: Stereotype and counterstereotype accessibility. *Journal of Experimental Social Psychology, 43*, 833–841.

211. Follenfant, A., & Ric, F. (2010). Behavioral rebound following stereotype suppression. *European Journal of Social Psychology, 40*, 774–782.

212. Calanchini, J., Lai, C. K., & Klauer, K. C. (2020). Reducing implicit racial preferences: III. A process-level examination of changes in implicit preferences. *Journal of Personality and Social Psychology, 121*, 796–818.

213. Richards, Z., & Hewstone, M. (2001). Subtyping and subgrouping: Processes for the prevention and promotion of stereotype change. *Personality and Social Psychology Review, 5*, 52–73.

214. Rivera, L. M., & Plant, E. A. (2016). The psychological legacy of Barack Obama: The impact of the first African-American President of the United States on individuals' social cognition. *Social Cognition, 34*, 495–503.

215. Todd, A. R., & Galinsky, A. D. (2014). Perspective-taking as a strategy for improving intergroup relations: Evidence, mechanisms, and qualifications. *Social and Personality Psychology Compass, 8*, 374–387.

216. Galinsky, A. D., & Moskowitz, G. B. (2000). Perspective-taking: decreasing stereotype expression, stereotype accessibility, and in-group favoritism. *Journal of Personality and Social Psychology, 78*, 708.

217. Todd, A. R., Bodenhausen, G. V., Richeson, J. A., & Galinsky, A. D. (2011). Perspective taking combats automatic expressions of racial bias. *Journal of Personality and Social Psychology, 100,* 1027–1042.

218. Todd, A. R., Galinsky, A. D., & Bodenhausen, G. V. (2012). Perspective taking undermines stereotype maintenance processes: Evidence from social memory, behavior explanation, and information solicitation. *Social Cognition, 30,* 94–108.

219. Batson, C. D. (2009). Two forms of perspective taking: Imagining how another feels and imagining how you would feel. In K. D. Markman, W. M. Klein, & J. A. Suhr (Hrsg.), *Handbook of imagination and mental simulation* (S. 267–279). Psychology Press.

220. Simpson, A. J., & Todd, A. R. (2017). Intergroup visual perspective-taking: Shared group membership impairs self-perspective inhibition but may facilitate perspective calculation. *Cognition, 166,* 371–381.

221. Tarrant, M., Calitri, R., & Weston, D. (2012). Social identification structures the effects of perspective taking. *Psychological Science, 23,* 973–978.

222. Skorinko, J. L., & Sinclair, S. A. (2013). Perspective taking can increase stereotyping: The role of apparent stereotype confirmation. *Journal of Experimental Social Psychology, 49,* 10–18.

223. Yogeeswaran, K., Verkuyten, M., Osborne, D., & Sibley, C. G. (2018). "I have a dream" of a colorblind nation? Examining the relationship between racial colorblindness, system justification, and support for policies that redress inequalities. *Journal of Social Issues, 74,* 282–298.

224. Chow, R. M., & Knowles, E. D. (2016). Taking race off the table: Agenda setting and support for colorblind public policy. *Personality and Social Psychology Bulletin, 42,* 25–39.

225. Dovidio, J. F., Gaertner, S. L., Ufkes, E. G., Saguy, T., & Pearson, A. R. (2016). Included but invisible? Subtle

bias, common identity, and the darker side of "we". *Social Issues and Policy Review, 10,* 6–46.

226. Paluck, E. L., Porat, R., Clark, C. S., & Green, D. P. (2021). Prejudice reduction: Progress and challenges. *Annual Review of Psychology, 72,* 533–560.

227. Effron, D. A., Cameron, J. S., & Monin, B. (2009). Endorsing Obama licenses favoring whites. *Journal of Experimental Social Psychology, 45,* 590–593.

228. Monin, B., & Miller, D. T. (2001). Moral credentials and the expression of prejudice. *Journal of Personality and Social Psychology, 81,* 33–43.

229. Cunningham, S. J., Vogt, J., & Martin, D. (2022). Me first? Positioning self in the attentional hierarchy. *Journal of Experimental Psychology: Human Perception and Performance, 48,* 115–127. https://doi.org/10.1037/xhp0000976

230. Trafimow, D., & Osman, M. (2022). Barriers to converting applied social psychology to bettering the human condition. *Basic and Applied Social Psychology, 44,* 1–11.

231. Lai, C. K., Marini, M., Lehr, S. A., Cerruti, C., Shin, J. E. L., Joy-Gaba, J. A., ... & Nosek, B. A. (2014). Reducing implicit racial preferences: I. A comparative investigation of 17 interventions. *Journal of Experimental Psychology: General, 143,* 1765.

232. Lai, C. K., Skinner, A. L., Cooley, E., Murrar, S., Brauer, M., Devos, T., ... & Nosek, B. A. (2016). Reducing implicit racial preferences: II. Intervention effectiveness across time. *Journal of Experimental Psychology: General, 145,* 1001.

233. Forscher, P. S., Lai, C. K., Axt, J. R., Ebersole, C. R., Herman, M., Devine, P. G., & Nosek, B. A. (2019). A meta-analysis of procedures to change implicit measures. *Journal of Personality and Social Psychology, 117,* 522.

234. Röhner, J., & Lai, C. K. (2021). A diffusion model approach for understanding the impact of

17 interventions on the race implicit association test. *Personality and Social Psychology Bulletin, 47,* 1374–1389.

235. Rivers, A. M., Sherman, J. W., Rees, H. R., Reichardt, R., & Klauer, K. C. (2020). On the roles of stereotype activation and application in diminishing implicit bias. *Personality and Social Psychology Bulletin, 46,* 349–364.

236. „*We conclude that much research effort is theoretically and empirically ill-suited to provide actionable, evidence-based recommendations for reducing prejudice.*"

237. Chang, E. H., Milkman, K. L., Gromet, D. M., Rebele, R. W., Massey, C., Duckworth, A. L., & Grant, A. M. (2019). The mixed effects of online diversity training. *Proceedings of the National Academy of Sciences of the United States of America, 116,* 7778–7783.

238. Munger, K. (2017). Tweetment effects on the tweeted: Experimentally reducing racist harassment. *Political Behavior, 39,* 629–649.

239. Pettigrew, T. F., & Tropp, L. R. (2008). How does intergroup contact reduce prejudice? Meta-analytic tests of three mediators. *European Journal of Social Psychology, 38,* 922–934. doi:https://doi.org/10.1002/ejsp.504.

240. Dovidio, J. F., Love, A., Schellhaas, F. M., & Hewstone, M. (2017). Reducing intergroup bias through intergroup contact: Twenty years of progress and future directions. *Group Processes & Intergroup Relations, 20,* 606–620.

241. Lemmer, G., & Wagner, U. (2015). Can we really reduce ethnic prejudice outside the lab? A meta-analysis of direct and indirect contact interventions. *European Journal of Social Psychology, 45,* 152–168.

242. Dovidio, J. F., Love, A., Schellhaas, F. M., & Hewstone, M. (2017). Reducing intergroup bias through intergroup contact: Twenty years of progress and future directions. *Group Processes & Intergroup Relations, 20,* 606–620.

243. El-Mafaalani, A. (2020). *Mythos Bildung: die ungerechte Gesellschaft, ihr Bildungssystem und seine Zukunft.* Kiepenheuer & Witsch.

244. Reimer, N. K., Becker, J. C., Benz, A., Christ, O., Dhont, K., Klocke, U., ... & Hewstone, M. (2017). Intergroup contact and social change: Implications of negative and positive contact for collective action in advantaged and disadvantaged groups. *Personality and Social Psychology Bulletin, 43,* 121–136.

245. Dixon, J., Durrheim, K., Tredoux, C., Tropp, L., Clack, B., & Eaton, L. (2010). A paradox of integration? Interracial contact, prejudice reduction, and perceptions of racial discrimination. *Journal of Social Issues, 66,* 401–416.

246. Wright, S. C., & Baray, G. (2012). Models of social change in social psychology: Collective action or prejudice reduction? Conflict or harmony? In J. Dixon & M. Levine (Hrsg.), *Beyond prejudice: Extending the social psychology of conflict, inequality and social change* (S. 225–247). Cambridge University Press.

247. Sengupta, N. K., & Sibley, C. G. (2013). Perpetuating one's own disadvantage: Intergroup contact enables the ideological legitimation of inequality. *Personality and Social Psychology Bulletin, 39,* 1391–1403.

248. Krause-Pilatus, A., Rinne, U., Zimmermann, K. F., Böschen, I., & Alt, R. (2012). *Pilotprojekt „Anonymisierte Bewerbungsverfahren"-Abschlussbericht* (No. 44). Institute of Labor Economics (IZA).

249. Murphy, M. C., Kroeper, K. M., & Ozier, E. M. (2018). Prejudiced places: How contexts shape inequality and how policy can change them. *Policy Insights from the Behavioral and Brain Sciences, 5,* 66–74.

250. Payne, B. K., & Vuletich, H. A. (2018). Policy insights from advances in implicit bias research. *Policy Insights from the Behavioral and Brain Sciences, 5,* 49–56.

251. Eisner, L., Turner-Zwinkels, F., & Spini, D. (2021). The impact of laws on norms perceptions. *Personality and Social Psychology Bulletin, 47,* 1071–1083.

252. Ofosu, E. K., Chambers, M. K., Chen, J. M., & Hehman, E. (2019). Same-sex marriage legalization associated with reduced implicit and explicit antigay bias. *Proceedings of the National Academy of Sciences, 116,* 8846–8851.

253. Dasgupta, N., & Asgari, S. (2004). Seeing is believing: Exposure to counterstereotypic women leaders and its effect on the malleability of automatic gender stereotyping. *Journal of Experimental Social Psychology, 40,* 642–658.

254. Glick, P., Fiske, S. T., Mladinic, A., Saiz, J. L., Abrams, D., Masser, B., . . . Lopez, W. L. (2000). Beyond prejudice as simple antipathy: Hostile and benevolent sexism across cultures. *Journal of Personality and Social Psychology, 79,* 763–775. https://doi.org/10.1037/0022-3514.79.5.763

255. Gul, P., & Kupfer, T. R. (2019). Benevolent sexism and mate preferences: Why do women prefer benevolent men despite recognizing that they can be undermining?. *Personality and Social Psychology Bulletin, 45,* 146–161.

256. Doyen, S., Klein, O., Pichon, C. L., & Cleeremans, A. (2012). Behavioral priming: It's all in the mind, but whose mind?. *PLoS One, 7,* e29081.

257. Rosenthal, R., & Jacobson, L. (1968). Pygmalion in the classroom. *The Urban Review, 3,* 16–20.

CPSIA information can be obtained
at www.ICGtesting.com
Printed in the USA
LVHW081629111222
735011LV00010B/866